국어 문장 종결부의 문체

국어 문장 종결부의 문체

장경현

역락

머리말

이 책은 2006년 8월 서울대학교 대학원에 제출한 박사학위논문 「국어 종결부의 문체 특성 연구」를 다듬어 펴낸 것이다. 부족한 부분이 많음에도 불구하고 수정·개선은 최소한의 선에서 했다. 학교에 제출한 학위논문과의 차이를 크게 하지 않는 것이 좋다는 개인적인 판단과 주변의 권고에 따른 것이다. 모자란 논의는 앞으로의 연구를 통해 보충하고자 한다.

사람들은 글을 읽을 때 단순히 글이 전달하는 정보만을 받아들이지 않는다. 정보를 담고 있는 단어의 선택, 문장 구조, 텍스트의 배열과 조직 등에서도 다양한 의미를 읽어 낸다. 따라서 텍스트 생산자는 어떤 단어를 선택하고 어떻게 문장을 구성할 것인가에 대해 궁리를 하고 여러 가지 요소에 의해 결정을 하게 된다. 그 선택 결과가 문체로 나타난다. 즉 문체는 선택의 문제이다. 그렇다면 텍스트를 생산할 때 어떤 인자에 의해 문체가 선택되는가? 필자는 국어에서 특히 문장 종결부에 문체 요소가 두드러지게 나타난다고 보고 텍스트 유형에 따라 선택되는 종결부의 문체를 연구 대상으로 삼았다. 이 책은 연구의 결과라기보다 출발점에 불과하다고 생각한다.

늘 주변적인 것에만 관심이 많아 훌륭하신 여러 선생님들과 선배들의 업적을 따라가지 못하고 있는 자신에 대해 한없는 부끄러움을 느낀다. 특히 여러 해 동안 지도교수를 맡아 주셨던 심재기 선생님께는 고마움과 죄송함을 이루 다 표현할 수 없다. 늘 자상한 웃음으로 무능하고 게으른 제자를 격려해 주신 선생님께서 현직에 계실 때 논문을 보여 드리지 못한 탓이다. 지금까지 국어학 연구를 할 수 있는 것은 선생님의 학자로서의 고결한 풍모와 인품 덕이 아닌가 한다. 최종 지도교수를 맡아주신 장소원 선생님은 졸저가 나올 수 있게 열성적으로 지도하고 독려해 주셨다. 선생님의 지도가 아니었다면 이 책이 나올 수 없었을지도 모른다. 이 책은 많은 부분을 장소원 선생님께 빚지고 있다. 그리고 논문을 심사하고 중요한 조언을 해 주신 김흥수 선생님, 송철의 선생님, 김창섭 선생님께도 무한한 감사의 마음을 드리고 싶다. 특히 김흥수 선생님께서는 국내에 많지 않은 문체 연구의 대가로서 여러 값진 말씀을 해 주셨다. 또한 국문과에서 학자로서 모범을 보이시고 열성적인 강의를 해 주신 이기문 선생님, 김완진 선생님, 고(故) 안병희 선생님, 고영근 선생님, 이익섭 선생님, 이병근 선생님, 임홍빈 선생님, 이상억 선생님, 최명옥 선생님, 이현희 선생님께도 평생의 빚을 졌다. 그 밖에 이 자리에서 일일이 언급하지 못하지만 여러 선생님들께 감사의 마음을 전하고 싶다.

아무래도 국어학의 길을 걷게 된 데는 국어학의 대선배이신 할아버지와 아버지의 영향이 절대적이었다. 못난 손자・아들이 가문의 명예를 더럽히는 것 같아 죄송스러울 따름이다. 힘든 길이라고 말리셨지만 국문과에 진학하자 흐뭇해하셨던 아버지의 표정이 아직도 잊히지 않는다. 또한 늘 아들을 믿고 기다리셨던 어머니께도 감사의 말씀을 올리고 싶다. 그리고 힘든 직장 생활을 하면서도 두 딸을 키우며 남편이 논문을 쓸 수 있게 늘 뒷바라지를 해 왔고 학위를 받을 때 마냥 행복해한 아내에게 무한한 고마움을 표하고자 한다.

2010. 12. 1.
장 경 현

차례

1.1. 연구 목적과 범위

1.1.1. 연구 목적

국어에는 여러 종류의 종결어미가 있다. 이 어미들은 문장의 유형을 결정하는 문법적 기능을 가진 것으로 논의되어 왔다. 그러나 실제로는 종결어미들 간에 단순히 문법적 기능만으로는 설명할 수 없는 미묘한 차이를 느끼게 된다. 어떤 식으로 문장을 끝맺느냐에 따라 문단의 결속력 자체가 영향을 받으며, 텍스트의 장르에 따라 어울리는 형식과 어울리지 않는 형식이 구별된다. 또한 짧은 글을 쓰더라도 '−다'와 같은 한 가지의 종결어미만 사용하지 않고 좀 더 다양한 종결어미를 섞어 쓰려고 하게 된다. 나아가, '−다'가 통합한 문장이라고 하더라도 종결에 관련되는 부분이 다른 형태소들과 결합하여 새로운 문체적 효과를 나타내고 있음을 알 수 있다.

이러한 종결 현상은 문법적인 기능만 가지고는 충분한 설명을 하기 어렵다. 분명히 설명법의 평서형 종결어미 '−다'만으로도 충분히 완성된 문장을 만들 수 있는데도 '것이다', '−군', '−지' 등을 섞어 쓰는 경향은 미시적인 분석만으로는 실상을 파악하기가 어렵다. 또 국어 텍스트를 잘 살펴보면 동사나 형용사에 종결어미 '−다'가 통합되어 완결된 일반적인 문장 외에, '−라 아니할 수 없다', '−ㄴ 것이다' 등과 같이 '있다', '없다', '이다'가 연결어미와 의존명사와 함께 일정한 형식을 이루는 문장이 많음을 알 수 있다. 이것은 선택의 문제이지 어떤 규칙의 문제는 아니다.

여기에서 문체론의 관점을 도입할 필요가 생긴다. 문법의 관점으로는 '−하는 것이다'라는 종결 형식이 어떤 기능을 가진다는 식의 설명까지 할 수 있다. 그러나 텍스트 내에서 왜 이것이 그 위치에 나오는가 하는 필연성에 대해서는 해명하기가 어렵다. 이 문제는 문단을 구성하는 문장들이 형성하는 리듬, 정보의 흐름을 밀접하게 연결해 주는 응집성 등과 관련된다. 이를 파악하기 위해 하나의 문장 차원에서 관찰하는 것이 아니라 앞뒤의 문장들의 연결 관계를 살펴보아야 한다.

따라서 이 책은 기존의 문법 관점에서 보는 종결 형태 자체의 의미를 설정하기보다는, 종결부를 앞뒤 문장의 관계와 그에 따르는 화자의 의도를 싣는 데 있어 최적화된 선택으로서의 종결부로 파악하고자 한다. 실제로 문체에 대한 연구에서는 종결 현상을 중요한 요소로 간주해 왔다. 하지만 각 종결 형식이 담당하는 문체 기능을 중점적으로 다룬 업적이 많지는 않았다. 특정 텍스트에 대한 문체 분석의 일부로서 어휘나 문장 길이 등의 다른 요소와 함께 종결어미를 분석한 연구가 주류를 이루었다. 즉 문체론에 있어서의 종결 현상 분석의 중요성은 일찍이 인식되었으나 이를 본격적으로 종결 형식의 특성과 연관하여 분석한 연구는 적었던 것이다.

반면 기존의 형태·문법 연구는 종결 현상에 대해 다양하고 풍부한 업적을 낳았으나 이를 텍스트 장르의 특성, 상황, 맥락 등과 종합적으로 연관 지어 분석한 연구가 적었다.

이 책에서는 어말어미뿐 아니라 어미와 다른 요소가 결합하여 종결 기능을 하는 모든 부분을 통틀어 종결부라 일컫는다.[1] 여기서는 어말어미와 다른 형식을 구분하지 않고 종결부 전체를 동등한 관점에서 살펴볼 것이며, 형태소 내적인 기능과 의미로 접근하기보다는 텍스트 단위에서 어떠한 종결부가 어떠한 기능을 수행하기 위해 선택되었는가에 주안점을 두고 접근한다.

국어 문장의 종결부는 단순히 문장의 유형을 결정하는 기능만을 갖지 않는다. 종결어미에 선어말어미, 동명사어미, 의존명사 등이 결합하여 높임법, 양태의미 등을 다양하게 나타낸다. 지금까지 이에 대한 문법론적 연구는 많은 연구자들에 의하여 양적으로나 질적으로나 만족할 만한 성과를 낳았다. 하지만 종결부는 문체를 결정하는 인자로서도 중요한 의미를 가진다. 종결부는 어떤 종결어미를 사용하느냐에서부터 '-다'가 올 자리에 '-ㄴ 것이다'가 선택되는 문제, 텍스트 장르(text genre)에 따라 대표 종결형이 '-다', '-ㅂ니다', '-네' 등에서 선택되는 문제 등 문체 체계를 결정하는 역할을 담당한다.[2] 그러므로 국어 문장 종결부를 연구하

---

1) 민경모(2000 : 2)에서는 '어말어미류'라는 개념을 사용하고 있는데 이것은 '어말어미와 이에 준하는 형태들, 즉 준꼴, 어미와 보조사의 결합형, {-잖아} 등 어미의 역할을 하는 형태류를 총칭하는' 개념이다. 여기에는 종결어미류, 연결어미류, 전성어미류 등이 포함된다. 본서에서는 문법론의 어미 개념과 다른 의사소통의 층위에 있는 요소로서 '종결부'라는 개념을 사용한다. 어말어미류라고 했을 때는 어미에 무게중심이 있어 어미와 결합되는 다른 요소들을 동등하게 다루기가 어렵다.
2) 김미형(1997 : 6)은 언어학적 문체 분석에 있어 문장 인상을 결정하는 데 결정적인 역할을 하는 문체 요인을 찾아내고 그것이 문장 인상에 어떻게 기여하는지를 밝히는 것이 진정한 문체 연구라고 역설하였다. 이때의 문체 요인의 한 예로 연결어미와 종결어미를 들었다.

면 텍스트 장르·텍스트 유형(text type)[3])과 연계된 문체 체계를 발견할 수 있다는 믿음 아래 본서에서는 국어 종결부의 문체 특성을 중심으로 논의를 전개할 것이다.

본서에서의 '문체 특성'은 실제로 개별 종결어미의 담화 기능과 의미에 가까운 개념이다. 문체(style)의 개념이 학자마다 조금씩 다르고 객관적인 기준으로 측정하기 어렵기 때문에 우선은 문체 형성에 중요한 역할을 하는 종결어미가 텍스트 장르에 어떤 영향을 받아 선택되고 그것이 종결어미가 본래 가지고 있는 기능·의미와 어떤 관계를 가지는가를 밝히는 작업에 중점을 두려 한다. 문장 종결부의 형식은 텍스트 장르의 특성과 화자의 의도에 따라 선택된다. 이 선택 과정에 영향을 미치는 요소는 여러 가지가 있는데, 이 선택 요소와 개별 종결어미가 가진 담화 의미가 상호 작용을 하며 특수한 문체 효과를 낳게 된다. 따라서 어떤 종결부로 인해 나타나는 문체적 인상을 객관화하고 분석하기 위해서는 먼저 종결부의 고유한 담화 의미를 문체와 결부시켜 분석할 필요가 있는 것이다. 이런 결과를 바탕으로 본격적인 문체 연구를 할 수 있을 것이다.

문체 연구는 언어학과 문학의 양쪽에 걸쳐 있는 학문으로 그 넓은 영역 때문에 성격이 뚜렷하게 파악되지 않았다. 박갑수 편(1994) 등 연구 성과가 많이 있었으나 아직 국어 문체 연구에는 많은 과제가 남아 있다. 본서에서는 국어 문체를 부분적으로나마 유형화·체계화하는 노력을 하고자 한다. 특히 국어 문체 체계화의 일환으로 문장 종결부를 중심으로 하

---

3) '텍스트 장르 / 텍스트 유형'의 개념은 민경모(2000)에서 정리한 내용을 받아들였다. 텍스트 장르는 의미 내용, 참여자, 사용 기회 등에 의해 사회에서 규칙적으로 나타나서 다른 장르와는 구별된 하나의 동질화된 내적 구조로 발전하는 메시지 유형이다. 따라서 사회적 차원의 텍스트 생산과 밀접한 관련이 있다. 텍스트 유형은 언어 내적 요인, 즉 언어 특성의 유사성에 의해 분류된 텍스트 묶음이다.

는 문체 서술의 틀을 만들어 보려고 한다. 이러한 연구는 작문 교육, 외국인에 대한 한국어 교육, 외국어 번역 등 실용적인 면에도 도움을 줄 수 있을 것으로 기대한다.

1.1.2. 연구 범위

문체는 일반적으로 문자 텍스트와 관련 있는 것으로 인식되었다.[4) 넓은 의미의 문체론에서는 음성과 문자 모두를 대상으로 삼기도 하지만 본서에서는 음성 텍스트보다는 문자 텍스트를 기본적인 논의 대상으로 삼는다.[5) 박영순(1994 : 16)에서는 규범성보다는 기술적인 차원에서 문체 선택 과정과 결과를 면밀히 관찰해야 한다고 하였는데, 이것을 바꾸어 말하면 화자가 자신의 의도를 가장 잘 전달하기 위하여 최적의 선택을 하는 과정과 그 결과가 문체론의 연구 대상인 셈이다. 아무래도 좀 더 계획적인 생산 과정을 거치는 문자 텍스트가 이러한 부분을 더 뚜렷하게 드러낸다고 볼 수 있다.

그러나 문자 텍스트를 기본적인 연구 대상으로 삼는다고 해서 구어체 자체를 배제하는 것은 아니다. 반말체는 구어체라 할 수 있지만 종결부 문체 연구에서는 빼놓을 수 없는 중요한 관찰 대상이다. 실제로 문어체와 구어체는 겹치는 부분이 많아 분명하게 분리하기가 어렵다. 근본적으로 문어체와 구어체 사이에 뚜렷한 경계선이 존재하지 않기 때문에 구어체를 배제한다는 것은 쉽지 않은 일이다. 그리고 텍스트에 따라 의도적으로 구어체를 문체로서 받아들여 쓰는 경우가 있으므로 이러한 것들도 관찰

---

4) 장소원(1984)의 '어체/문체' 구별을 받아들여 음성 발화는 어체로, 문자 발화는 문체로 구별하도록 한다.
5) 김미형(1997)도 음성 발화의 '어투'는 여러 가지 외적 요소가 개입하기 때문에 문체의 대상은 문자 텍스트임을 강조하였다.

의 대상으로 삼을 필요가 있다.

　문체 연구의 대상은 조사나 어미와 같은 형태소 층위에서 단락을 배열하는 텍스트 층위까지 해당된다. 동의어들 중 특정 단어를 선택하는 행위도 문체 연구의 영역 안에 포함된다. 본서에서는 문장 종결부를 연구 대상으로 삼았다. 국어는 SOV형 언어이므로 동사가 문말에 위치한다. 따라서 한 텍스트의 문체는 문말에서 가장 잘 나타나며 그 기능의 상당 부분을 종결부가 담당한다. 이런 까닭으로 본서에서는 주로 문자 텍스트에서 나타나는 종결 현상을 연구 대상으로 삼았다.6) 여기에는 일반적으로 구어체로 알려진 반말체의 종결형도 포함된다. 음성 발화에서 반말체가 지배적으로 나타나는 것은 사실이지만 그렇다고 반드시 '반말체 = 구어체'라고 보기는 어렵기 때문이다.7) 일부 양태를 나타내는 반말체 어미는 '-다'나 '-ㅂ니다', '-오' 등을 가리지 않고 쓰이기 때문에 문체 논의에 포함시키는 것이다. 본서에서는 '반말'보다는 '반말체'라는 용어를 쓰

---

6) 여기서 굳이 '문어체'라는 용어를 쓰지 않는 것은, 적어도 종결부를 다룰 때는 문어체와 구어체의 차이가 확고하게 정립되기 어렵기 때문이다. 장경현(2003)에서 이러한 '문어 / 구어 / 문어체 / 구어체' 분류의 어려움에 대해 논의를 한 바 있다.

7) 반말 자체를 일종의 문체로 볼 수 있느냐는 간단한 문제가 아니다. 반말의 성격이 국어에서 매우 복잡하게 나타나기 때문이다. 청자높임법 체계 내의 개념과 더 넓은 통사 범주로서의 개념 등이 일상생활에서나 국어 연구에서나 혼용되어 왔고 그 구분 자체가 쉽지 않았다. 이러한 문제에 대해서는 박재연(1998)에 자세히 정리되어 있다. 이 논의에 따르면 반말은 어떤 체계라기보다는 양태의미를 나타내는 종결어미라고 보아야 한다. 음성 텍스트에서 반말이 많이 나타나고 따라서 반말을 비격식체 어미로 보기도 하지만 반대로 일상 대화가 화자의 심리적 인지적 태도를 직접적으로 드러내는 특성을 갖고 있기 때문에 반말을 많이 쓴다는 해석도 가능하다. 즉 텍스트의 성격과 발화 맥락에 따라 반말을 선택하는 것으로 볼 수도 있다.
또한 '반말'이라는 단어의 뜻 자체가 일반적으로 높임법의 대립 개념으로 받아들여지고 있으므로 혼란이 일기도 한다. 어떤 블로그(blog)의 운영자는 '모든 방문객이 게시판에 반말로 글을 써야 한다'는 규칙을 공시하였는데 실제로는 '-ㅂ니다'나 '-요'를 쓰지 않고 '-다'만 써야 한다는 뜻이다. '-해'나 '-해라'를 쓰라는 의미가 아니다. 일상적으로는 존댓말의 대립 개념으로 반말이 사용되기 때문에 보이는 현상이다.

는데, 이는 '-요' 통합형까지 함께 서술하기 위함이다. 즉 대우법의 하위 범주로서의 반말과 구별하여 문체의 관점에서 일반적인 종결어미가 통합하지 않는 종결 체계를 관찰하려는 것이다.

본서에서는 평서문의 종결부를 주된 논의 대상으로 삼고 의문문·청유문 등의 종결부는 꼭 필요한 경우가 아니면 논의에서 제외하였다. 문체 특성을 추출할 만한 특성이 다른 종결부에서는 두드러지게 나타나지 않기 때문이다. 실제로 문자 텍스트에서 의문문과 청유문은 쓰임이 제한적이고 몇 가지를 제외하면 음성 텍스트와 별 차이를 보이지 않는다.

또한 종결어미를 넘어 '종결부'를 관찰 대상으로 삼는다. '종결형', '종결 형식', '종결어미'와 같은 용어 대신 '종결부'라고 하는 이유는, '-고 말다', '-는 것이다' 등과 같은 통사적 연쇄와 '-ㅁ', '-ㄹ 것'과 같은 명사형 또는 명사 종결까지 포괄하기 위함이다. '서술부'라 할 수도 있겠으나 종결어미만을 논의의 대상으로 삼는 경우도 있고 문체의 핵심 요소는 종결에 있다는 전제를 두고 논의를 전개하므로 '종결부'라는 용어를 쓴다. 그러나 필요에 따라 논의는 초점을 종결어미에 맞출 수도 있고 종결부 전체에 맞출 수도 있다.

종결부의 문체 유형은 세밀하게 따지면 다양하게 분류할 수 있지만 본서에서는 몇 가지의 중요하고 기본적인 것들만 제시하였다. 크게 보편적 문체 유형과 특수 문체 유형으로 나누어 보편적 문체 유형에서는 문자 텍스트의 일반적인 평서문을 형성하는 종결체를 다루었고 특수 문체 유형에서는 많이 나타나지만 그 효과가 특수하여 일반적인 종결 현상과는 구별되는 현상을 다루었다. 또한 4장에서 행하는 구체적인 개별 종결부의 문체 특성 분석에서는 인터넷 블로그에 나타나는 반말체 어미와 몇 가지 종결어미 통합형을 대상으로 삼았는데, 우선 반말체를 택한 이유는 최근 인터넷에서 볼 수 있는 반말체 사용이 독특한 문체 효과를 낳기 때문이다. 그리고 '-ㄴ 것이다', '-고 말다' 등의 어미 통합형은 명제 의미에 변화를 주지 않으면서 화자의 어떠한 태도나 텍스트 내에서의 문장의 리듬을 형성하는 요소로서 논의의 대상이 된 것이다. 이외의 다른 종결부도 검토해 보았으나 텍스트 장르의 제약에 의한 선택이 아닌 문법적·의미적 선택의 결과로 보아야 하는 것들이라 여기에서 논의하는 데는 난점이 있었다. 그러므로 조건에 맞는 종결 현상만을 제시하고 다른 것은 논의에서 제외하였다.

여기서는 통시적 연구는 원칙적으로 배제하였다. 필요에 따라 20세기 초반 문헌에 나타나는 문체를 살펴보는 일은 있으나 통시적 형태 분석은 본서의 범위에서 벗어난다고 보아 하지 않았다. 본서에서는 형태소 단위의 분석적 연구보다는 텍스트 단위의 통합적 연구에 초점을 맞추었다. 추후 개별적인 종결부의 연구에서 이러한 통시적 연구가 이루어져야 할 것이다.

1.2. 연구 방법

문체 연구는 '내용-형식'의 이분법의 관점에서 본다면 '형식'을 다루는 것이다. 문체는 기본적으로 동일한 내용을 표현하는 형식을 다양하게 선택하는 행위라 할 수 있다.[8] 그 결과 문체에는 개별 화자들의[9] 개성이

---

8) Ullmann(1964), Sowinski(1991) 등 많은 문체론 연구에서 문체의 본질로 선택의 원리를 제시하고 있다. 자칫하면 문체 구성 요소가 문장을 수식하는 장식적 요소인 것으로 오해할 수 있으나, 텍스트 생산 과정에 초점을 맞춘 개념으로 보는 편이 합리적이다. 필수가 아닌 선택이라는 점을 강조하는 태도는 문체론을 통사론과 구별하려는 의도가 강하다고 볼 수 있을 것이다. 하지만 문체 선택 과정은 텍스트의 장르적 특성, 맥락, 사회언어학적

반영된다. 비단 전문 작가들의 독특한 문학적 문체뿐 아니라 일개인의 언어 습관도 넓은 의미의 문체에 들어간다고 할 것이다. 따라서 연령·지역·직업·성별 등 화자의 사회적 조건 또한 문체에 영향을 미친다. 그러나 언어 형식의 선택이라는 관점에서의 문체를 연구하려면 그 문체가 발현되는 텍스트를 중심으로 하여 텍스트의 특성이 특정한 문체와 어떤 관련을 갖는지 살펴볼 필요가 있다.

　문체를 언어학적 관점에서 연구할 때 주관성과 추상성을 피하기 위하여 일반적으로 쓰는 방법이 계량적 방법이다. 이것은 특히 텍스트 장르별로 문체 요소의 사용 빈도를 관찰하는 데 유용하여 문학과 어학 양쪽에서 자주 이용되었다. 그러나 이 방법은 해당 텍스트의 성격과 앞뒤 문장 또는 발화와의 관계 등을 상세히 살펴보기 어렵다는 문제가 있다. 문체는 본질적으로 텍스트 전체의 흐름 속에서 의미를 가지는 것이므로 계량적 연구만으로는 접근하기 어려운 부분이 있다. 이 때문에 많은 문체 연구자들이 계량적 연구와 질적 연구 방법을 고루 선택하는 것이다. 여기서는 문체의 양적 연구보다는 질적 연구 태도를 취하여 텍스트의 내적 구조를 중심으로 하여 각 문장들의 상호 관계를 파악하였다. 이 과정에서 종결어미의 형태의미적 특성은 기본적인 정도로만 고려하였다. 또한 종결어미를 기술할 때 늘 언급되는 대우법에 대해서는 신중한 접근 태도를 유지하였다. 대우법은 기본적으로 음성 텍스트에서 의미가 있는 것이며 화자와 청자의 관계가 분명할 때 나타나므로 문체와 관련하여 논할 때는 제약이 많고 그 형식의 유사성 때문에 다른 문체 요소와 혼용되어 오류를 유발

　조건 등에 영향을 받기 때문에 제한적 선택으로 보아야 한다.
9) 문체는 글자 그대로 해석할 때 문자 발화의 경우에만 해당하는 것이므로 '필자'와 '독자'라고 하는 편이 옳을 수 있다. 하지만 담화와 관련된 연구들에서 일반적으로 '화자/청자'를 사용하고 있고 발화 생산자와 수용자라는 의미로 쓰이고 있으므로 앞으로 발화 생산자는 '화자', 발화 수용자는 '청자'로 통일할 것이다.

할 위험이 있다. 그러나 대우법 자체가 독특한 문체 효과를 빚는 경우가 있으므로 완전히 배제하지는 않았다.

먼저 문체 분석을 위한 기본 개념들을 설명하고 텍스트 장르를 분류한 다음 텍스트 자료들을 바탕으로 기본 문체 유형을 분류하고 특수한 문체 효과를 낳기 위해 사용되는 개별 종결 형식의 의미와 텍스트 내에서의 기능을 분석할 것이다.

1.3. 선행 연구

1.3.1. 문법 연구

문장의 종결 현상에 관해 최현배(1971)에서는 '풀이씨가 월의 풀이말이 되어서 그 월을 마치는 법', 허웅(1995)에서는 '말할이가 들을이에게 어떠한 요구가 있는지 없는지를 나타내는, 풀이씨의 끝바꿈의 한 범주', 권재일(1992)에서는 '언어내용의 전달 과정에서 청자에 대하여 화자가 가지는 태도를 실현하는 문법 범주'라고 하였으며 김태엽(2001)에서는 '문장의 명제 내용을 청자에 대해 표현하는 화자의 태도가 실현되는 문법 범주'라고 하였다. 이처럼 종결 현상은 단순한 마침법이 아니라 화자의 태도를 표현하는 범주로 설명되고 있다는 것을 알 수 있다.

종결어미에 대한 연구는 상당히 활발한 편인데, 어말어미의 형태 의미나 통사적 결합 양상을 고찰한 것이 많았고 최근에는 종결어미가 가지는 양태의미를 중점적으로 밝히는 연구 결과가 나오고 있다. 기존에는 최현배(1971)에서 종결어미의 형태 목록을 종합하여 정리한 이래 종결어미를 서술어미, 의문어미, 명령어미, 청유어미로 나누고 여기에 청자 높임법의 등급을 적용시킨 체계를 일반적인 문법 안에서 받아들였었다. 또한 문장 종결어미는 화자의 심리적 태도와 연관되므로 서법(mood)의 범주로 다루어졌다. 특히 선어말어미와 구별하여 문장 종결어미로 나타나는 서법을 문말 서법(서정수, 1990)이라 하는데, 이것을 박승빈(1935)은 '文의 體法', 이희승(1949), 안병희(1967), 서태룡(1985), 이유기(2000) 등은 '문체법', 허웅(1983), 권재일(2004) 등은 '의향법', 남기심·고영근(1985), 윤석민(2000) 등은 '문장 종결법' 등 다른 명칭으로 불러왔다. 특히 이유기(2000)는 기존의 서법 체계와 명칭에 문제가 있음을 지적한 바 있다.

박영순(1985)은 청자 높임법을 '-습니다(최존대)', '했어요(존대체)', '했소(준존대체)', '했네(하게체)', '했어(해체)', '했다(하다체)' 등 6가지 등분으로 나누었다. 여기서 주목할 것은 하다체를 따로 설정했다는 점이다. 본서에서도 하다체는 독립된 문체로서 다루어야 한다는 태도를 취하고 있다. 그러나 하다체는 대우법의 체계 속에 포함될 성질의 것이 아니다. 대우법은 청자 지향적인 발화를 바탕으로 하는 것이며 그 명칭이 명령형에서 나왔다는 사실이 이를 드러내고 있다. 하다체는 화자 지향적인 발화에 사용되는 것이므로 높임법의 범주에 속하는 것이 아니라 문체의 범주에 속하는 것이다.

일반적인 종결 현상 외에 개별 종결어미에 대해서도 다양한 연구 성과가 있었다.

한길(1984)은 종결어미 '-게'를 예사높임과 반말로 구분하였고 '뭐 하게?'와 같은 용법을 유사종결이라 하여 반말 종결어미의 세부적인 분석을 꾀했으며 한길(1991)에서는 종결어미 형태 분석보다는 선어말어미와 결합하는 양상을 중심으로 형태적·통어적·의미화용적 특성을 분석하였다. 여기서는 청자 높임법 체계를 먼저 나누고 각각에 해당하는 종결어미의 형태를 단순형태와 복합형태로 구분하였다. 반말을 대우법 체계에서 독립시켜 독자적인 범주로서 그 형태와 의미를 상세히 분석하여 반말 연구에 또 다른 길을 열어주었다고 할 수 있다. 장경희(1985)는 양태의미 연구를 본격화시켰고 특히 반말체 어미 '―지', '―네', '―군', '―거든' 등의 양태의미를 화자의 인식 상태에 따라 체계화하여 후속 연구에 큰 영향을 주었다. 김태엽(2000ㄱ)은 비종결어미의 종결어미화 현상에 대하여 논의했는데, 반말체어미인 '―거든', '―는데', '―니까', '―네' 등과 명사형 종결 '―ㅁ' 등이 문법화되는 과정을 살펴보았다. 김태엽(2001)은 종결어미를 가능한 한 정밀 분석 하여 어미를 이루는 문법 요소를 상세히 고찰하였다. 여기서는 특히 비종결형 어미와 음운론적 종결소를 상정하여 불규칙적으로 보이는 종결어미들을 형태 분석의 방법으로 연구하였다는 데 의의가 있다. 박재연(1998, 1999, 2003, 2004)은 반말체 종결어미의 양태 의미에 대하여 상세하고 체계적인 연구 성과를 보여 주었다.

　이러한 분석적 접근법은 종결어미의 형태와 문법화 과정 등을 정밀하게 보여 주며 체계적인 구조를 제시한다는 데에 큰 가치가 있다. 하지만 대우법 체계와 종결법의 체계가 지나치게 긴밀히 얽혀 있어 실제 쓰임에 있어 음성 발화와 문자 발화에서 종결부가 각기 어떤 차이를 보이는가, 발화자의 선택에 따라 어떤 미묘한 의미를 전달하는가를 설명하는 데 한계가 있으며, 문법화된 종결어미가 아닌 복수의 형태소가 결합한 종결부의 의미와 기능을 설명하는 데 충분하지 못한 면도 있었다. 이렇듯 문장 종결에 관한 연구는 통사론 쪽 연구에서 매우 활발히 진행되어 왔고 점차 화용론과 텍스트 언어학, 계량 언어학 등으로 지평이 넓어지고 있다. 형태론적인 면에서도 새로이 문법화된 종결 형식을 찾아내는 등의 성과가 나오고 문체나 텍스트 언어학 연구에서 새로운 시각에서의 접근법이 꾸준히 나오고 있다.

　종결 현상에 관한 연구는 이외에도 다수가 있지만 개별적인 기존 업적에 관해서는 해당 부분에서 자세히 언급하려 한다.

1.3.2. 문체 연구

문체 이론은 문학과 언어학 양쪽에서 연구되어 왔는데 그 객관성을 확보하기 쉽지 않다는 문체 연구의 근본적인 특성 때문에 방법론에 있어서는 문학과 언어학 모두 통계학적 연구를 사용하는 등 일치하는 면이 보인다.

김병철(1961), 이동희(1961), 이병원(1988) 등 문학 연구가들의 개별 작가 또는 작품 문체 연구는 주로 사회·역사적 맥락 속에서 문장의 수, 길이, 품사 사용례 등을 계량적으로 관찰 분석하여 전반적인 특성을 도출하는 모습을 보인다. 김상태(1973)는 이상(李箱)의 소설 문체를 계량적 방법으로 분석하면서 당시 현대적인 문체로 여겨졌던 '-했다' 체보다 '-하다' 체가 많이 쓰인 사실을 바탕으로 이상의 문체 의식을 밝혀냈다. 김상욱(1995)에서는 문체 분석은 단순한 언어 구조나 표현 분석이 아니라 작가의 의도, 즉 이데올로기적 효과를 구명하는 작업이라고 하였다. 고순희(1998ㄱ·ㄴ, 2001ㄱ·ㄴ)는 시가 문학의 문체 변화에 대하여 주로 번역과 관련하여 논의하였으며 번역 과정에서 텍스트의 장르를 나타내는 지표로서의 문체 선택에 대하여 설득력 있는 논리를 전개하였다. 김종기(2001)는 문학적 문체론 연구이나 언어학적 분석 방법을 중요시하여 프랑스 시의 운율과 한국 시의 오율에 대하여 통합적인 고찰을 하였다. 장일구(2005)는 사회언어학의 코드 스위칭(code-switching)과 문체론에서 기본적인 전제로 간주하는 선택의 개념을 가지고 소설 속 방언 사용에 대해 작가의 선택에 의한 문체 양상이라고 하였다. 언어학이 아닌 문학 연구이지만 사회언어학의 기본 개념을 받아들여 방언을 문체 현상으로 파악한 것이 주목할 만하다. 문학 연구에서는 인상 비평에 가까운 문체 연구도 없지 않았지만 대체로 언어학적 방법론을 적극적으로 수용하여 체계성을 확보하려 한 노력이 보이며 독일과 프랑스에서 발달한 문체론의 이론을 바탕으로 독자적인 논의를 한 결과도 많이 있다.

국어학에서는 문체 연구를 통시적 연구와 공시적 연구의 두 가지로 나눌 수 있다. 특히 통시적 연구는 언문일치가 나타나기 시작한 개화기 이후의 문체를 대상으로 삼은 것이 많다. 심재기(1978, 1992ㄱ, 1992ㄴ, 1999), 민현식(1994ㄱ·ㄴ·ㄷ) 등이 대표적인 성과로, 일기, 교과서, 신문, 잡지, 성경 등 다양한 문헌 자료를 분석하여 국어의 문체 변화 과정을 정리하였다. 김미형(1995, 1997, 1998, 2002, 2003, 2004) 역시 일련의 통시적 문체 연구를 통하여 국어 문체의 변천과 형성 과정을 각 문체 형식의 의미와 함께 제시하였으며 언어학적 문체 연구란 어떤 것인가에 대하여 상론하였다. 특히 '-라' 종결이 '-다' 종결로 바뀐 과정을 문체 현대화의 관점에서 관찰한 꾸준한 시도가 돋보인다. 홍종선(1996)과 장소원(2005)은 텍스트 장르별로 국어 문체와 문체 연구를 역사적으로 정리하였다.

공시적인 연구로는 화용론, 텍스트 언어학, 독일과 프랑스의 문체 이론 등 다양한 이론적 바탕에서 이루어진 성과들이 있다. 유제호(1986)는 텍스트 분석과 번역을 중심으로 문체론에 대하여 논한 연구인데, 일반적으로 문체의 본질에 대해 일탈로 설명하던 관행에 대해 의문을 제기하고 있다. 민경모(2000)는 어말어미류를 대상으로 텍스트 장르와 사용역(register)과의 관련성을 계량적 방법으로 고찰한 연구이다. 이러한 연구는 다음 연구를 위해 훌륭한 자료와 분석을 제시해 주므로 큰 의의가 있다. 그러나 텍스트 장르와 어말어미류의 관계를 심층분석하지 못하고 문어와 구어의 틀에 머문 것은 다소 아쉬운 점이다. 예를 들어 '-거든요'가 상담 텍스트에 두드러지게 나타났다는 결과를 제시했는데 상담 텍스트가 상담자와 내담자의 두 화자에 의해 생산된다는 점을 고려할 때 어느 쪽의 발화인지 명시하지 않았으며 어째서 상담 텍스트에서 '-거든요'의 출현 빈도가 높은지를 단순히 공식적 상호 교류 텍스트에서 해요체 종결어미가 사용된다는 설명으로 끝냈다. 하지만 상담 텍스트의 특성을 더 자세히 분석한다면 상담자가 내담자보다 더 많은 정보를 갖고 있으면서 상대의 응답을 기대하는 속성이 내담자보다 적다는 등의 특성을 찾을 수 있다는 점에서 아쉬움이 남는다. 김흥수(1988, 1990, 1993, 1995, 1997, 2004)는 언어학적 연구방법을 다양하게 적용하여 문학 작품의 문체 연구를 이론적으로 발전시켜 왔다.

이와 같이 문체론 연구는 문학과 언어학 양쪽에서 제각기 다양한 성과가 나왔고 서로의 영역을 넘나들며 새로운 가능성을 모색하는 시도가 있어 왔다. 이 과정에서 문장 종결부는 언제나 문체 연구의 중요한 대상이 되었다. 국어 문장의 특성상 문장 종결은 국어의 문체를 특징짓는 가장 큰 요소이며 대우법과 반말 등이 영향을 주어 매우 복잡미묘한 현상이 되었다. 또한 개화기를 거쳐 국한문 혼용체에서 언문일치체로 바뀌는 과정에서 문체 의식이 종결부를 통하여 표출되었기 때문에 통시적 연구에서는 종결부 연구가 매우 큰 비중을 차지한다.

형태론, 통사론, 텍스트 언어학, 문체론 등의 분야에서 종결부에 대한 연구가 풍부하게 축적된 만큼 종결부의 문체 연구는 이제 통합적 관점에서 보는 시각이 필요하다.

제2장

문체 선택 요소와 텍스트 장르의 종류

    텍스트 생산자가 문체를 선택하는 데는 여러 가지 요소가 작용한다. 어떤 성격의 글인가, 어떤 청자를 대상으로 하는가, 어떤 효과를 노리는가 등을 고려하여 각각의 상황과 관습, 의도에 맞는 문체를 선택하게 된다. 이러한 선택 과정에서 특히 주목해야 할 것은 화자가 청자를 얼마나 고려하여 텍스트를 생산하는가와 텍스트 장르의 특성이 얼마나 텍스트 자체에 영향을 미치는가이다. 이러한 요소들은 문체 선택에 결정적인 기능을 하며 텍스트 장르의 특성을 규정하는 역할도 한다.

    일반적으로 텍스트 분류는 그 기능이라든지 성격에 따라 제보 텍스트, 선언 텍스트 등으로 분류하거나 목적에 따라 광고 텍스트, 유머 텍스트 등으로 분류하는 식이었다. 이러한 분류는 그 텍스트의 목적성과 형식에 주로 초점을 맞추고 있으며 그 자체 내의 텍스트 특성을 파악하는 데 의미가 있다. 그러나 이것은 텍스트 장르(text genre)이며 생산된 텍스트의 종류와 맥락을 나타내는 것이다. 텍스트를 구성하는 개별 문체를 분석하기 위해서는 좀 더 정밀한 유형 분류가 필요하다.

예를 들어 광고 텍스트에서 특정한 언어 표현이 다른 텍스트보다 많이 쓰인다고 해서 그 언어 표현이 절대적으로 광고 텍스트 안에서만 쓰이는 것은 아니다. 다만 일반적으로 광고 텍스트에서 더 많이 쓰인다는 것뿐이다. 그렇다면 우선 광고 텍스트의 보편적 특성을 최소의 기본 요소로 분석할 필요가 있다. 광고 텍스트에서 특히 그 표현을 요구하는 필연적인 특성은 무엇인가가 중요한 것이지 광고 텍스트라는 것 자체가 중요한 것이 아니다.

따라서 일반적으로 종결어미에 대한 연구에서 의미자질을 기준으로 하여 형태소의 의미를 분류하듯이 텍스트 자체의 구성 성분과 정보 내용의 종류 등을 분석·분류할 수 있는 기준을 먼저 세워야 한다. 이것은 Simpson(1997)의 사용역(register)과 비슷하게 설정될 수 있다.

이러한 이유에서 종결부의 문체 특성을 분석하기 앞서 분석을 위한 기본적인 바탕이 되는 문체 선택 요소와 텍스트 장르 유형을 고찰해 볼 필요가 있다. 이 장에서는 먼저 문체를 선택하게 되는 내적·외적 요소들에 대해 알아보고 텍스트 장르의 유형을 분류해 보고자 한다.

2.1. 문체 선택 요소

Sowinski(1991)에 의하면 문체 원리와 문체 특징의 개념은 동전의 양면과 같은 것이다. 동일한 문체 요소가 텍스트 생산자의 관점에서는 문체 원리이지만 텍스트 수용자의 관점에서는 문체 특징으로 받아들여진다. 그러므로 텍스트 분석을 통해 얻을 수 있는 문체 특징은 텍스트 생산 과정에서 생산자가 인식하며 문체 선택에 영향을 미치는 요소라고 할 수 있다. 이러한 요소를 분류·정리하는 것은 문체 연구에 도움이 된다.

문체는 선택에 의해 결정되는 문장 구성 형식이지만 그 선택은 완전히 임의적인 것만은 아니다. 텍스트의 내적 요소와 외적 요소에 의해 결정되기도 한다. 완전히 임의적인 문체는 주로 개인의 개성이 강하게 표출되는 문학 텍스트에서 나타난다.

2.1.1. 텍스트 외적 요소

텍스트 외적 요소는 화자의 능동적인 의지를 반영하는 것이 아니라 상황, 맥락 그리고 매체 등의 외적 조건에 따라 필연적으로 문체를 결정하는 것이다. 따라서 텍스트 외적 요소들은 일탈적인 문체보다는 관습적인 문체에 영향을 미친다. 외적 요소와 상치되는 문체는 그러한 관습적 시각에서는 일탈적 문체가 되는 것이다. 이러한 문체는 안정감·친숙함보다는 불안정감·낯섦을 불러일으키기 쉽다. 이러한 문체는 텍스트 내적 요소에 따라 선택된다. 결국 먼저 외적 요소에 의해 기본적인 문체가 선택된 다음 내적 요소에 의해 일탈적 문체로 변이되는 과정을 겪는다고 할 수 있다.

2.1.1.1. 단절성 / 연계성

문체는 텍스트 장르의 영향을 강하게 받기 때문에 화자와 청자의 관계를 매체의 제약성과 함께 고려해야 한다. 화자와 청자가 물리적·맥락적으로 단절되었느냐 아니면 서로 즉시 교류할 수 있는 연계성을 가지느냐에 따라 문체에 차이가 생길 수 있다.[10] 이와 관련하여 Chafe(1982)의 '관계성(involve ment) / 분리성(detachment)' 개념을 생각해 볼 수 있다.[11] Chafe

의 개념은 '상관적 장면 / 단독적 장면'과 거의 비슷하다. '상관적 장면 / 단독적 장면'이나 '관계성 / 분리성'은 화자와 청자의 관계와 발화 상황, 매체별 차이 등을 포괄한 개념인데, 이 책에서는 문체를 관찰할 때 좀 더 세분화된 기준의 필요성을 느껴 물리적인 개념에 가까운 '단절성 / 연계성'과 심리적 개념에 가까운 '화자 지향성 / 청자 지향성'으로 나누었다.[12] 이 개념들은 각기 그 정도를 기술하기 위한 것으로, 양극 대립적인 개념이라 하겠다.

'단절성 / 연계성'은 매체와 발화 상황에 따라 화자와 청자의 상호 소통이 가능한 정도와 변화를 나타낸다. 예를 들어 세미나나 강연장에서 발표자의 발화는 단절성이 높다. 청자가 바로 화자에게 반응하기 어렵기 때문

---

10) Simpson(1997)은, 문자 언어는 필자와 독자가 시간과 공간에서 분리될 수 있는 맥락의 전이가 가능하나 음성 언어는 화자와 청자 간에 공유되는 물리적 맥락을 통해 연결됨을 지적했다. 이것으로 문어체와 구어체에 차이가 생기는 요인을 명시적으로 설명할 수 있다. 일반적으로 인터넷 언어의 독특한 형식에 대해 설명할 때는 그 물리적 특성을 결정적인 인자로 강조하는 데 반해, 문어체와 구어체의 차이에 대해 설명할 때는 물리적 특성을 항상 고려하지는 않았다. 그러나 문어체와 구어체는 화자의 주관이 개입된 선택적 문체라기보다는 물리적 매체에 의해 결정되는 필연적 문체에 가깝다. 예를 들어 인터넷 언어를 기술할 때는 입력 시간의 제약, 오타의 가능성 등을 그 형식을 결정짓는 주요한 원인으로 강조하는 반면 문어체와 구어체의 이분법에 따라 언어 현상을 기술할 때는 음성 언어의 시간적 제약과 표정·몸짓·억양 등의 비분절적 요소에 의해 구어체가 필연적으로 유발됨을 고려하여 논의를 전개하여야 한다.
11) ① 관계성(involvement) : 화자가 면대 면으로 화자와 접촉하여 자신의 발화를 조정해 가며, 경험과 생각을 전달하는 것. ② 분리성(detachment) : 화자가 청자와 시간적, 공간적으로 분리되어 있고, 경험과 생각보다는 텍스트의 내용과 형식의 일관성에 초점을 맞추어 생산하는 것(Chafe 1982 : 45).
12) '단독성 / 상관성'이라는 용어도 고려해 보았으나, '단독성'이라고 하면 물리적인 분리뿐 아니라 의미에 화자와 청자의 심리적 관계까지 포함되므로 화자와 청자의 심리적 관계를 분리한 순전한 물리적 개념으로서 '단절성 / 연계성'이라 하였다. 또한 '단독성'은 화자가 혼자서 발화한다는 인상을 준다. 단절성 개념이 중요하게 개입하는 인터넷 등의 매체에서는 현상을 정확하게 기술하는 데 어려움이 있을 수 있다. 본서에서 중시하는 것은 직접적인 화자와 청자의 연결 정도를 기술하는 것이므로 그것을 강조하는 '단절성 / 연계성'을 사용하기로 한다.

이다. 그러나 질의·응답의 발화는 단절성이 매우 낮고 연계성이 높다. 그런가 하면 TV 뉴스 보도는 강연의 발화보다 더 단절성이 높다. 시청자와 발화자 사이에는 공간적·물리적 거리가 있기 때문이다. '단절성/연계성' 개념을 이용하여 이러한 미세한 차이를 기술할 수 있다.

다음은 문자 텍스트에서 볼 수 있는 예들이다. (1ㄱ)은 시험 문제이고 (1ㄴ)은 인터넷 블로그의 덧글이다.13)

(1) ㄱ. 다음 질문에 대답하시오.// 전화 예절에서 문제가 생기는 이유 세 가지를 쓰라.// 나보다 5년 연상의 형(또는 오빠)와 길을 가다가 나보다 2년 연상의 여자 선배를 만났을 때 어떤 순서로 소개할 것인가를 쓰라.

— 대학 중간고사 문제

ㄴ. a : 망량의 상자부터 읽어야 하는데 책값에 좌절하고 있는 중입니다. …그리고 치과는 다른 병원에 연락해서라도 꼭 일찍 수술 받으시길 바랍니다. 빨리 하면 할 수록 좋아요!

b : 친구가 치과 간호사인데 사랑니 수술할 때 과정을 리얼하게 이야기해준 적이 있어요. 진짜 끔찍했는데;; 어서 수술하셔서 그 고통에서 벗어나시길.

c : …저도 새 책들을 읽으려면 있는 책들을 팔아야 할 판입니다. ㅠ.ㅠ

d : a/ 망량의 상자는 사놓고 바로 팔아버린 아픈 기억이..ㅠㅠ 웬만한데 다 알아봤는데 제일 빠른 곳이 11월 초라니 당분간은 참을 수밖에요.

b/ 저도 빨리 받고 싶습니다.

---

13) 앞으로 예로 제시하는 텍스트는 대부분 원래 텍스트에서 수정 없이 그대로 갖고 온 것이므로 맞춤법이나 띄어쓰기 등이 맞지 않는 경우가 있다. 자료의 원형을 되도록 왜곡하지 않고 언어 현실을 그대로 보이려는 의도이다. 그리고 블로그의 특성상 사용자의 닉네임이 빈번하게 드러나는데 개인적인 글이므로 닉네임을 단순한 알파벳으로 대치하여 제시한다.

> c/ 위대하신 지름신이시여~파산신이시여~^^ 참 제가 드린
> 책들은 많이 보셨는지요?
>
> — 개인 블로그의 덧글

위의 예문은 둘 다 문자 텍스트이나 (1ㄱ)은 화자와 청자가 물리적으로도 맥락적으로도 단절되어 있는 반면 (1ㄴ)은 물리적으로 단절되어 있으면서도 덧글이라는 텍스트의 특성 때문에 연계성이 높다. (1ㄱ)은 문자 텍스트 가운데 공공 인쇄물 텍스트의 하나인 시험 문제 텍스트이다. 인쇄물이므로 변형의 여지가 없으며 청자에 해당하는 수험생은 화자인 출제자를 직접 보지 않는 한은 피드백이 불가능하다. 반응을 보일 수 있는 방법은 답을 적는 일뿐인데 적은 답은 나중에야 채점자가 보게 되며 출제자와 채점자가 동일하지 않은 경우도 있으므로 상호 반응을 한다고 볼 수 없다. 이렇게 단절성이 높은 텍스트에는 높임법이 중화된 문체가 주로 사용된다. 다음과 같은 문체는 일반적으로 일탈적인 문체로 받아들여진다.

> (1) ㄱ′. 다음 질문에 대답해요.// 전화 예절에서 문제가 생기는 이유 세
>   가지를 써요.// 나보다 5년 연상의 형(또는 오빠)과 길을 가다가
>   나보다 2년 연상의 여자 선배를 만났을 때 어떤 순서로 소개할
>   것인가를 써요.[14]

(1ㄴ)은 인터넷 덧글 텍스트인데, 기존의 인터넷 언어 연구에서는 상호 반응성을 강조하지만 인터넷 텍스트라고 모두 연계성이 높은 것은 아니다.

---

14) 초등학교의 시험 문제라면 자연스럽게 받아들여질 수도 있다. 하지만 초등학교 시험 문제라 할지라도 '쓰세요'와 같은 형식으로 정형화되어 있으므로 이와 같은 문체는 여전히 일탈적이다. 이렇듯 어떤 텍스트 장르인가, 어떤 상황인가에 따라 일탈성의 판단이 이루어진다.

인터넷도 문자 텍스트의 일종이고 복잡한 연결 과정을 거쳐 구현되므로 근본적으로는 단절성이 있다. 게시판 텍스트는 단절성이 강하다고 할 수 있고 그것에 연계성을 보충해 주는 것이 답글 텍스트이다. 하지만 답글 텍스트도 연계성이 아주 높다고 할 수는 없다. 연계성이 가장 높은 대화창 텍스트와 연계성이 가장 낮은 게시판 텍스트의 중간 단계에 있다고 할 수 있다. 답글은 그 형식상 하나의 텍스트로 귀속될 수 있기 때문에 연계성을 확보할 수 있다.

단절성이 문체 선택에 결정적인 요소로서 기능한다고 할 수는 없다. 문체 연구의 대상을 문자 텍스트에 한정할 경우에는 더욱 그러하다. 편지나 쪽지, 설문, 시험 문제 등 어느 정도 연계성이 있는 텍스트를 제외하고는 문자 텍스트는 대부분 단절성이 강하기 때문이다. 또한 단절성이 강한 시·수필 등의 인쇄물의 경우에도 문체를 결정하는 데는 화자 / 청자 지향성의 영향이 더 높다.

다만 앞에서 본 바와 같이 인터넷이 언어생활에 높은 비중을 차지하게 된 최근에는 인터넷이라는 매체의 특수성을 적극적으로 고려하지 않을 수 없고, 이때 단절성 / 연계성의 개념이 유용해진다.

2.1.1.2. 화자 / 청자 지향성[15)]

발화를 하는 행위에는 근본적으로 화자가 자신의 언어를 외부로 내보낸다는 의미가 내재되어 있다. 그 대상은 구체적인 청자일 수도 있고 구체적이지 않은 청자일 수도 있고 때로는 화자 자신일 수도 있다. 그러나 잊지 말아야 할 것은, 그러한 행위는 화자가 속한 사회 맥락 내에서 행해

---

15) '지향성(指向性)'이라는 어휘가 지정한 방향으로 나아간다는 고유의 뜻을 가지고 있으므로 이 책의 개념을 표현하는 용어로 이를 채택했다. 전기·전자공학, 물리학 등에서도 '지향성(directivity)'은 이러한 뜻과 관련하여 쓰고 있으므로 발화의 방향성, 정보의 진행 방향을 나타낸다는 뜻을 나타내는 용어로서 적합하다.

지고 발화의 대상도 역시 그 사회 맥락 내에 존재한다는 사실이다.

화자는 발화 행위, 또는 텍스트 생산을 할 때 자신이 속한 언어 사회 내의 잠재적인 구성원에게 발화를 전달한다는 전제를 가진다. 이때 그 발화 또는 텍스트는 그 대상이 지닌 사회언어학적 특성에 맞추어 구성되며 일정한 지향성(directivity)을 갖게 된다.16)

일반적으로 담화 연구에서는 일방적 의사소통과 양방적 의사소통으로 발화 행위를 분류한다. 하지만 이것은 두 경우를 이분법적으로 나눈 것이므로 모호한 중간적 성격의 발화를 설명하기에는 어려움이 따른다.

여기서는 종결 담화 표지를 분류하는 기준으로 '화자 지향성 – 청자 지향성'을 설정한다.17) 화자 지향성은 발화가 청자에게 열려 있기보다는 화자 쪽으로 열려 있어 화자 중심적인 발화가 되는 것을 말하고, 청자 지향성은 발화가 화자 자신보다는 청자에게 열려 있어 청자 중심적인 발화가 되는 것을 말한다. 따라서 화자 지향성은 상대를 배려하는 공손한 태도를 요구하는 상황에서, 청자 지향성은 가치중립적인 상황에서는 잘 나타나지 않는다.18)

---

16) 문학 텍스트에 대해서도 같은 관점을 적용할 수 있다. '사람들은 말을 하거나 쓸 때 항상 자신이 쓰는 언어를 다른 언어의 한 콘텍스트와 그 언어에 의해 잠재적으로 나타난 사고를 향해 내보낸다. 의식하든 하지 않든 우리는 자기 고유의 목소리 특성과 의견을 가진 상대자와 이야기하며 상대는 대답을 해오기도 한다. 문학의 경우에는 물론 그 관계가 간접적인 것이라서 서로 얼굴을 대면하지는 않는다. 그러나 작가는 마음속에 잠재적인 독자가 내는 특별한 형태의 반응을 그리며 서술의 담론은 작가가 상상하는 그 이미지에 조응한다. 언어 역시 작가가 선택한 주제의 개념에 맞추어진다.'(Fowler, 1977, 김정신 역 : 102).

17) 이것은 완전히 새로운 개념은 아니다. 최현배(1971)에서 '바탈'이라는 개념을 마침법의 분류 기준으로 내세웠는데, 이 '바탈'은 화자와 청자와의 관계를 말하는 것으로, 개별적 관계와 공동적 관계로 크게 분류하고 개별적 관계의 하위 범주로 단독적 태도와 관계적 태도를 설정하였다. 이것은 현대의 담화 중심 언어학의 태도와 크게 다르지 않다.

18) 이 개념은 실제로 방향성의 문제라기보다는 발화 수반 행위가 미치는 범위의 문제라 할 수 있다. 화자 근접성과 청자 근접성으로 부를 수도 있으나 발화 행위는 태생적으로

'지향성'은 양태의미 연구에서 양태의미 담지자를 지시하는 용어로 사용된다. 양태의미 연구에서는 '화자 지향성'은 Bybee(1984)의 'speaker-oriented modality'를 번역한 용어이다. 박재연(2003) 등 양태 연구에서 이 용어를 쓰고 있다. 본서에서는 이와 다른 의미로 쓰고 있다. 본서의 '청자 지향성'은 권순희(2005)에서 사용하는 '청자 지향 관점'과 비슷한 개념이다. 권순희(2005)의 청자 지향성은 화자가 발화를 할 때 청자를 얼마나 배려하고 의식하는가를 나타낸다.

지향성 개념은 일방적 통보 행위 / 양방적 통보 행위의 개념과는 차이가 있다. 단순히 정보가 전달되는 방향을 의미하는 것이 아니라 청자를 얼마나 고려하여 발화하느냐의 문제이다. 화자가 발화할 때는 청자의 성, 연령, 교육 정도, 친밀도, 정보 공유도 등을 염두에 두고 그러한 맥락에 맞는 형식을 선택한다. 청자와 단절된 상황에서 발화를 한다고 하더라도 화자가 청자의 상태를 염두에 두고 발화를 구성한다면 그것은 청자 지향적 발화 행위라 할 수 있다. 이때 화자와 청자의 위계에 따라 대우법을 적용시킨 발화를 하며 화자는 청자와의 친밀도가 높으면 비격식적인 반말체의 '-아/어', '-군', '-요', '-거든요' 등을 사용한다. 반면 화자가 청자의 상태를 염두에 두지 않고 발화를 구성한다면 그것은 화자 지향적 발화 행위로, '-다', '-ㅁ' 등 양태·높임 등이 중화된 형식을 사용한다.

    (2) ㄱ. 이 글은 아서 코난 도일 경이 당시 연구, 발표한 <요정이 오고 있다>를 토대로, 어린이들이 요정에 대한 호기심과 탐구력을 키울 수 있도록 <u>재구성한 것입니다.</u>

        ㄴ. 이상의 보고는 탁월한 영시 능력자 G. 허드슨 씨가 여러 나라

청자에게 전달하는 방향성을 갖고 있으므로 지향성이라 하였다.

를 돌면서 직접 관찰한 기록과 여러 가지 정령에 대한 스케치들
을 허드슨 씨의 허락을 얻어 나의 기록과 함께 <u>정리한 것이다.</u>

(2ㄱ)과 (2ㄴ)은 같은 책에서 뽑은 예문이다. (2ㄱ)은 편집자가 어린이
독자에게 전달하는 발화이므로 높임법이 포함된 '-ㅂ니다'를 사용했고
(2ㄴ)은 원저자의 보고문을 그대로 제시하는 발화이므로 높임법이 나타나
지 않는 '-다'를 사용하였다. 전자는 청자 지향성이 높고 후자는 화자
지향성이 높다. 그러나 두 개념은 완전히 나뉘는 것이 아니라 일종의 양
극 대립 관계라 할 수 있다. 따라서 어떤 지향성에 대해 '높다/낮다'로
기술해야 하는 것이다.

화자 지향적 발화 행위는 청자의 적극적인 이해와 참여를 막거나 견제
하는 기능을 가진다. 청자는 발화가 자신을 향한 것이 아니므로 그에 대
해 적극적인 해석을 하면서 응답을 할 기회를 갖기가 어렵다. 그러므로
화자 지향성이 높을수록 화자의 의지가 강하게 드러나고 그만큼 독단적
이며 단정적이다. 따라서 협조적인 대화 상황보다는 일방적인 명령에 가
까운 상황에 쓰이며 그런 상황을 만든다. 그래서 청자를 명확히 상정하지
않는 문자 텍스트는 화자 지향성이 강하다. 그러나 주의할 점은, 이러한
지향성이 발화 형식을 결정하는 조건이 아니라는 사실이다. 형식은 다양
하게 나타날 수 있다. 다만 화자의 태도와 의도가 이러한 지향성을 갖게
된다.

이해웅(2000)은 유치환의 시 문체 분석에 있어 이러한 화자 지향성과
청자 지향성을 구별하여 논의를 전개했다. 여기서는 텍스트 지향성을 추
가했는데 본서의 관점에서 본다면 이 역시 화자 지향성이 높은 텍스트
특성에 넣을 수 있다.

단절성/연계성과 지향성으로 다음과 같이 텍스트 특성을 설명할 수

있다. 연설자가 다수의 청중 앞에서 단독으로 발화하는 상황을 예로 들어
본다. 학술 세미나와 정치 집회의 발화는 차이가 있다. 학술 세미나의 발
표는 정해진 원고를 읽으며 발화가 끝나기 전까지는 청자가 개입을 하거
나 반응을 보일 수 없는 맥락인 반면, 정치 집회의 연설은 기본 틀은 미
리 정해져 있지만 분위기에 따라 즉흥적으로 청중의 반응을 유도하여 대
답을 기대하지 않더라도 대답을 요구하는 듯한 발화를 한다. 또한 학술
세미나의 발화는 '-ㅂ니다'를 쓰지만 청자의 상태를 적극적으로 고려한
다고 할 수는 없다. 그러나 정치 집회의 발화는 지역, 연령, 교육 정도 등
을 적극적으로 고려하여 그에 맞게 내용과 형식을 구성한다. 따라서 학술
세미나의 발화는 단절성이 강하고 청자 지향성이 약한 반면 정치 집회의
발화는 단절성이 약하고 청자 지향성이 강하다고 기술할 수 있다.[19]

이러한 화자/청자 지향성은 문체 선택에 있어 상당히 중요한 요소로
서 기능한다. 화자/청자 지향성은 주로 대우법에 영향을 미치며 국어의
특성상 종결부에서 변화가 일어나기 때문이다.

2.1.1.3. 매체 제약성

앞의 요소들이 화·청자와 관련된 것임에 비해 매체 제약성은 텍스트
가 전달되는 매체 특성과 관련된 것이다. 음성 텍스트는 주로 직접적인
대화 상황에서 논의 대상이 되어 이러한 매체 특성이 별로 중요시되지
않았고 문자 텍스트도 어휘나 통사 구조가 매체에 따라 크게 변하지 않
으므로 매체 자체에 큰 중요성이 부여되지 않았었다. 매체 자체를 중요
관찰 대상으로 삼은 것은 옛 문헌의 서지 연구 정도였다.

---

19) 이 기술에서 청자 지향성이 약하다는 것은 화자 지향성이 강하다는 의미가 아닌가 의
    문을 제기할 수 있다. 그러나 학술 세미나에서도 청자가 화자와 비슷한 지식과 교육을
    받았고 비슷한 사회적 지위를 갖고 있다는 사실을 고려하여 '-ㅂ니다'를 사용하므로
    최소한의 청자 지향성을 갖고 있다는 뜻이다.

매체 특성이 언어 기술에 중요한 요소로 떠오른 것은 인터넷 언어 연구에서부터였다. 인터넷 언어에서 과도한 축약형이 나타나는 것은 타자의 용이성이나 속도 때문이라는 설명은 바로 매체 제약성에 대한 것이다. 하지만 매체 제약성이 인터넷 언어 기술에만 효용이 있는 것은 아니다.

TV의 자막이 시간과 공간의 제약을 받아 생략된 짧은 문장을 사용한다든지 휴대전화로 문자 메시지를 보낼 때 띄어쓰기나 문장부호를 생략한다든지 하는 데에서 매체 제약성이 나타난다. 종결부에서는 어미 생략이나 명사형 종결, 시상과 높임법이 중화된 형식이 쓰인다. 이러한 매체 제약성에 따른 형식은 언중에게 특정 텍스트 장르와 결부되어 기억된다. 그러면서 문체로 인식되게 된다.

이것은 신문 표제나 광고 텍스트 등에서도 크게 작용하는데, 제한된 지면과 공간, 시간에 맞추어 문장 성분이나 핵심 정보까지도 과감하게 생략한 텍스트를 제시하여 오히려 적극적인 효과를 낳는다.

(3) ㄱ. 가출… 퇴학… '위기의 청소년' 170만 명

　　　　　　　　　　　　　　　　　　　　　　　— 일간신문 표제

ㄴ. 매일 경품이 터지는 왕뚜껑 이벤트로 GO

　　　　　　　　　　　　　　　　　　　　　　　— 인터넷 광고

위의 예들은 모두 주어, 서술어, 목적어 등이 생략되어 있다. 신문의 표제는 일반 기사문보다 글자 크기가 크기 때문에 긴 문장을 쓸 수 없다. 광고 카피도 마찬가지다. 독자의 주의를 끄는 것이 목적이라 핵심적인 단어만 남기고 나머지 부분은 생략된다. 때로는 고의적으로 정보성(informality)을 떨어뜨려 독자의 호기심을 자극할 목적에서 중요 정보를 삭제하기도 한다.

(4) 김옥빈, "악! 호텔 원조교제"

― 스포츠 신문 표제

(4)는 스포츠 신문의 표제인데 원래 스포츠 신문은 일반 신문보다 표제를 크게 잡는다(박금자, 1999). 그 결과 문장의 길이를 줄여 의도적으로 정작 중요한 정보를 숨긴다. 이 표제의 기사 내용은 영화 촬영시의 에피소드를 이야기하는 것인데 관심의 초점이 되는 여배우와 자극적인 영화 속 상황만을 제시하면서 상황에 대한 정보를 제공할 만한 서술어를 생략했다.

전보나 메모 텍스트도 매체 제약성이 높아 생략과 중화가 일어난 단순한 문장 형태로 문체화되었다. 이들 텍스트에서는 명사·명사형 종결이 많이 나타난다.

(5) ㄱ. 부친위독 급히 상경 요망

― 전보

ㄴ. 3시 사무실에 전화.

― 메모

이러한 매체 제약성은 인터넷 텍스트에서 다양하게 보인다. 단순히 타자 속도 등의 제약을 초월하여 인터넷은 링크(link)와 덧글 등의 기능 때문에 그에 맞게 텍스트가 발달하고 있다. 매체의 특성은 제약을 넘어 적극적인 텍스트 변화에 영향을 미친다고 할 수 있다.

2.1.1.4. 텍스트 장르의 관습

일반적으로 텍스트를 분류하여 일컫는 '보도 기사 텍스트, 광고 텍스트'의 문체 특징 연구는 문체론에서의 장르 문체(Gattungsstil) 연구에 해당한다고 할 수 있다. 장르 문체 개념은 원래 문학의 장르 개념에서 비롯된 것이다. 희곡에서 막과 장 단위의 텍스트 구성이라든지 시의 운율법 등이 이에 해당하는데 이는 그 장르의 관습과 장르 특유의 요구에 따라 형성된 규범이다. 생산된 텍스트가 일정한 장르를 형성하고 결과적으로 장르 문체를 낳지만 반대로 이러한 장르 문체가 문체 선택 과정에 영향을 미친다.

프라그 구조주의자들에 의해 발전되었던 기능적 문체관에서는 문체를 '한 사회 영역에 특징적인 문체 특징들 내지 문체 원리들의 총체'로 보았다. Sowinski(1991)는 이들이 분류한 '일상 문체, 언론 문체, 행정 문체, 학문 문체, 문학 문체' 등의 영역에 대해 너무 단순하다고 비판하였다. 언론의 문체나 문학 문체에도 여러 문체 영역들이 있으며 혼합되어 있다는 것이다.

이렇게 장르 문체라는 것 자체가 매우 모호한 개념인 것이 사실이다. 그러나 문체는 화자가 필요하다고 판단할 때 선택하여 텍스트에 도입하는 문장 구성 형식이라 할 수 있으므로 특정 장르에 특정 문체가 항상 나타난다고 한정하기보다는, 그 장르의 관습에 따라 청자가 그 장르로 쉽게 받아들일 수 있도록 화자가 장르에 관습적으로 많이 쓰이는 문체를 쓰려고 노력한다는 관점으로 보아야 한다.[20]

특정 장르에서 나타나는 문체 유형을 파악하기 위해서는 해당 텍스트

---

[20] 이러한 장르의 관습을 따르려는 성향은 문체뿐 아니라 음악, 미술, 영화, 연극, 드라마 등에 폭넓게 나타난다. 예를 들어 영화에서는 인물의 대화, 플롯, 하위 에피소드, 배경 음악 등이 장르의 관습에 따라 배치되고 구성된다. 이것은 종종 클리셰(cliché)라고 비판 받기도 하지만 그럼에도 불구하고 꾸준히 지속되는데, 관객들이 특정 장르에 대해 가지는 기대를 갖고 있으므로 그에 부응하려는 노력이라고 볼 수 있다. 문자 텍스트에서도 마찬가지로 특정 장르에 대해 독자들이 가지는 기대가 있어 문체가 그것을 벗어나면 독자가 일탈성을 느끼기 때문에 안정성을 부여하기 위해 관습적인 문체를 사용하기도 한다.

장르의 문체 특성을 결정하는 장르 문체 표지(genre style marker)가 필요하다. 장르 문체 표지는 고정되지 않은 다양한 형식으로 나타난다. 작게는 하나의 형태소일 수도 있고 크게는 그 자체가 하나의 텍스트일 수도 있다. 그 형식이 다른 장르에서 보기 어려울 정도로 특수하게 사용되고 그 장르 안에서 거의 예외 없이 쓰일 때 이 문체는 텍스트 표지로서 기능한다. 시, 전보문, 소설, 소형 지시문 등에서 볼 수 있다. 물론 이러한 텍스트들에서 특정 문체만 쓰이는 것은 아니다. 그러나 청자는 특정 문체를 접하면 특정 텍스트를 연상하게 된다.

텍스트 장르에 따라 그 장르 내적으로 정형화된 관습이 있다. 이러한 관습은 문체로 구현되며 그 문체는 장르 안에서 무표적이다. 관습에서 벗어난 문체는 유표적으로 인식된다. 역사 소설은 의고체·문어체를 써야 한다는 암묵적인 관습이 있고 법조문은 긴 한문투의 문체, 전보문은 명사·명사형 종결형 등이 장르 문체라 할 수 있다. 화자는 이러한 관습에서 벗어나기가 어렵다.

(6) ㄱ. 그는 너무 기쁘게 웃었기에// 가슴이 방망이질쳐서// 입을 다물고// 그의 사랑을 떠났네// 그의 친구들을 떠났네// 그러나 친구들을 따돌리진 않았네.

— 김화영 역, 프레베르, 「보리스 뷔앙」

ㄴ. 第10條 (處理情報의 이용 및 제공의 제한) ① 保有機關의 長은 다른 法律에 의하여 保有機關의 내부에서 이용하거나 保有機關외의 者에게 제공하는 경우를 제외하고는 당해 個人情報화일의 保有目的외의 목적으로 處理情報를 이용하거나 다른 機關에 제공하여서는 아니된다. ② 保有機關의 長은 第1項의 規定에 불구하고 다음 各號의 1에 해당하는 경우에는 당해 個人情報화일의 保有目的외의 目的으로 處理情報를 이용하거나 다른 機關에 제공할 수 있

다. 다만, 다음 各號의 1에 해당하는 경우에도 情報主體 또는 第3
者의 權利와 이익을 부당하게 침해할 우려가 있다고 인정되는
때에는 그러하지 아니하다.<개정 1999. 1. 29> 1. 情報主體의
同意가 있거나 情報主體에게 제공하는 경우 2. 다른 法律에서 정
하는 所管業務를 수행하기 위하여 당해 處理情報를 이용할 상당
한 이유가 있는 경우
　　　　　—공공기관의 개인정보보호에 관한 법률, 법률 제05715호

ㄷ. "원부사의 뜻이 정 그러하다면 좋소, 그렇게 합시다. 죄인 이순
신은 듣거라. 너는 녹둔도에서 일어난 일을 하나도 남김없이 적
도록 하라. 추호도 거짓이 있어서는 아니될 것이야. 여봐라, 죄
인을 옥에 가두고 지필묵을 가져다 주어라. 글을 마칠 때까지
잠을 재워도 아니되고 음식을 줘도 아니된다."
인시(새벽 3시)가 가까웠다.
　　　　　—김탁환, 『불멸』

　(6ㄱ)에서는 종결형으로 '—네'가 사용되었는데 이것은 거의 시에서만
볼 수 있는 문체이므로 실제로 시 텍스트에서 다른 다양한 종결형이 사
용됨에도 불구하고 (6ㄱ)을 보면 시임을 알 수 있다. 텍스트 생산의 관점
에서 볼 때도, 외국 시를 번역하면서 '—네'를 선택했다는 사실에서 시
또는 노래 텍스트 표지로서 '—네'가 기능함이 드러난다. (6ㄴ)은 법조문
의 일부로, '保有機關외의 者'와 같은 자연스럽지 않은 한문투의 문체와
'당해 個人情報화일의 保有目的외의 目的으로 處理情報를 이용하거나 다른
機關에 제공하여서는 아니된다.'와 같은 단정적이면서 준말을 쓰지 않는
문장이 법조문의 표지로서 나타난다. (6ㄷ)은 역사소설인데, 특히 대화에
서 하오체를 사용하거나 '추호도 거짓이 있어서는 아니될 것이야'와 같
은 정형화된 문장이 보인다. '인시'와 같은 현재 잘 쓰지 않는 한자어도
장르 표지로서 기능한다.

이러한 경우, 문체가 화자의 의도나 개성보다는 장르의 관습에 의해 결정된다는 사실을 고려하여 화자의 개성을 드러내는 일탈적 문체와 달리 관습적 문체로 보아야 한다.

2.1.2. 텍스트 내적 요소

텍스트 생산 과정에서 문체 선택은 '텍스트 외적 요소에 따른 선택 → 텍스트 내적 요소에 따른 선택'의 순서대로 진행된다.

2.1.2.1. 구정보 / 신정보

화용론의 구정보 / 신정보 또는 테마(thema) / 레마(rhema) 개념은 언어학적 문체 분석에 있어서도 유용한 개념이 될 수 있다. 특히 화자의 의도에 따라 선택되는 종결부 문체는 하나의 단락 속에서 그 문장이 차지하는 위상과 작용, 또 그 문장이 포함된 단락이 앞뒤의 단락과 맺는 관계와 깊은 관련이 있다. 그러나 이러한 관계를 파악하기는 쉽지 않다.

허금회(1993)에서는 번역과 관련지어 테마 / 레마의 중요성을 역설하면서 하나의 텍스트를 테마 / 레마로 분석하여 문체의 결정 요인까지 설명할 수 있는 가능성을 남기고 있다. 테마는 구정보로, 텍스트의 응집력을 형성하는 수단이 되므로 텍스트를 구성하는 데 있어서 결정적으로 중요한 역할을 한다. Danes는 텍스트 내에서 나타나는 테마 관계의 형태를 지칭하는 용어로서 '테마 전개'[21]라는 용어를 쓰고 있다. 하지만 어떤 방

---

21) Danes의 테마 전개 유형은 다음과 같다(허금회, 1993 : 71~72).

　　1. 단순 직선적 테마 전개 : 첫 번째 발화의 레마가 두 번째 발화의 테마가 되는 전개의 유형.

　　2. 연속적 테마 전개 : 한 테마가 계속 전개되고, 각 문장마다 새로운 레마가 추가되는 유형.

법으로 테마 전개가 이루어지느냐는 물론 개별 언어의 특징에 의존한다. 여러 언어에는 테마 전개를 나타내기 위해 사용되는 독특한 언어적 방법이 있다. 허금회(1993)에서는 테마 전개의 유형을 특징짓기 위해 어느 방법이 이용되는가를 결정하는 데는 여러 가지 요인들이 작용하는데, 이 중에서 가장 중요한 것은 개인의 문체, 화자의 의도, 또는 '의사소통상의 전략' 등이라고 하였다.

반말체 종결어미 '-지'의 다음 용법에서는 선행 발화가 전달하는 정보가 구정보임을 표시한다. '-지'가 나타나는 발화 이전에 이미 공유된 정보가 있다. '-지'는 구정보임을 표시하는 것이다. 상대가 신정보인 것처럼 발화를 할 때 그 발화가 구정보라는 표시로 '-지'를 붙이기도 한다.

(7) ㄱ. 그거야 당연히 그렇겠지.
    ㄴ. 원래 변호사들이란 다 그렇게 말하는 법이지.22)

이런 용법의 '-지' 종결은 발화의 처음에 새로운 정보로서 시작할 수 없다. 반드시 구정보로서 제기된다. '-지'의 양태의미로는 [이미 앎]이 제기되어 왔다. 화자가 이미 갖고 있는 정보를 표시하는 데 쓰이므로 상대방의 발화에 담긴 정보를 구정보라고 평가하는 것이다.

---

3. 파생적 테마 전개 : 각각의 문장의 테마들이 상위 테마로부터 파생되는 전개 유형.
4. 분열적 테마 전개 : 한 문장의 레마가 다른 문장의 테마들로 나누어져 나타나는 테마 전개 유형.
5. 비약적 테마 전개 : 콘텍스트로부터 쉽게 추론될 수 있는 테마의 연속 중에서 한 부분이 생략되는 전개.
22) 음성 텍스트를 예로 들었으나 본서의 주된 논의 대상이 문자 텍스트임은 변함이 없다. 그러나 반말체의 종결어미들은 음성 텍스트에서 주로 사용되므로 음성 텍스트의 예를 들지 않을 수 없다. 지금 논의되는 부분은 문체 유형을 분류할 때 사용되는 기준에 대한 것이므로 이 점을 엄격하게 따지지 않았다.

이러한 '구정보 / 신정보'의 틀로 문체를 완벽하게 분석할 수는 없지만 테마 전개와 특정 문체 선택과의 관련성을 살펴봄으로써 어느 정도 선택의 필연성을 파악할 수 있을 것이다. 일반적으로 테마는 '주제', '화제', '구정보'로 번역되는데 국어에서는 주로 조사 '은 / 는'으로 실현되는 것으로 알려졌다. 하지만 테마 / 레마 틀을 담화·텍스트 단위로 확대한다면 좀더 복합적인 표지를 찾아야 할 것이다.

2.1.2.2. 전향성 / 후향성

문장과 문장의 관계는 접속어만으로 표시되는 것이 아니라 종결부로도 표시된다. 이것은 문체 요소보다는 통사·의미 요소에 가깝다. 그렇지만 통사·의미 요소처럼 필수적이라기보다는 문체 요소처럼 선택적인 성격이 강하기 때문에 문체 선택 요소로 분류하였다. 충분히 다른 언어 형식으로 대체할 수 있는데도 특정 종결부를 선택하는 것은 문체 선택과 유사하다. 하지만 다른 요소들보다는 문체 선택에 관여하는 정도가 약한 편이다.

어떤 종결부는 종결부로 나타나는 해당 문장의 논리적 근접성이 선행 문장과 더 가까운가 아니면 후행 문장과 더 가까운가를 구분한다.

> (8) ㄱ. 보성전문학교장으로서의 仁村이 더욱 그립다. 아, 그 仁村 先生
> 이 가신 지도 이미 二年이 되<u>는 것이다</u>!
> —『동아일보』, 1957

> ㄴ. 내 개그는 폭주족이야. 나 혼자만 신나고 사람들은 욕<u>하지</u>.
> —개그 콘서트 〈우격다짐〉

(8ㄱ)을 보면 'ㅡ는 것이다'가 종결부에 나타난 문장에는 '그'라는 지

시어와 선행 문장에서 이미 제시된 '인촌'이라는 단어가 있다. 따라서 이 문장은 선행 문장과 밀접한 연관성을 가진다. 물론 이것을 응집성 충족의 요소가 있기 때문이라고 설명할 수도 있으나 이런 용법의 '-ㄴ 것이다'는 선행 문장와 긴밀하게 연결된 관계를 제시할 때가 많다. 이를 무표적인 '-ㄴ다'로 바꿔 보면 그 차이가 뚜렷해진다.

> (8)′ ㄱ. 보성전문학교장으로서의 仁村이 더욱 그립다. 아, 그 仁村 先生
> 이 가신 지도 이미 二年이 <u>된다</u>!
>
> ―『동아일보』, 1957

(8ㄴ)은 선행 문장이 선언, 후행 문장이 보충 설명의 역할을 한다. 후행 문장에 '-지'가 결합되어 있는데 이것은 선행 문장과의 논리적인 관계를 강조해 준다.

다음 예는 뒤의 문장과 밀접하게 연관되는 후향성을 보인다. '-거든'의 경우 연결어미가 종결어미화하면서 인과 관계를 나타내므로 이러한 성향을 보인다고 할 수 있다.

> (9) ㄱ. 이거 내가 이미 샀<u>거든</u>. 딴 거 사자.
> ㄴ. 내 이야기를 들려<u>주지</u>. 그다지 재미는 없는 이야기야.

(9ㄴ)의 '-지'와 같은 경우는 연결어미가 아닌데도 뒤의 문장과 근접하여 후행 문장을 유도하는 특수한 성향이 나타난다. 인과 관계라고 하기에는 연관성이 적지만 후향성이 드러난다고 할 수 있다.

특히 반말체 종결부가 전향성 / 후향성에 따라 선택되는데 이것은 뒤의 4장에서 자세히 논의될 것이다. 반말체에서의 전향성과 후향성은 양태의 의미를 논할 때 언급하는 '이미 앎'과 신정보·구정보 개념과 연관이 있다.

또한 해당 문장이 한 단락 내에서 어떤 위치에 있는가가 문제가 된다.

전향성 / 후향성은 필수적인 요소라고 할 수 없지만 종결 유형을 기술할 때 분류 기준으로 선택될 수 있는 것이다.

2.1.2.3. 텍스트의 특수 효과

화자가 의도적으로 일탈 문체를 선택하는 경우, 대부분 일상적인 관습에 따른 문체로 표현하지 못하는 특수한 효과를 의식한다. 시나 인터넷 덧글에서 명사형 종결을 사용한다거나 인터넷에서 '-더이다', '-오'를 사용하는 것은 전적으로 화자의 의도일 수도 있고 해당 텍스트의 특정 맥락에 근거한 것일 수도 있다. 그러나 강제적인 것은 아니다.

(10) ㄱ. 제10의아해가무섭다고그리오
　　　　제11의아해가무섭다고그리오
　　　　제12의아해가무섭다고그리오
　　　　제13의아해가무섭다고그리오
　　　　13인의아해는무서운아해와무서워하는아해와그렇게뿐이모였소
　　　　다른사정은 없는것이차라리나았소
　　　　　　　　　　　　　　　　　　　　—이상, 「오감도」

　　　ㄴ. 小便 후 내려다보인 男根 새삼스러워 한 번 들었다 놓음. TV 스위치 1번 누름. 재미 없음. <오늘의 스타>란 ‖ 1분 만에 다 봄. FM 라디오 스위치 누를까 하다 그만둠. 심심해서 시계를 보았더니 시간이 엿가락처럼 늘어져 누운 채 <이 病身, 일요일이야!> 함.
　　　　　　　　　　　　　　　　　　　　—오규원, 「나의 데카메론」

(10)은 시의 일부분이다. 두 예 모두 언중이 일반적인 시의 문체라고 기대하는 것과는 거리가 있는 문체를 보여주고 있다. (10ㄱ)은 종결부의

'-오' 체, 띄어쓰기와 문장 부호의 생략 등이 일탈성을 보여주고 (10ㄴ)은 명사형 종결이 일탈성을 보여준다. 이러한 효과는 2.1.1.4.에서 본 바와 같이 시 장르에 대해 독자가 가지고 있는 기존의 지식과 예측을 배반하고 다른 텍스트 장르에서 볼 수 있는 문체를 선택한 데 기인한다.

일반적으로 화자는 텍스트를 생산할 때 기존의 관습에 따라 문체를 선택한다. 이것은 텍스트에 대해 청자가 가지는 기대를 충족시켜 청자로 하여금 불필요한 해독 과정을 생략하고 텍스트를 통해 전달하는 정보를 거부감 없이 수용할 수 있도록 하려는 의도라 할 수 있다. 그렇지만 주로 문학 텍스트에서는 관습과 다른 문체를 선택함으로써 청자로 하여금 낯선 느낌을 받게 하고 주의를 집중하게 만든다.

이러한 방법으로는 다른 텍스트 장르의 문체를 가져다 쓰거나 해당 텍스트가 가진 단절성 / 연계성과 맞지 않는 화자 또는 청자 지향적 문체를 쓰는 등의 방법이 있다. 특히 후자는 인터넷 텍스트에서 자주 볼 수 있다.

> (11) 대부분의 내공 미달의 감독들은 이 대목에서 주로 이미 검증된 것들, 즉 헐리우드 대박영화나 국내에서 히트친 영화들이 써먹은 수법을 그대로 갖다 베끼는 안전빵을 택한다.
> 물론 그 결과는 영화를 제대로 말아먹는 쪽으로 귀착되고 말이지.
> ―『딴지일보』 영화 리뷰

(11)의 예는 단절성과 화자 지향성이 강한 텍스트에서 '-지'와 같은 청자 지향성이 강한 반말체의 어미가 쓰인 경우를 보여준다.

문체의 특수한 효과는 규범적·논리적·공식적인 성향의 텍스트에서는 거의 나타나지 않는다. 그런 텍스트는 청자로 하여금 안정적으로 텍스트를 최대한 이해하고 동의하게 하는 것이 목적이므로 일탈적인 문체를 사용하여 청자가 화자가 전달하는 정보를 수용할 때 왜곡이 생기는 위험을 배제한다.

2.1.2.4. 리듬

리듬(rhythm)은 문체에서 중요한 요소이다.[23] 소수만(1987) 등 영문학 문체 연구에서 특히 강조되고 있는데, 영문학 연구에서는 헤밍웨이와 같은 작가의 문체가 가지고 있는 본질적인 특질이 짧은 문장의 연속으로 구현되는 리듬에 있음을 지적하고 있다.[24] 특수한 문장 구조나 어휘가 아닌 단순한 문장이라도 그 배열에 따라 특징적인 리듬이 발생한다는 것이다.

국어 문체 연구에서도 리듬은 여러 각도에서 고찰의 대상이 되어야 한다. 일반적으로 리듬이라고 하면 주로 시의 음보나 각운과 관련 지어 생각하는 일이 많고 산문에서는 어휘 배열의 측면에서 이야기되어 왔다. 또 다른 측면으로 종결부의 배열, 즉 반복과 변형으로 구현되는 리듬을 주목할 필요가 있다. 이러한 리듬을 뚜렷하게 확인할 수 있는 것은 대중가요의 랩 가사이다.

> (12) ㄱ. 나는 싸가지가 너무 바가지 힙합 바지 입고 나가지
> 눈부신 햇살에 찡그리며 눈을 뜨며 항상 드는 생각 아 지겨워
> 마흔 몇 살도 아니네 거울에 비친 뱃살이 너무나도 정말 힘겨워

---

23) 김종기(2001 : 110~111)는 시에서의 리듬이 바로 문체라고 강조했으며 또한 시의 리듬과 산문의 리듬이 다르긴 하나 그것은 정도의 차이일 뿐이라고 하였다. 산문의 리듬은 논의의 여지가 많이 있겠지만 필자마다 문장의 길이나 문장을 배열하는 방식 등에 차이가 있고 그러한 형식의 구성이 텍스트 전체의 리듬을 형성한다.

24) '그리고 간결성에서 나타날 수 있는 단조로움을 보완하는 대응적인 특징이 단순한 어구나 문장의 연속적인 나열에서 빚어지는 율동 혹은 리듬이다. 이 양대 특징으로 된 문체의 미학은 <simple and rhythmic sequence>의 원리에 의해서 비롯되고 있다.'(소수만, 1987 : 670)

나랑 너랑 하는 진짜 우리만의 <u>사랑</u> 나는 어디에 가든 정말
너무나 <u>자랑하고싶어</u> (<u>싶어</u>) 너무 <u>깊어</u> (<u>깊어</u>) 지금도 너가 너
무 <u>예뻐</u>
우리나라 너무 <u>장해</u> 그렇게 <u>강해</u>하던 우리 나라 누가 <u>방해한</u>
것도 아닌데 그냥 <u>망해</u> 우린 무슨 죄가 있어 이렇게 <u>당해</u> 너
무나 <u>속상해</u>
이제 <u>전투</u> 해 보는 <u>거야</u> 하는 <u>거야</u> 이게 <u>권투</u>같이 심판이 있
지도 않으니까 이제 <u>건투</u>를 빌어줘 자 <u>원투</u> CHECK CHECK
IT CHECK ONE TWO!
<u>약육강식</u>이란 <u>사고방식</u> 이 마치 세상을 살아가는 <u>정식</u>
그런 말도 안되는 그지 같은 <u>형식</u> 속에 언제나 나는 보이지
않는 <u>장식</u>
나는 수퍼맨 어디선가 주워낸 뭐든 할 수 있는 수퍼맨은 <u>아니네</u>
<u>엉켜</u> <u>엉켰네</u> <u>설켰</u> <u>설켰네</u> 어디가 처음인가 우리끼리 <u>엉켜</u> 설
<u>켜버렸네</u>

— 김진표, 〈INCANTATION〉

ㄴ. he sky is red, I don't <u>understand,</u>
past midnight I still see the <u>land.</u>
People are sayin' the woman is <u>damned,</u>
she makes you burn with a wave of her <u>hand.</u>

The city's a blaze, the town's on <u>fire.</u>
The woman's flames are reaching <u>higher.</u>
We were fools, we called her <u>liar.</u>
All I hear is "<u>Burn!</u>"
I didn't believe she was devil's <u>sperm.</u>
She said, "Curse you all, you'll never <u>learn!</u>
When I leave there's no <u>return.</u>"
The people laughed till she said, "<u>Burn!</u>"

— Deep Purple, 〈Burn〉

(12ㄴ)은 랩이 아닌 록 음악의 가사인데 여기서도 각운이 뚜렷이 맞춰져 있음을 확인할 수 있다. 영어는 SVO형의 구조이므로 문장 오른쪽에 다양한 어휘가 올 수 있어 이러한 각운이 자유롭다. 실제로 영어 문화권에서는 운문뿐 아니라 산문에서도 두운과 각운을 효과적으로 살린 텍스트가 풍부하게 나타난다.

이러한 영어권에서 발달한 각운(rhyme)을 음악의 리듬과 결합시킨 랩을 국내에 도입하면서 이러한 음운의 유사성을 적극적으로 가사 생산에 적용하고 있다. 이때 '약육강식 / 사고방식 / 정식 / 장식'과 같이 몇 개의 음절이 유사한 단어를 배열하는 방법도 나타나지만 아무래도 많이 보이는 것은 종결부의 음운적 통일이다. 국어의 종결부는 영어와 달리 몇 가지의 종결어미로 제약을 받는다. 따라서 국내 래퍼들은 반말체인 '-어 / -지 / -네'를 강조하여 랩을 하는 경향이 있다. 그러나 이것만으로는 한계가 있으므로 명사 종결 등으로 가능성을 넓히려는 노력을 한다.

비단 이러한 특수한 텍스트에서만 리듬이 중요한 것은 아니다. 일반적인 글쓰기에서도 무의식중에 리듬에 대한 인식과 노력이 개입한다. 물론 국어 산문에서 영어와 같이 의식적인 두운, 각운 등의 리듬 형성 노력이 일어난다고 하기는 어렵다. 야콥슨(Jakobson, 1973)은 현실 언어의 리듬이 객관적 시간의 진행 현상이라면 시 리듬은 전혀 다른 질서에 속하며 그 이유는 시 리듬이 담화를 분할하고 주관적인 시간을 실현하기 때문이라고 했는데, 시뿐 아니라 산문에서도 리듬은 마찬가지의 역할을 한다.

민현식(1994ㄱ・ㄴ・ㄷ)이나 홍종선(1996) 등 개화기 문체 연구에서는 국어 문장이 초기의 한문 번역체의 긴 문장에서 서구 문장의 영향을 받은 짧은 문장의 연쇄로 변화했음을 밝혔고, 이러한 문장의 단문화가 현대적 인식 체계로 바뀌어 감을 보여주는 것이라 하였다. 즉 문장이 세 개면 세

개의 내용체가 인식된 것이며, 이렇게 문장이 인식의 단위와 일치하는 방향으로 변화했다는 것이다(홍종선, 1996 : 48).

산문 텍스트의 리듬은 음운 층위에서 나타나는 경우도 있지만 그렇지 않은 경우가 많다. 이때는 리듬을 파악하기가 쉽지 않다. 주로 종결부에서 약간의 변화를 주는 식으로 나타난다. 종결부에서 리듬을 담당하는 형식은 관용적인 것이 많다.

> (13) ㄱ. 양쪽 위가 맞닿을 듯한 계곡의 낭떠러지 사이로 작은 샛길이 하나 나 있었다. 그 길로 가는 중에 패잔 야인들의 흔적은 도처에서 발견되는 것이었다. 신발이 떨어져 있거나 나무 등걸에 오줌을 싼 자국 등등이 널려 있었다.
>
> —고정욱, 『원균 그리고 원균』

> ㄴ. 여하튼 그렇게 일 년 또 허송세월을 보내다 대책 없이 첫애를 덜컥 낳고 말았다. 상황이야 어쨌든 애기는 엄청 이뻤다(자기 새끼 안 이쁜 놈 없다). 애기를 낳고 나니 이젠 좀 겁이 났다. 물론 낳기 전에도 마누라에게 "걱정 마라 걱정 마. 이 강석우 어떠하든 너 하나 호강 못 시키냐? 지금 이 고생 지나면, 다 애틋한 추억이 될테니 아무 걱정 말고 즐기는 마음으로 지내야 해" 하고 말로는 강철수 만화의 김달호처럼 공수표 팡팡 썼지만, 내심 화장실에 앉아 꽁초를 태우며 '이러다가 정말 공사장에 나가야 하는 거 아닌가?' 하는 불안도 없던 것은 아니었다.
>
> —강석우, 『먹는 장사로 성공하는 열두 가지 전략』

(13ㄱ)은 소설의 한 단락으로, '—아 있었다'로 종결된 문장들이 이어지는 중간에 '—는 것이었다'가 나타난다.[25] '—ㄴ 것이다'는 4.2.1.에서

---

25) 형태론이나 통사론 논의라면 '—아 있다', '—ㄴ 것이다'와 같이 시제 표현을 생략한 중화 형태로 제시할 것이나 본서는 문체 특성을 논하기 때문에 실제 텍스트에서 나타나는 모

자세히 논하겠지만 유표적인 종결형이다. 서사 텍스트에서 상태를 기술할 때 주로 나타나는 '-아 있었다'는 무표적이므로 동작을 기술하는 문장에서 역시 무표적인 '-되었다'를 사용하는 것이 자연스러운 흐름이나 여기서는 유표적인 '-ㄴ 것이다'를 삽입하여 평탄하게 지속되는 리듬에 변화를 주었다.

(13ㄴ)은 에세이의 일부로, 필자 자신의 과거사를 회고하는 식으로 적은 것이다. 물론 사건의 결과를 강조하기 위해 쓴 것이지만 '-고 말았다'를 단락 끝에 쓴 것이나 두 번째 단락의 마지막 부분에서 '-던 것은 아니었다'를 쓴 것은 유표적인 형식을 단락의 마지막 부분에 넣어 리듬의 안정감을 꾀한 것이다. 이러한 종결부 형식은 대체로 무표적인 형식보다 길고 구성 요소들의 어휘 의미가 잘 드러나지 않는 관용적인 형식이라는 특징이 있다.

이런 예가 반드시 산문 문체를 보여주는 대표적인 것은 아니다. 또한 산문 텍스트의 리듬의 실체를 드러내는 예라고 할 수도 없다. 다만 유표적인 종결부가 필연적인 이유 없이 나타나는 것은 리듬이라는 요소로 설명될 수 있음을 보여주는 것이다.

2.1.2.5. 결속구조

반말체 '-지 / -네 / -군 / -ㄴ데 / -거든 / -고' 등의 어미와 '-ㄴ 것이다'와 같은 종결 형식은 독자적인 양태의미를 가지고 있긴 하나 그것이 발화에 중대한 영향을 미칠 정도는 아니다. 물론 반말체 어미는 청자 지향성이 강하므로 청자의 체면(face)을 보호하기 위한 책략으로 사용되지만 이것은 맥락의 문제이지 텍스트 내적인 문제는 아니다.

든 형태를 중요시하여 시제 선어말어미 '-았 / 었-'이 결합된 형식을 그대로 제시하였다.

이러한 유표적인 문체 종결부가 일반 종결부 중간 중간에 나타나는 것은 위의 리듬이나 호흡의 요인에 의한 것이기도 하지만 문장 간의 관계를 견고히 하기 위한 것이기도 하다. 즉 텍스트의 결속구조(cohesion)를 강화하기 위한 장치로서 사용하는 것이다. '-다/-ㅂ니다' 등의 일반 문체 종결부만 사용할 경우 접속어를 넣지 않으면 각 문장이 단절되어 텍스트 전체의 유기성이 잘 느껴지지 않는다. 오로지 명제 내용만으로 각 문장의 텍스트 내에서의 지위를 판단해야 하므로 청자에게 부담이 주어진다. 그러나 유표적인 문체 종결부가 삽입되면 각 문장의 텍스트 내에서의 지위가 분명해지며 아울러 각 종결부가 나타내는 양태의미도 부각된다. 그 결과 정보의 흐름이 원활해지고 논리적 견고성이 확보된다.

(14)에서 '-ㄴ 것이다'는 지시어나 연결어를 사용하지 않고 두 문장을 연결해 주는 역할을 하고 있다.

> (14) 논점일탈의 오류를 영어로 스모크스크린이라고 하는 까닭도 여기에 있다. 의도적으로 주제를 슬쩍 다른 것으로 바꾼다는 의미이다. 곤란한 질문을 받을 때 다른 주제를 슬그머니 끄집어내어서, 주제를 흐림으로써 위기를 모면한다. 논점일탈의 오류를 이용<u>하는 것이다.</u>
>
> — 최덕성, 『빛나는 논지, 신나는 논문 쓰기』

화자의 주관과 정서가 사건 서술에 큰 영향을 미치는 소설 텍스트의 경우, 이러한 특수 문체 종결부로 인하여 단순한 사건 제시가 아닌 화자가 표현하는 정서의 단위로서 사건이 분류되고 정리된다. 인터넷 텍스트의 경우에는 반말체 어미가 화자의 논리 전개와 정서 단위를 분명히 해줌으로써 문자 매체로 의사를 전달할 때 나타나는 제약을 뛰어넘을 수 있게 되는 것이다.

(15) ㄱ. 그는 잠시 말을 멈추었다. 영국인 특유의 수줍음 때문이었다. 뭔가 감동적인 것, 중대한 일, 또는 아름다운 것들에 대해 이야기할 때 이러한 수줍음은 흔히 우리를 압도하곤 한다. 그것 때문에 그도 말문이 막혔던 것이다.

　　　　"자네도 세인트 애설스턴즈 학교를 계속 다녔지?"

　　　　　　　　　　　　　　　　　　　　—웰스, 「담장의 문」

　　ㄴ. 이 남원에서 조위한은 정유년 난리에 뿔뿔이 흩어졌던 일가족이 중국, 일본, 광동, 요동, 베트남을 떠돌다 36년 만에 고향땅에서 다 함께 만났다는 얘기를 실제로 접했던 모양이에요. 그 견문을 <최척전>이란 반소설반기사문식 글로 남겼지요.

　　　　　　　　　　　　　　　　　　—인터넷 YES24 칼럼

(15ㄱ)은 소설의 예이고 (15ㄴ)은 인터넷의 예다. 모두 하나의 연결된 단위를 묶어 완료시키는 역할을 한다. 그러면서 단순히 연접한 선행 발화뿐 아니라 선행 발화 전체를 긴밀하게 연결해 준다.

결속구조도 문체 선택의 요소로서 작용한다. 결속구조가 바로 문체인 것은 아니다. 다만 문체 선택에 있어 고려의 대상이 되며 특수한 문체 형식을 선택하는 중요한 원인이 된다는 것이다.

2.2. 텍스트 장르의 종류

고익환·박영철(1998)은 독일 텍스트학 연구 성과물들을 바탕으로, 텍스트 유형은 일차적으로 텍스트가 지니고 있는 언어적인 자질, 즉 언어 내적으로 규정된다기보다는 텍스트 생산자와 수용자의 의도와 기대에 의해 형성된 결과로 규정된다고 하였다. 이는, 텍스트 생산자는 텍스트를 수단으로 수용자로 하여금 일정한 반응을 야기시키려는 목적을 추구하므로 텍스트는 기능 담지자로 기술될 수 있으며, 복잡한 텍스트는 다양한 기능들의 연속체로 이해되고 기술된다는 확대 화행론적 관점을 채택하는 것이다. 즉, 이러한 주요 텍스트 구성 요소들이 가지는 역학 관계를 드러낼 수 있는 장치가 먼저 마련되어야 그 다음에 효과적인 텍스트 유형 범주를 설정할 수 있는 것이다.

　Ferguson(1994)에 따르면 텍스트 장르는 사회에서 반복적으로, 그리고 규칙적으로 나타나는 메시지 유형으로 정의된다. 이 용어는 종종 사용역 (register)와 같은 뜻으로 쓰이기도 하는데, 민경모(2000)는 사용역이 언어 외적 요소에 따라 달라지는 변이형이라는 정의를 받아들여 사회언어학적 개념으로 보아 두 가지를 구별하고 있다. 강범모(1999)는 언어 사용의 상황이 그 상황에서의 어떤 기능을 수행하는 언어의 특성에 반영되며, 이러한 언어 특성의 집합이 문체이며 따라서 텍스트 장르와 언어적 텍스트 유형을 연결하는 매개체가 문체라고 하였다. 그리고 장르와 텍스트 유형이 반드시 일대일 대응하는 것은 아니라는 점을 지적했는데 상이한 장르에 속하는 텍스트들이 비슷한 문체를 가지고 있어 동일한 텍스트 유형에 속할 수도 있다고 하였다.[26]

---

26) 강범모(1999)에서 분류한 36개 장르는 다음과 같다.

　　1. 문어 : 신문(종합 / 사회 / 경제 / 외신), 신문(문화 / 생활 / 과학), 신문(논설 / 칼럼), 서평, 취미(생활, 영화, 스포츠), 대중잡지(주간지 / 여성지), 전기 / 기행, 수필 / 일기, 백과사전, 교양 / 학문(인문, 사회, 자연, 예술), 학술논문(석・박사논문), 동화, 학생 작문, 법조문, 판결문, 절차적 텍스트(요리법 / 제품 설치법 등), 개인편지, 소설(일반 : 현대소설), 소설(역사), 공문서, 책머리말
　　2. 구어 : 대화(연극), 대화(드라마 / 영화), 방송대화, 인터뷰 편집, 방송뉴스, 중계방송, 계획연설 / 강연, 전화 대화(방송), 만화, TV 다큐멘터리, 외국인을 위한 한국어 대화집, 대화(소설), 대화(일상, 직접)

　문제는 장르 구분이 연구자에 따라 그 기준이 달라 다양하고 상세화의 정도가 다르기 때문에 확립된 체계가 없다는 사실이다. 장르 분류는 여러 기준에 의해 세분화될수록 바람직하다고 본다. 그래야 좀 더 여러 가지 가능성을 발견할 수 있기 때문이다. 민경모(2000)는 글말 > 전달 매체 > 전달 목적 > 내용에 따라 장르를 세분한 점이 눈에 띈다. 그러나 새로운 매체와 텍스트가 계속 생겨나고 있기 때문에 장르 분류에는 여전히 한계가 남는다.27)

　본서는 텍스트 장르 자체에 초점을 맞추고 있지 않다. 따라서 장르 분류는 깊이 들어가지 않고 문체 선택에 영향을 어떤 식으로 주는가를 살펴보는 정도로만 다룰 것이다.

2.2.1. 매체별 텍스트 장르

　문체를 분석하기 위해서는 먼저 문체가 어떤 상황과 맥락에서 쓰이는지를 검토해야 한다. 그 문체가 쓰이는 텍스트를 일정한 기준에 따라서 분류해야 하는데 일차적으로 고려해야 할 기준은 어떤 기호 매개체에 의해 구현되는가이다. 먼저 음성과 문자로 분류될 수 있다. 그 다음에는 전달 경로에 따라 분류해야 한다. 전달 경로는 문체 형성에 중요한 요소가

　이러한 장르 분류와 이를 계량화한 언어 특성 조사는 큰 의의가 있다. 그러나 장르 분류에 있어서는 여전히 문제가 남는다. 예를 들어, 소설 텍스트를 현대 소설 / 역사소설로 나누었으나 실제로 소설의 하위 장르에 따라 문체 특성이 다양하게 나타난다. 특히 판타지, 무협지 등의 장르소설은 역사소설과 마찬가지로 뚜렷이 정형화된 문체를 갖고 있고 번역 소설과 국내 소설의 문체에도 차이가 있다. 이렇게까지 세분할 수 있느냐를 고민하지 않을 수 없다.
27) 광고 전화, 게임 속 텍스트, 서비스업의 안내 발화 등 다양성은 무궁무진하다. 또한 소설 장르도 문학 장르에 따라 다시 분류될 수 있으며 이 속에서의 문체 특성도 유형화될 수 있다.

될 수 있다. 특히 텍스트의 가변성에 따라 단독적 장면과 상관적 장면이 결정된다.

실시간 대화나 모형 대화에서는 일인칭과 이인칭의 사용이 두드러진 반면 잡지 등에서는 삼인칭의 사용이 두드러진 양상을 나타낸다는 사실을 바탕으로 텍스트 장르와 언어 특성의 상관성을 지적하기도 한다(강범모, 1999 ; 민경모, 2000). 그런데 학술논문, 논설문, 보도 기사, 평론 등의 텍스트에서 일인칭과 삼인칭이 잘 보이지 않는 요인에 대해 달리 생각할 수도 있다.

흔히 '공식적인' 텍스트는 화자인 일인칭과 청자인 이인칭을 직접적으로 언급하지 않는 태도를 지향한다. 이러한 텍스트는 객관성과 논리성을 추구해야 할 가장 중요한 목표로 삼는다. 이런 텍스트들 속에서 다루는 인물 또는 인물과 직접적으로 관련된 저술, 작품 등은 논리 전개의 대상으로 작용한다. 그러므로 주관적인 요소를 배제하려는 노력이 따른다. 이러한 노력의 일환으로 텍스트 생산자는 텍스트를 화자 · 청자의 관계에서 거리를 둔 추상적인 맥락 속에 위치시킨다.

이것을 상관적이지 않은, 즉 단절된 관계로 해석하기도 하지만 화자가 의도적으로 청자와의 관계를 단절한 것이 아니라 텍스트 속의 정보를 객관화하려는 의도라고 보아야 한다. 텍스트 장르의 특성에 기인한 것인데 만약 단절적 관계로 본다면 이것은 매체의 특성 때문에 화자와 청자가 분리된 결과이지 텍스트 자체의 특성이라고 보기는 어렵다. 따라서 이러한 텍스트는 '정보의 중립화'로 보는 편이 좋다.

2.2.1.1. 문자 텍스트

순수하게 문자로 구현된 문자 텍스트는 전달 경로에 따라 다음과 같이 나눌 수 있다.

  (1) 인쇄물 – 판매 · 보급 · 전달 · 제출
   • 공공 인쇄물 : 신문기사 / 잡지기사 / 소설 / 동화 / 수필 / 평론 / 논문
                / 극본 / 시 / 법조문 / 공지문 / 설명서 / 교재 / 광고 /
                표지판 / 소형 지시문 / 만화 / 시험 문제 / 공문서 /
                사전 / 전보 / 기록문
   • 개인 인쇄물 : 과제물 / 보고서
  (2) 수기물(手記物) – 전달 · 제출[28]
      편지 / 메모 / 강의 필기 / 시험 답안
  (3) 자막 (1) : TV 방송
      보도 자막 / 오락 프로 자막 / 광고 자막
  (4) 자막 (2) : 영상물 – 상영 · 재생
      영화 자막 / 비디오 자막
  (5) 인터넷
      게시판 / 답글 / 메일 / 대화창
  (6) 모바일 기기
      문자 메시지

  인쇄물은 인쇄 공정을 거쳐 나온 결과물로, 수정하기가 매우 어렵고
다수의 청자에게 보급된다. 이를 다시 공공 인쇄물과 개인 인쇄물로 나누
었는데, 공공 인쇄물은 복잡한 유통 과정을 거쳐 독자의 손에 들어가는
것이고 개인 인쇄물은 그런 과정을 거치지 않고 독자의 손에 들어갈 수
있는 것이다. 개인 인쇄물은 컴퓨터와 프린터를 자유롭게 사용할 수 있게
됨에 따라 설정한 범주이다. 이것은 주로 보고서이므로 직접 전달하게 된
다. 그러므로 수기물에 가까운 성격을 갖지만 다수의 사람에게 한꺼번에
전달할 수 있다는 차이가 있다. 그런데 인쇄물이라 할지라도 파일화하여

---

28) 점점 손으로 직접 쓰는 수기문이 사라지고 있어 이 범주는 극히 제한적이 되고 말았다.
   반면에 이런 면 때문에 특수한 가치를 가진다. 예전 같으면 문자 텍스트의 상당 부분이
   수기문이었기 때문에 편지 텍스트는 단일한 특성을 갖고 있었으나 현재는 이메일과 육
   필 편지로 구분한다.

인터넷으로 접할 수 있다는 문제가 있다. 그러나 그것은 인터넷의 영역이 확대되면서 비롯된 결과이고 모체인 인쇄물에서 이미 장르가 확립된 상태이므로 범주에 영향을 끼치지는 않는다고 본다. 또 한 가지 생각할 점은, 소설이나 시 등 문학 텍스트는 개인이 손으로 써서 혼자 갖고 있는 경우도 있다는 것인데 그런 경우라도 출간된 결과물의 특성을 따라 생산한 것이므로 그 대표 범주는 인쇄물로 보아야 한다.

수기물은 개인이 손으로 직접 쓴 결과물로, 인쇄물과 달리 생산이 끝난 시점에서 수정이 가능하다. 또한 유통 과정을 거치지 않고 직접 청자에게 전달이 가능하며 화자와 청자가 동일할 수 있다. 그리고 손으로 쓰는 행위는 즉시성을 가지므로 간략한 형식을 사용하는 일이 많다.

TV 방송과 영상물 텍스트는 자막의 형식을 가진다. 이때 매체의 특성상 자막은 길이의 제약을 받으므로 특정한 문체를 보인다. 복잡한 생산 과정과 전달 과정을 거치는 점에서 인쇄물과 그 성격이 흡사하다. TV의 경우 영화와 비디오에 비해 그 성격이 좀 더 다양하므로 자막의 특성도 더 세분화된다.[29]

인터넷은 문어체와 구어체의 성격이 모두 자유롭게 나타나는 매체라는 점에서 특이하며 그 변화가 빠르기 때문에 분석에 어려움이 있다. 아무리 어떤 현상을 관찰·분석해도 그 현상 자체가 금방 바뀌기 때문에 연구 자체가 무의미해질 위험이 있다. 현재는 게시판, 답글, 메일, 대화창[30]으

---

29) 최근 대중적으로 보급된 DVD의 경우 자막 텍스트가 중층적으로 제시되기도 하며 비디오 등의 캡션 기능으로는 사람의 말뿐 아니라 상황 설명, 의성·의태어 등이 자막으로 제시되기도 한다.

30) 메신저의 보급으로 예전에 쓰던 '대화방' 또는 '채팅'이라는 개념도 변화하고 있다. 또한 이전에는 동호회, 개인 홈페이지, 토론방, 대화방 중심이었던 인터넷 문화가 정보 공유나 상업적 성격을 가진 회원제 사이트와 미니홈피/블로그, 메신저 중심으로 변화하였다. 그러면서 사이트에 따라 독특한 문화와 문체가 형성되어 전파되는 현상을 보인다.

로 그 유형이 어느 정도 정착이 된 듯하다.

최근에는 휴대전화와 PDA 등 개인 모바일 기기가 대중화되면서 문자 텍스트의 활용 폭이 넓어졌다. 문자 메시지는 지면의 제약으로 띄어쓰기와 문장부호를 생략하고 특수한 기호나 단어를 사용하는 특성을 보이나 기기 자체의 발달로 인하여 다양해지고 있다.

2.2.1.2. 음성 텍스트

음성으로 구현된 텍스트인데 이 중에는 먼저 문자로 구성된 다음 음성으로 구현된 것도 있다. 그러나 최종 결과물은 발화 상황과 억양, 청자의 반응 등이 복합적으로 반영된 것이므로 음성 텍스트로 넣는 데 무리가 없을 것이다.

(1) 직접 대면
일상 대화 / 세미나 발표 / 연설 / 행사 진행 / 단체장 훈시 / 강의 / 교습 / 보고 / 상담 / 토론
(2) 간접 대면
전화 통화
(3) 방송
TV / 라디오 : 보도 / 인터뷰 / 내레이션 / 드라마 대사 / 진행 / 광고
(4) 녹음 정보
전화 안내 / 동영상 / 안내 방송

직접 대면 텍스트는 같은 공간에 화자와 청자가 위치한다. 그러므로 다른 매체를 통하지 않고 대화가 가능하다. 단절성과 지향성에 따라 하위 분류를 할 수 있는데 다른 경로보다는 연계성과 청자 지향성이 더 강하게 나타난다.

간접 대면은 전화 통화를 들 수 있다. 물론 본격적인 대화를 할 때는

직접 대면의 일상 대화와 큰 차이가 없지만 통화 시작과 끝, 중간에 통화 진행 발화를 한다는 특성을 보인다. 그리고 시간, 송수신 상태, 발신자 서비스 유무 등도 발화에 영향을 미친다.

방송은 TV와 라디오로 나눌 수 있다. 두 매체의 특성이 텍스트에서 차이를 낳는다. 라디오의 경우 영상이 없으므로 인터뷰 도입부에 화자의 이름을 알려주거나 광고 내용이 TV보다 길어지는 현상을 보인다.

방송도 대부분 녹음된 음성 발화를 전달하는 것이나, 녹음 정보는 안내 방송처럼 한 사람의 화자가 일방적으로 다수의 청자에게 정보를 전달하며 극도로 정형화되어 있고 청자의 반응 전달이 불가능하다는 데 특징이 있다. 그러나 이미 언급했듯이 음성 텍스트는 본서에서는 주된 논의 대상이 아니다.

매체 중심의 텍스트 장르 분류에서 유의해야 할 점은 매체 자체의 특성과 제약이 사회적 제약과 마찬가지로 정형화된 문체 특성에 영향을 끼친다는 사실이다. 이것은 기능 문체(Funktionalstil) 또는 영역 문체(Bereichsstil)를 형성하는 데 영향을 줄 수 있으며 다른 무표적인 문체와 비교했을 때 일탈 문체로 규정될 수도 있다. 예를 들어 전보문은 단어 수에 따라 요금이 결정되며, 신문 표제나 광고 등은 한정된 지면에서 큰 활자로 시선을 붙들어야 하므로 종결어미나 조사를 생략하고 간소화하는 형식이 일반적이다.

(16) ㄱ. 부친 위독. 급히 상경 요망.

— 전보문

ㄴ. '서튼 3점포', 현대, '연패는 2경기로 충분'

— 신문 기사 제목

이러한 문체는 매체 자체의 특성과 제약에서 확대되어 실용문의 문체라는 인식을 얻으며 대우법의 중화와 정보 표현의 간결성 때문에 특수한 효과를 의도한 문체로서 사용된다. 3장의 명사 / 명사형 종결체에서 다시 언급하겠지만 시나 에세이, 인터넷 답글 등에서 일탈 문체로서 활용되기도 한다.

인터넷도 익명성, 타자의 경제성, 입력 글자 수의 제한 등의 제약 때문에 특수한 문체가 형성되는 현상을 보이고 있다. 처음에는 이러한 제약으로 인해 만들어진 문장 형식이 특정 사이트나 동호회 내에서 활발하게 사용하면서 하나의 문체로 발전한다. 이런 문체는 대부분 일시적인 유행에 가깝지만 어느 정도의 지속성을 가지며 재생산되는 경향이 있다.

2.2.2. 목적별 텍스트 장르

기능이나 내용으로 텍스트 장르를 분류하는 것은 어려운 일이다. 하나의 텍스트에 여러 가지 기능이나 내용이 들어 있는 경우가 많기 때문이다. 여기서는 텍스트를 생산할 때 화자가 지향하는 목적을 중심으로 분류를 해 본다.

(1) 사건 서술 : 소설 / 농화 / 사건 보도 기사 / 기록문 등
(2) 주장 전달 : 논문 / 평론 / 연설 / 사설 / 인터뷰 등
(3) 정보 전달 : 교재 / 설명서 / 사전 / 강의 등
(4) 정서 표현 : 시 / 수필 등
(5) 행위 지시 : 표지판 / 설명서 / 시험 문제 / 교습 등
(6) 규범 전달 : 법조문 / 공지문 등
(7) 과정 진행 : 행사 진행 / 방송 진행 자막 등
(8) 의사소통 : 전화 통화 / 문자 메시지 / 편지 / 이메일 등

위에서 든 예들은 엄밀하게 경계 지을 수 없다. 목적을 실현하는 과정에서 다른 요소가 개입할 수 있기 때문이다. 예를 들어 문자 메시지의 경우 이모티콘으로만 이루어진 정서 표현의 텍스트로 바뀔 수 있고 이메일도 스팸 메일은 의사소통이 이루어지지 않는다.

2.2.3. 정형적 / 비정형적 텍스트 장르

지금까지 제시한 텍스트 장르는 기존의 분류와 크게 다르지 않다. 전달 경로나 내용에 따른 분류는 어떤 식으로 해도 본질적인 차이가 없다. 연구자에 따라 어떤 기준을 내세우느냐가 달라질 뿐이다. 또한 그 기준에 있어 주관성을 완전히 배제하기가 어렵다. 문체를 다룰 때는 또 다른 분류 기준이 필요하다.

문체는 의미보다는 우선적으로 형식과 연관된 문제이다. 물론 문체가 특정한 의미 기능을 담당하긴 하지만 그 의미는 필수적인 일차 의미라기보다는 수의적인 이차 의미라고 보아야 한다. 그러므로 문체는 해당 텍스트가 속해 있는 장르의 관습적인 형식에 의해서도 영향을 받게 된다. 이것은 이미 1.4.에서 살펴보았다.

> (1) 정형적 텍스트 장르
> 신문 경성 기사, 논설문, 강연, 법조문, 시조, 역사소설, 무협소설, 희곡, 시나리오, 전보문 등
> (2) 비정형적 텍스트 장르
> 시, 일반 소설, 수필, 신문 연성 기사, 자막 등

그러나 이러한 분류가 완전히 갈라지는 것은 아니다. 같은 텍스트 장르라도 경우에 따라 정형성에서 탈피하거나 반대로 정형성을 갖추게 되

는 일이 있다. 그 예가 바로 신문기사인데, 정치·경제·사회면의 기사는 경성(硬性) 기사로, 육하원칙을 엄수하며 '-ㄴ 것이다', '-듯하다'의 표현이나 의문문을 쓰지 않는 등 고정된 문체를 보인다. 그러나 문화·생활면에서 볼 수 있는 연성(軟性) 기사는 비교적 자유로운 문체를 보인다.[31]

문학 텍스트도 마찬가지로 두 가지 면을 모두 갖추고 있다. 시의 경우 시조 같은 정형시가 아닌 자유시일지라도 어느 정도는 정형화된 문체를 갖고 있다. 형식이 없이 자유롭게 쓰는 장르로 알려진 수필이라도 어느 정도 문체의 공통성이 나타난다. 또 편지문 같은 경우 큰 틀은 정형적이지만 세부적으로는 비정형적인 텍스트이다. 이러한 점은 감안을 할 수밖에 없다.

이러한 텍스트의 정형성은 선택적이라기보다는 필연적인 문체를 낳는다. 희곡·시나리오는 형식이 정형화되어 있지만 문체는 정형화되지 않은 텍스트들이다.

---

31) 경성 기사와 연성 기사의 개념에 대해서는 박금자(1999)를 참고할 것.

제3장

문장 종결부의 문체 유형

 문체를 분류하는 방법은 여러 가지 층위에서 여러 가지 기준에 의해 고안되었다. 구어체와 문어체, 경어법에 따른 분류, 또 이미 앞에서 제시한 텍스트 종류에 따른 분류 등이 있다. 그러나 이러한 분류는 문체 연구에 있어 부분적으로는 유효하지만 어떤 맥락에서도 적용할 수 있는 확고한 위상을 갖추고 있다고 하기는 어렵다.

 구어체와 문어체를 예로 든다면, 이 분류 개념은 분명히 편리하고 유용하긴 하나 중복되는 부분이 많아 명확히 경계를 구분하기가 쉽지 않다. '한테, 되게, 걔' 등의 어휘 요소는 구어체에 속하고 '에게', '매우', '그/그녀' 등의 어휘 요소는 문어체에 속한다든가 문장이 길고 완결되어 있으면 문어체이고 문장이 짧고 완결되어 있지 않으면 구어체라든가 하는 설명이 있지만, 이것을 문체의 범주에 넣기에는 무리가 있다.[32]

---

32) 장소원(1986)에서 제시한 '어체'라는 개념도 이러한 인식에서 나온 것이라 할 수 있다. 장경현(2003)에서는 문어체와 구어체 개념이 엄격하게 말해서 문체 개념에 속할 수 없음을 지적하였다. 그러나 이 개념이 국어 현상 기술 전반에 유용하고 편리함은 부정할

문장 특징과 문체는 구별해야 한다. 그리고 문체가 발화의 종류에 따라 완전히 바뀐다는 것은 현실적으로 있을 수 없다. 문체는 선택의 문제이므로 필요에 따라 여러 가지 문체를 선택할 수 있다. 그리고 문체를 결정할 때는 어떤 어휘 요소가 어떤 문체와는 잘 나타나고 다른 문체와는 잘 나타나지 않느냐를 고려하지 않으면 안 된다. 국어 문장의 성격을 결정하는 것은 종결부이므로 문체 분류에 있어 종결부가 중심이 될 필요가 있다. 문체의 범위를 넓게 설정하면 지나치게 광범위한 논의가 될 위험이 있다. 언어학적 문체의 특징이 가장 잘 드러나는 것은 종결부이므로 본서에서는 언어학적 문체 분석을 종결부에서 나타나는 문체 특성을 통해 시도하는 것이다.

Fowler(1977)는 양태 부사 등이 개입되지 않은 중화된 보고 문장이라 하더라도 양태성이 없는 것은 아니라고 하였다. 그러한 발화 자체가 화자의 의도적인 양태화된 문장이라는 것이다. 이렇게 뚜렷이 드러나는 양태 의미 표지가 없는 텍스트에서 양태의미를 구현하는 것은 문장을 구성하는 기본 요소에서 찾아야 하는데, 국어에서는 문장 종결부에서 그러한 양태성과 문체 특성이 가장 잘 드러난다.

종결어미 연구에서 반드시 고려해야 하는 요소 중 하나가 문법론의 대우법이다. 대우법에서는 합쇼체, 하오체, 하게체, 해라체, 해체, 해요체의 여섯 등급이 일반적으로 받아들여졌는데 각각의 명칭에 문제가 있다. 명령형 종결어미에 '-체'가 결합된 이러한 명칭은 실제로 등급의 명칭이지 문체의 명칭이 아니다. 각각의 대표적인 명령형 어미의 형태를 명칭화하였기 때문에 구분하기가 쉽다는 장점이 있으나 반말을 설명할 때 혼란을 일으키는 등 등급과 어미가 뒤섞인 데에서 기인하는 문제를 불러일으

수 없다. 다만 대립 체계를 잡기가 쉽지 않고 어느 한쪽으로 분류하기 어려운 모호한 형식이 존재하므로 이 개념에 의존하여 정밀한 논의를 전개하는 것에는 위험이 따른다는 사실을 늘 염두에 두어야 한다.

키는 것이다. 그래서 대신 아주높임, 예사높임 등의 등급 명칭을 쓰기도
한다. 본서에서는 종결형을 중심으로 국어 문체를 분류하며 '-다' 종결
체, '-ㅂ니다' 종결체 등의 명칭을 사용한다.

합쇼체, 해라체 등 문법에서의 분류는 그 이름에서 알 수 있듯 명령형
어미를 기준으로 삼고 있다. 그러나 단절성이 강한 문자 발화에서는 명령
형이 잘 나타나지 않으며 어쩌다 나타나더라도 평서형 어미의 화계와 정
확히 일치한다고 볼 수 없다. 따라서 문체 층위에서는 명령형 대신 평서
형을 기준으로 삼아야 한다. 이 분류는 높임법과는 별개의 범주이다.

문장 종결부의 문체 유형은 크게 보편적 문체 유형과 특수 문체 유형
으로 나뉜다. 보편적 문체 유형은 대부분의 문자 텍스트에서 기본 문체로
서 무표적으로 사용되는 종결부의 문체이고 특수 문체 유형은 기본 문체
로서는 잘 쓰이지 않으나 특수한 효과를 나타내기 위해 주로 사용되는
종결부의 문체이다.

3.1. 보편적 문체 유형

먼저 문자 텍스트에 보편적으로 쓰여 텍스트의 기본 문체로서 기능을
하는 종결부의 유형을 제시한다. 문자 텍스트의 문장은 서법상 설명법에
해당하는 경우가 많다. 이것은 문자 텍스트의 매체 특성에 기인하는 것으
로, 단절성과 화자 지향성이 강하기 때문에 일방적 발화가 되며 양태, 대
우법 등이 중화되거나 약화되기 쉽다. 물론 광고, 메모, 편지 등의 텍스
트는 청자 지향성이 강하여 다른 특성을 보이기도 하지만 이것을 보편적
인 문체라고 하기는 어렵다.

3.1.1. '‒다' 종결체

단절성과 화자 지향성이 강한 텍스트는 논리적 전개와 정확한 의미 전달이 중요하다. 따라서 여기서 사용되는 종결 형식은 전후 문장과의 관계를 논리적으로 보여주며 양태성을 최소화하는 것이어야 한다. 이런 조건을 충족시키는 대표적인 종결어미가 '‒다'이며 이것으로 대표되는 문체를 '‒다' 종결체라고 부르기로 한다.33) 쓰이는 텍스트는 매우 다양한데 학술 논문, 수필, 소설, 시, 설명문, 신문 등 단절성과 화자 지향성이 강한 인쇄물 텍스트에서 주로 쓰인다. '‒다' 종결체는 문자 텍스트에서 가장 널리 쓰이는 기본 문체(basic style)이다. 대우법과 양태 등이 중화되기 쉬우면서 시상 표현은 비교적 자유롭게 결합할 수 있다.

문체 분류에서는 '‒다' 종결체를 시상 형식에 따라 분류할 필요가 있다. 그러나 문체를 말할 때 시상은 본래의 문법 개념이 아닌 문체 요소의 하나로서 간주되어야 한다.

> (17) ㄱ. 학교 일이 궁금하기도 하고 연구실에서 공부하다 둔 것을 정리
> 도 해야겠으므로 오늘은 학교에 나가기로 <u>하였다</u>.
> ─ 김성칠, 『역사 앞에서』
>
> ㄴ. 1972년도 작품에서 감독은 자신의 목소리를 더욱 <u>높인다</u>.
> ㄷ. 오후 두 시, 결국 기차는 <u>떠나다</u>.
> ㄹ. 1986년 연구에서는 다른 관점을 제시하고 <u>있다</u>.

---

33) 문자 텍스트에서 가장 기본적인 문체로 나타나는데 억양·표정 등의 비분절적 요소와 대화 맥락의 도움으로 불완전한 논리 구조로도 의사소통을 할 수 있는 음성 텍스트에 비해 문자 텍스트는 오로지 문장 구조와 어휘 의미로 정확한 정보를 전달해야 하므로 논리 관계를 명시해 주는 문장이 더 많이 필요하다. 따라서 종결부가 문장 사이의 논리 관계를 담당하는 몫이 늘어난다.

(17)의 예들은 영화나 소설의 작품 해설에서 흔히 볼 수 있는 종류의 것이다. (17ㄴ)은 서사 구조 내에서는 과거 시제이며 화자의 인지 세계에서도 이미 완료된 사건이므로 '높였다'나 '파멸해 갔다'와 같이 서술할 만한데 '-ㄴ다'를 써서 서사 자체를 미완료형으로 만든다. 심지어 '-고 있다'라는 진행상을 쓰기도 하는데 이것은 사건시와 서술시에 불일치 현상을 빚는다. (17ㄷ)은 절대문 또는 하라체의 예로, 화자 지향성과 단절성이 매우 강한 텍스트에서 쓰인다.

주의해야 할 점은, 이러한 시상 표현에 따른 문체 분류가 '-다' 종결체 외의 다른 유형에서는 의미가 없다는 사실이다. 다른 유형에서는 시상 기능만이 나타날 뿐 특수한 문체 기능은 갖지 않는다. '-ㅂ니다' 종결체는 '-다' 종결체와 비슷한 모습을 보이나 (17ㄷ)과 같은 '하다' 체에 대응하는 형식이 없다. 또한 우리나라 현대 문학 초기에 김동인 등 『창조』 동인들이 행한 문장 개혁 운동의 중요한 부분 가운데 하나가 바로 '-도다', '-이로다', '-더라'를 '-았다', '-이다' 등으로 바꾼 것이므로 '-다' 종결체는 단순한 종결 형식이 아닌 독자적인 문체로 보아야 한다.[34]

---

34) 문장 개혁 이전에 지배적으로 쓰인 '-라' 종결체에 대해 도시카쓰(2000)는 이인직이 『만세보』에 쓴 기사와 소설을 조사하여 몇 가지 주장을 하였다. "여기에서 알 수 있는 것은 어미 '-더라'의 기원이 무엇이든 간에 이미 그 원래의 뜻은 거의 관계가 없다고 보아야 된다는 것이다. 이 '-더라'는 신문에서 어떤 사건이나 이야기를 사실이라고 전달하는 형식적인 역할을 지니고 있다. 기사 내용은 이 '-더라' 형식으로 묶어진 문장 속에 있는 것이다. 바꿔 말하면 이 기사 문장에서 외형적인 장식물이 된 '-더라'를 빼면 그 사실 자체가 눈앞에 나타나는 것이다. 형식적으로 그것은 간단하게 볼 수 있다. (…중략…) 마지막 문장에서 '-이라'를 '-이다'로 바꾸고 문장 말미에 종지부를 붙이면 바로 현대식 문장이 생기는 것이다. 이에서 '-더라'는 전달의 역할을 담당하는 기능을 지니고 있다는 것을 인정할 수 있을 것 같다. (…중략…) '-더라' 형식 외의 문장은 위의 예에서 알 수 있듯이 객관적인 사건 전달보다 말하는 화자의 감정이나 감개를 표시하거나 화자 앞에 있는 듣는 사람을 의식하는 요소가 강하다."(62~64면)
이 논문에서는 흥미로운 주장을 하고 있는데, 『만세보』라는 전체 텍스트의 맥락 속에서 소설 문체는 다른 기사 문체와 구별하기 위해 '-더라'를 삭제한 '-다'를 사용하였으

'-다' 체에서 나타나는 명령형은 주로 '-하라'이다. 따라서 본서에서의 '-다' 체는 하라체로 보아야 한다는 주장이 나올 수 있다. 그러나 '-하라'를 '-다' 체의 대표형으로 삼는 것은 무리가 있다고 본다. 문체 기술은 평서문이 중심이 되어야 한다. 대우법에서는 명령문이 중요한 위치를 차지하지만 문체 연구에서는 명령문은 특수한 유표적 용법이라 볼 수 있다.

소설에서는 대개 '-았다'를 기본 종결형으로 사용한다. 이러한 경향에 대하여 이정숙(1994 : 583)은 소설의 서술자는 작가와 독자 사이의 중개자 또는 매개자가 되는데 이러한 중개 역할을 가장 잘 보증해 주는 것이 소설 문장의 과거 시제이며, 소설의 서술 문장이 과거 시제라는 것은 거꾸로 서술자라는 매개자에 의해 제시됨을 나타내는 것이라고 하였다. 이러한 현상은 간접인용에서 나타나는 중화된 형식과 관련지어 설명할 수도 있을 것이다(김태엽, 2001 참조). 또는 메타텍스트의 독특한 형식으로 볼 수도 있다. 김정남(1993)은 소설의 시제가 과거라는 시간 지시를 가지는 것이 아니라 시제에 관해 무언급적이라는 사실을 지적했다. 역사적으로 본다면 김동인이 「근대소설고」에서 밝힌 바와 같이, '-ㄴ다'와 같은 현재법 문체를 비근대적인 것으로 간주하여 '-았다'를 받아들인 결과라 할 수 있다.35)

김미형(1998)은 19세기 후반부터 20세기까지의 국내 신문 기사 문체를

며 이것은 기사문에서 전달의 형식을 없애고 사실이나 행동을 객관적으로 제시하기 위한 시도라 한다. 그러면서도 '-ㄴ다', '-다' 등의 문체는 중립적인 종결이 아니라 화계상의 해라체이므로 객관성을 가지기 어려웠다고 한다. 그런데 이인직의 『혈의 누』는 단행본으로 나왔을 때 종결형이 '-더라'로 돌아가는 특이한 현상을 보였다. 이는 문체의 퇴보가 아니라 보여주기에서 이야기하기로 바뀐 결과라고 해석하고 있다.

35) '현재법 서사체는 근대인의 날카로운 심리와 정서를 표현할 수 없을 뿐 아니라 주체와 객체의 구별이 명료치 못하므로 감연히 이를 배척하였다'(김동인, <조선근대소설고> ; 이동희(1961)에서 재인용)

분석하였는데, 전 시대에 주로 쓰인 종결어미 '-더라'는 보고자가 청자에게 직접 전달하면서 내용에 거리감을 두어 확신하지는 않는다는 태도를 보여주는 것이라 하였다. 또한 1890년대 신문에서 이미 '-다' 체가 나타남을 보였다.

(18) ㄱ. 외부 참서관 리규황은 학부 참서관을 임흐다.
　　　　—『제국신문』, 1898. 8. 18. 김미형(1998)에서 재인용

ㄴ. 그젹게 대군쥬 펴하씌셔와 왕태ᄌ 전하씌셔 경운궁에 거동 흐셔서 왕태후 펴흐셔 문안흐시고 아라사 공ᄉ관으로 환어 흐시다
　　　　—『독립신문』, 1896. 4. 14. 김미형(1998)에서 재인용

이에 대하여 김미형(1998 : 11)은, '-다'는 소설이나 비망록, 논설문 등 여타 장르에서 쓰이던 문체로 신문에서는 주로 관보에 나타나 보고가 아닌 기술의 기능을 담당하였다고 했다. 그리고 이런 예들을 보면 시제가 나타나지 않는데, 이것은 '-다'의 서술이 아직 제 형태를 찾지 못한 탓이라고 해석하였다. 이 연구에 의하면 1920년대 신문에서는 '-더라'를 탈피하여 표제와 기사 본문에 모두 '-다'가 나타나고 이를 문체의 현대화로 보았다. 그런데 여기서 한 가지 더 지적할 만한 사실이 있다. 그것은 김미형(1998 : 17)에서 제시한 1920년대 신문 기사의 예들에서 '-았다'가 나타난다는 사실이다.

(19) ㄱ. 당국에서는 경성 제샤장의 사업경영을 일변흐야 금년도부터는 이것을 민간사업에 불하흐야 경성부닉에 일존 사회뎍 사업시설을 흐야보랴고 목하에 한 문뎨거리가 되엿다.
　　　　—『매일신보』, 1920. 2. 23. 김미형(1998 : 16)에서 재인용

ㄴ. 소년 범죄 더욱 증가
본뎡셔가 뎨일 만엇다
　　　　　　　　　—『매일신보』, 1920. 2. 26. 김미형(1998 : 17)에서 재인용

ㄷ. 오빅의 굴둑에는 검은 연긔가 다시금 나오게 되얏다
　　　　　　　　　—『매일신보』, 1920. 2. 29. 김미형(1998 : 17)에서 재인용

단순히 '-다'로 바뀐 것이 아니라 '-았다' 체를 받아들인 것은 전술한 소설 문체의 현대화와 함께 생각해 볼 만한 문제이다. 또한, 근대 시기에 '-라' 체를 '-다' 체로 바꾼 것은 국어 문자 텍스트의 기본 문체를 '-다' 체로 교체했다는 의미로 받아들일 수 있다.

3.1.1.1. 대표 종결형

'-다' 종결체의 대표 종결형에는 '-다/ -ㄴ다/ -았다'가 있다.

(20) ㄱ. '우주'는 일본 애니메이션에서 가장 많이 소비되는 이미지 가운데 하나이며 상상력의 원천이기도 하다. 일본 애니메이션에서 우주는 미지의 영역을 넘어선다. '가지 못할 곳'이라는 '동경의 미학'보다는 '존재하는 곳'이라는 '존재의 미학'으로 대중과 만난다. 많은 SF에서 우주는 지구라는 제한된 공간의 확장된 개념이며, 새로운 사건이 발생하는 판타지의 영역이다. 그러나 일본 애니메이션에서는 우주를 매우 실재적인 공간으로 디자인했으며, 그것은 바다와 우주의 이미지를 등치시키는 일에서부터 시작되었다. '우주를 주름잡는 함대'라는 개념은 그렇게 탄생되었다.
　　　　　　　　　—박인하, 『아니메 미학에세이』

ㄴ. 시부가 몇 날 며칠을 사랑채에서 지내며 밤낮으로 서책에만 골몰하여도, 그저 범연한 일로 여기었다. 보름을 그리하여도,

그런대로 한 달이 지나가도 낯색이 변하지 않는 것 같았다. 그렇다고 심정을 다스리려 애쓰는 기색이 드러나는 것도 아니었다.

― 최명희, 『혼불』

ㄷ. 우리 집과 등성이 하나를 격한 야학당에서 종 치는 소리가 들린다. 우리 집 편으로 바람이 불어오는 저녁에는 아이들이 떼를 지어 모여가는 소리와 아홉 시 반이면 파해서 흩어져 가며 재잘거리는 소리가 들린다.
이 틈에 한 번쯤은 보던 책이나 들었던 붓을 던지고 가서 둘러보고 오는데, 금년에는 토담으로 쌓은 것이나마 새로 지은 야학당에 남녀 아동이 80명이나 들어와서 세 반에 나누어 가르친다.

― 심훈, 『조선의 영웅』

ㄹ. 매운 계절의 채쭉에 갈겨
마츰내 북방으로 휩쓸려오다

하늘도 그만 지쳐 끝난 고원
서릿발 칼날진 그 우에 서다

어데다 무릎을 꿇어야 하나
한 발 재겨 디딜 곳조차 없다

이러매 눈 감아 생각해 볼밖에
겨울은 강철로 된 무지갠가 보다

― 이육사, 「절정」

ㅁ. 여기에 소개하는 10명의 작가들은 1990년 현재 각각 단 한 편의 장편영화를 찍었다는 공통점을 가지고 있다. 그리고 그 '처녀작'들이 나름대로 지니고 있는 '새로움'이 그들을 함께 소개하는 근거이다. 그 새로움의 내용은 모두 다르지만, 그들의 의

> 미를 헤아려 봄은 90년대의 세계 영화의 방향을 점치는 하나
> 의 방법일 수 <u>있으리라.</u>
> ─구회영, 『영화에 대하여 알고 싶은 두세 가지 것들』

(20)은 모두 단절성과 화자 지향성이 강하다. '─다' 종결체는 이러한 성향을 가진 거의 모든 텍스트에 사용된다. (20ㄱ)에서는 '─ㄴ다'와 '─았다'가 함께 나타난다. '─았다'가 사건 서술에 주로 사용되기 때문에 한 단락 내에서 교체가 일어난 것이다. (20ㄷ)은 사건 서술에 '─ㄴ다'를 썼는데 특수한 문체 효과를 노린 것이다.[36]

김정남(1993)에서는 Lukoff(1986)의 시제 이동을 받아들여 소설 속 시제를 관습적 용법 / 이동적 용법으로 나누어 설명하고 있다. 시제 이동의 기능으로 단절의 효과, 시점의 이동, 동작상 표시, 표현적 기능을 들었는데 각 기능의 경계가 뚜렷하지 않다. 소설뿐 아니라 수필, 논문, 시 등 다양한 텍스트에서 이러한 현상이 나타나므로 좀 더 넓은 관점에서 볼 필요가 있다. 이러한 시제 이동은 통사·의미적 현상이라기보다는 문체 현상에 가깝다. 이동인(1961 : 129~130)에서는 1923년에 발표된 현진건의 「지새는 안개」의 문장을 예로 들면서 종전의 '한다', '있다', '모른다'와 같은 현재법 종지형을 지양하고 사실주의에 입각한 과거법 종지형을 썼다며 이를 20년대 문장 개혁의 결과로 간주하였다. 이처럼 서구와 일본 번역 문학의 영향을 받은 '─았다' 체를 더 발전된 문체로 받아들이는 시각

---

36) 이렇게 전체 텍스트가 완료상임에도 불구하고 현재형으로 나타나는 경우를 문체론에서는 특수한 문체적 효과를 발생시키기 위한 장치로 간주한다(Simpson(1997), Sowinski(1991), Fowler(1977) 등 참고). 이것은 소설에서 주로 사용하는 장치인데 논문이나 에세이 등에서도 이런 문체론적 장치를 자주 접할 수 있다. 이것은 현재 시제를 표시하여 동적인 인상을 강하게 전달하는 소설의 기법과 달리 시제 중립적이고 설명적·논증적 맥락에서 명제를 제시할 때 시상의 형태소가 표현하는 서사적인 인상을 줄이려는 시도로 보인다. Lukoff(1986)는 이러한 현상을 '이동된 시제(shifted tense)'라 부르며 시점 이동과 함께 사건을 분리시키는 역할을 한다고 보았다.

이 있었다.37) 그러나 김상태(1973)에서는 이상(李箱)의 소설에 쓰인 종결부가 다른 소설 작품들보다 현재형이 많다는 사실을 지적하였다. 이것은 오히려 근대문학과 구별되는 현대문학의 복잡다변한 심리 묘사를 위해 이상이 선택한 방식이라는 것이다.

또한 장소원(2005)에서 제시한 『병자일기』(1636~1640), 『윤치호일기』(1887~1889), 『가람일기』(1919~1920)와 같은 개인 일기 자료에서도 '식전비온후 개다, 비시작ᄒ여새아오다, 남쳔 셔방 샹업이도 부러와보고가다/ 오밤의 눈오다, 일긔 조금 풀니다, 샹뎨게 부모 일가와 왕실 인민을 보호ᄒ시기를 축수ᄒ듸/ 눈 뿌리다, 비가 종일 오다, 제주 친구 고순흠 군은 벌써 와 기다리다'와 같이 절대문이 쓰인 예를 많이 볼 수 있다. 이러한 경향을 본다면 시제 이동이 반드시 서구의 서사 문체에서 들어온 기법이라기보다는 오히려 전통적인 문체의 모습이었을지도 모른다. 다만 서구 문학의 번역체가 보편화되면서 이런 전통적인 문체를 번역체의 시제 이동과 구별하지 못하게 된 결과라고 할 수 있을 것이다.

'-다' 체는 가장 무표적이고 기본적인 종결의 문체이므로 리듬, 전향성 / 후향성 등의 문체 선택 요소가 개입될 여지가 거의 없다.38) 따라서 거의 모든 문자 텍스트에 쓰일 수 있다.

3.1.1.2. 기타 종결형

'-다' 종결체에서 사용되는 그 밖의 종결형으로 '-라 / -느냐 / -랴 /

---

37) '<한다>, <이라>, <이다> 등의 현재법 서사체는 근대인의 날카로운 정서와 심리를 표현할 수 없는 바를 깨달았다. 현재법을 사용하면 주체와 객체의 구별이 명료치 못함을 깨달았다. 우리는 감연히 이를 배척하였다.'(김동인, 「조선근대소설고」 ; 김상태(1973 : 18)에서 재인용)
   김동인은 이러한 과거시제 문체가 이광수도 얻지 못한 진일보한 성과라고 자부했다.
38) '-ㄴ 것이다' 등과 같은 종결부의 통합형이나 명령문·의문문으로 나타나는 기타 종결형에서는 이러한 요소들이 개입된다.

—느가/ —ㄹ까/ —리라/ —ㄹ쏘냐' 등이 있다. 이것들은 특별한 양태의 미를 나타내기 위해 사용되는 경우가 많다.

(21) ㄱ. 고운 나비의 날개, 비단 같은 꽃잎, 아니아니 이 세상에 곱고 보드랍다는 아무것으로도 형용할 수가 없이 보드랍고 고운 이 자는 얼굴을 들여다<u>보라</u>. 그 서늘한 두 눈을 가볍게 감고 이렇게 귀를 기울여야 들릴 만치 가늘게 코를 골면서 편안히 잠자는 이 좋은 얼굴을 들여<u>다보라</u>. 우리가 종래에 생각해 오던 하느님의 얼굴을 여기서 발견하게 된다.
어느 구석에 먼지만큼이나 더러운 티가 <u>있느냐</u>. 어느 곳에 우리가 싫어할 한 가지 반 가지나 <u>있느냐</u>. 죄 많은 세상에 나서 죄를 모르고, 부처보다도 예수보다도 하늘 뜻 그대로의 산 하느님이 아니고 <u>무엇이랴</u>.

—방정환, 「어린이 찬미」

ㄴ. 그이들은 말한다. 우리 소리를 우습게 보지 <u>말라</u>!
이제, 김준호, 손심심이 부르짖은 '우리 소리를우습게 보지 말라'는 우리 시대의 슬로건이 되어야 한다. 무슨 근거로 우리 소리를 우습게 <u>보는가</u>. 우리 것을 우습게 보는 시대를 통탄<u>하노라</u>. 그러면서도 그이들 같은 부부가 있다는 데서 '우리 소리의 희망'을 읽는다. (…중략…) 온돌, 솟대, 백의, 서낭당, 소리 따위야말로 우리 문화의 알파요 오메가가 <u>아닐까</u>. 가장 흔하고 평가절하된 것들 속에도 진리와 진실, 권품, 품격 따위는 숨어 있는 법. 솟대와 장승은 마을마다 있으니 수를 헤아리기 어렵고, 현대화된 아파트에도 온돌 문화는 살아 있으니 문화적 지속성에서 견줄 만한 것이 없다. 풍물굿은 세계 무대에서도 손색이 없으니 민족 문화적 특수성과 세계 문화적 보편성을 균형감 있게 보여 준다. (…중략…)
김준호는 소리하고, 손심심은 춤춘다. 김준호는 숟가락이나 꽹과리 같은 간단한 소품을 가지고서 몇 시간이나 강의를 한

다. 그 힘은 바로 '쓰여지지 아니한 문화'에서 비롯되었다. 그
이들의 소리와 품, 강의, 이 모든 것이 우리 문화의 원형질에
가깝기 때문에 많은 사람들이 열광하는 깃이리라. 그동안 잊
어버렸던 우리들의 원형질을 그이들에게서 발견하고 사람들
은 그네들을 일약 스타로 만들어 버린 것이리라. (…중략…)
김준호라는 한 사람에 대한 이야기를 하면서, 자꾸만 손심심
이라는 여자를 묶어서 한 묶음으로 글을 쓸 수밖에 없음을 이
해하시라.

　　　　　　　　　　　　　　　　— 김준호, 『우리 소리를 우습게 보지 말라』

(21)의 예는 둘 다 에세이로, 명령문과 의문문이 나타난다. 명령문과
의문문은 단절성과 화자 지향성이 강한 텍스트에서 나타날 때는 본래의
화행적인 기능은 약화되고 특수한 문체 효과를 갖게 된다. 이때는 대우법
이 중화된 종결부가 나타난다. 따라서 이런 종결형은 다른 종결 문체보다
'−다' 체에서 주로 쓰인다.

'−라/ −느냐/ −랴/ −리라/ −ㄹ쏘냐' 등은 의고형 문체로서, 현대적
인 텍스트에서는 많이 사용되지 않는다. 의도적인 문체 효과로서만 나타
난다. (21)에 쓰인 의문문과 명령문은 일반적인 '−다' 체에서 찾기 어려
운 리듬이 어느 정도 구현되어 있다. 이것은 무표적인 평서형 문장이 아
니기 때문에 같은 유형의 문장이 반복될 경우 동형 반복의 리듬이 잘 인
식되기 때문으로 보인다. 운문에 많이 쓰이는 것도 이러한 이유에서라고
생각된다.

3.1.1.3. 텍스트 유형

단절성과 화자 지향성이 강한 텍스트에서 쓰인다. 사건 서술, 주장 전
달, 정보 전달, 정서 표현 등 대부분의 문자 텍스트에서 기본적으로 쓰이
는 문체이다. 대우법이나 양태가 잘 나타나지 않으므로 주장 전달·정보

전달·행위 지시·규범 전달 등의 텍스트에서 특히 기본 문체로 채택된
다. 또한 정형적 텍스트와 비정형적 텍스트에서 두루 쓰이지만 비정형적
텍스트에서는 반말체 등이 섞이는 경우가 종종 있다.

'-다' 체는 대우법이 개입되지 않은 문체이므로 청자 지향성이 강한 텍
스트에서는 덜 쓰이는 편이다. 그러나 원칙적으로는 어떤 문자 텍스트에서
도 사용될 수 있다. 문자 텍스트를 구성하는 가장 기초적이고 일반적인 문
체이다.

3.1.2. '-ㅂ니다' 종결체

'-다' 체와 더불어 텍스트의 기본 문체로서 사용된다. 문법론의 층위
에서는 대우법의 한 등급으로 인식되나 문체론의 관점에서는 '-다' 종
결체와 독립된 문체로 간주해야 한다. 단절성이 강한 문자 텍스트에서
'-다' 종결체를 사용할 것이냐 '-ㅂ니다' 종결체를 사용할 것이냐는 선
택의 문제이기 때문이다.39)

'-ㅂ니다'를 대우법의 등급이 아닌 독립된 문체로 간주하는 데는 다
음과 같은 이유가 있다. 대우법의 다른 등급인 하게, 하오, 해, 해요 등은
문어에서는 제한적으로 나타나는 반면 구어40)에서는 활발하게 나타난다.
그러나 '-ㅂ니다'는 '-다'와 비슷하게 문자 텍스트에서 기본적인 문체

---

39) '-ㅂ니다' 체는 인터넷에서는 다른 문자 텍스트에서보다 일반적으로 사용되는 문체이
    다. 다른 활자 매체라면 '-다' 종결체가 사용되었을 만한 논리적인 텍스트라도 인터넷
    에서는 '-ㅂ니다' 종결체를 쓰는 일이 많다. 인터넷이라는 매체가 청자 지향성이 강하
    며 다른 문자 텍스트에 비해 연계성이 높다는 특성 때문에 화자는 '-다' 대신에 '-ㅂ
    니다'를 선택하는 것이다.
40) 하게와 하오는 오늘날 구어에서 별로 쓰이지 않는 편이지만 소설이나 극본 등에서는
    많이 접할 수 있다. 이것도 문자 텍스트라 할 수 있으나 여기서는 다른 화계 등급과 뭉
    뚱그려 구어에서 나타나는 것으로 언급한 것이다.

로 쓰이며 다른 등급보다 화자 지향성이 강한 편이다. 대우법 등급의 명칭은 명령형을 기본으로 삼고 있다. 그만큼 대우법은 근본적으로 청자 지향성이 강할 수밖에 없음을 보여주는 것이다. 하게체 같은 경우는 평서형 어미가 '-네'인데 일반적인 문자 텍스트에서 서술의 기본 문체로 사용되는 일은 흔치 않다. 하오체도 마찬가지이다. '-ㅂ니다'는 다른 등급의 종결형만큼 사회적 맥락과 화·청자의 관계에 영향을 크게 받지 않는다. 그러면서 '-다'와는 달리 텍스트와 상황에 제약을 받는 모습을 보인다. 본서에서는 하오체의 '-오'와 해체의 '-어', 해요체의 '-요'를 부분적으로 문체의 일부로 받아들였지만 이것은 대우법 체계 자체를 문체로 받아들인 것이 아니라 기본적인 '-다' 체와 '-ㅂ니다' 종결체와 차별되는 특수한 문체적 효과를 중요시하여 그 문체 특성만을 받아들인 것이다. 이 때문에 대우법의 사회적 맥락을 강조하는 명령형의 명칭을 쓰지 않고 문자 텍스트에서 기본적으로 나타나는 평서형을 종결부 문체의 명칭으로 삼았다.

이인섭(1996)은 장용학의 소설 「요한시집」 중 삽입된 토끼 이야기 텍스트가 설화의 형식으로 구현되었고 그 수단으로 '-ㅂ니다' 체가 쓰였음을 지적하였다. 일종의 메타텍스트에 쓰여 주텍스트와의 문체적 차별을 꾀한 것이라 볼 수 있다. 이것은 특수한 사례이긴 하지만, 텍스트가 중첩된 구조를 가지고 있을 때 내포된 텍스트와 주텍스트의 경계를 구별해 주는 역할을 '-다' 체와 '-ㅂ니다' 체가 담당한 것은 작가가 두 형식을 차별되는 문체로서 인식하고 텍스트의 위상 차이를 문체 차이로서 나타냈음을 뜻하므로 '-ㅂ니다' 체의 문체로서의 위상을 확인할 수 있다. 이런 용법은 텍스트 자체가 청자 지향성을 갖게 되어 '-ㅂ니다'가 선택된 것이 아니라 텍스트 간의 경계를 보여주기 위한 것이다. 따라서 대우법 등급의 합쇼체와 '-ㅂ니다' 체를 구별할 필요가 있다는 것을 확인할 수 있다.

　가벼운 수필, 시, 아동 대상의 텍스트, 인터넷 게시판 등 단절성이 강하고 청자 지향성이 강한 텍스트에서 주로 나타나는데, 교육 프로그램이나 정부 공식 발표, 판결문, TV 다큐멘터리의 내레이션 등 청자 지향성을 의도적으로 약화한 텍스트에서는 '―다' 종결체가 대신 쓰이기도 한다.

　'―ㅂ니다'는 청자를 높이는 청자높임법에 해당하므로 '―다' 종결체보다는 청자 지향성이 강해진다. 따라서 다수의 청자에게 직접적인 목소리를 전달할 때 주로 쓰는데 연계성이 약한 맥락에서 강한 청자 지향성은 제약을 가져온다. 그 결과 '―다' 종결체에는 쓰이지 않는 반말체의 종결 어미들이 쓰이기도 한다. 이는 그 형태와 특성상 '―다' 종결체와 많은 부분을 공유하고 있긴 하지만, '―다' 종결체가 중화된 성격을 가지는 반면 '―ㅂ니다' 체는 결합된 어미 자체가 유표적 특성을 갖고 있기 때문에 빈틈이 많아서 빚어진 결과로 보인다. 보통 '―거든요', '―지요', '―군요'와 같이 '―요' 종결체의 형식을 가진 요소들이 그 자리에 쓰인다.

> (22) 연예인의 성형수술에 대해 떠드는 걸 구경하는 것처럼 재미없는
>   　　일은 <u>없습니다</u>. 아니, 재미있긴 <u>합니다</u>. 그러나 이야기하는 사람들
>   　　이 생각하는 것과는 조금 다른 <u>이유에서죠</u>.
>   　　　　　　　　　　　　　　　　　 ―〈듀나의 투덜투덜〉, YES24 연재 칼럼

　(22)는 인터넷의 연재 칼럼이다. 일반적인 신문이나 잡지의 칼럼과 마찬가지로 단절성이 강하고 청자 지향성이 강한 텍스트이다. 하지만 인터넷 텍스트의 특성상 여기서는 '―ㅂ니다'가 대표 종결형이면서도 '―지요 / 죠'가 부분적으로 나타난다. 앞서 언급한 바와 같이 '―지(요)'의 양태 의미를 표현할 수 있는 아주높임 또는 격식체의 어미를 찾을 수 없으므

로 '-지요'를 쓴 것이다.

이러한 '-ㅂ니다'는 격식적인 측면이 두드러지는 유표적 문체 요소이
므로 단정적인 진술, 보고, 설명 등에 쓰이며 공식적인 발화 상황에서 사
용된다. 이것은 정보의 확실성 여부에 따라 결정된다. 화자는 '-ㅂ니다'
체를 사용할 때 자신이 전달하는 정보에 확신을 갖고 있어야 한다.

'-다' 종결체와 같이 시상 표현을 이용하는 문체 표현이 있으나 청자
지향성이 강한 편이므로 '-하다'와 같은 중화된 표현은 없다. '-ㄴ다'
가 쓰일 자리에 '-ㅂ니다'가 쓰인다.

> (23) ㄱ. 사람들은 걱정이 태산 같았습니다.
> ㄴ. 1999년에 감독은 두 번째 작품을 세상에 내놓습니다.
> ㄷ. 평론가들은 이 작품을 혹독하게 비판하고 있습니다.

3.1.2.1. 대표 종결형

'-ㅂ니다' 종결체의 대표 종결형에는 '-ㅂ니다 / -았습니다'가 있다.
'-다' 종결체보다는 활용에 제약을 받기 때문에 대우법의 다른 등급에
해당하는 형태가 많이 쓰인다.

> (24) ㄱ. 다만, 그 고통이 생기는 까닭이 고통을 느끼는 데 있으므로, 만
> 일 이 고통을 느끼면서 밖으로 그 고통을 주는 바를 쳐버린다
> 든지, 또는 그 고통을 없이할 만족을 요구한다든지 할진대, 아
> 마 그 고통은 용이하게 없어지지 아니하리다. 더욱 고통은 고
> 통을 더할 것이외다. 옷이 없어서 고통이외다. 밥이 없어서 고
> 통이외다. 자유를 잃어서 고통이라 합니다. 그래서, 밥을 구하
> 며 옷을 주기를 기다립니다. 자유를 빼앗은 자를 원망합니다.
> 그러나, 그 고통을 주는 모든 것에 대하여 반항도 하고, 애원
> 도 합니다. 그러나, 그 고통을 주는 고통 그것이 또한 彼(저)라
> 는 자리에 있어서 我(나)에게 요구합니다. 나와 같이 겨룹니다.

이렇게 되고도 고통이 없어질 수 있<u>겠습니까</u>? 이렇게 되고도 번민치 않을 수가 있<u>겠습니까</u>?

—한용운, 「번뇌와 고통」

ㄴ. 그걸 좋게 말하믄 되는데…꼬옥 짜증이 섞인 말투로…그렇게 하는 <u>겁니다</u>.
한두 번은…그렇다 쳐도…계속 들<u>으니깐</u>…저도 짜증이 났고. 그게 급기야…저도…어제 터<u>졌습니다</u>…
어제는 돌잔치도 있고 해서…잔치겸…거기서 다 모이기로 <u>했답니다</u>.
당신 왜그러냐고…왜 친구모임만 한다하면…사사건건 짜증이냐고.

—인터넷 게시판

(24ㄱ)에서는 하오체에 속하는 '—리다', '—외다' 등이 같이 쓰였는데 단순히 과거의 문체 또는 의고적 문체라고 할 수도 있겠으나, 어찌 보면 '—ㅂ니다'의 한계를 극복하려는 노력으로 해석할 수 있다. '—ㅂ니다'는 청자 대우법과 평서형 종결의 특징이 강해서 다른 문체 의미를 표현하는 데 한계가 있기 때문이다. (24ㄴ)은 게시판에 네티즌이 올린 글로, 사건 서술을 '—았습니다'로 하면서 일인칭 대명사 '저'를 써서 이 텍스트가 청자 지향성이 강함을 표현하고 있다. 여기서 '—답니다'는 인용이 아니라 단순 서술에서 양태를 나타내기 위해 쓰였는데 다른 문체에서는 보이지 않는 형식이다. '—다' 체에서 이런 종결부가 나타난다면 '—단다'가 이에 해당하겠지만 '—단다'를 쓰면 그 효과가 완전히 달라진다. 화자보다 나이가 적거나 친한 사람에게 하는 발화가 되어 버린다. 화용적 기능이 달라지지 않는 경우는 대우법 등급 중 하오체에서의 '—다오'와 하게체에서의 '—다네'이지만 이 경우들은 소설 속 대화 상황과 같이 매우 제한적인 경우에 쓰인다. '—답니다'는 사전에서 '화자가 이미 알

고 있는 것을 객관화하여 청자에게 일러 줌을 나타내는 종결어미. 친근
하게 가르쳐 주거나 자랑하는 따위의 뜻이 섞여 있다(『표준국어대사전』)'로
풀이되어 있는데, 청자가 모르는 새로운 정보를 화자가 제시한다는 양태
의미가 있다.

다음은 1920년대의 번역 희곡 텍스트이다.

(25) 헤레나—여러분은 좀 조흔 생활을 하고 십흐시지 <u>안슴니까</u>?
칼 博士—그것이야 더 조흔 생활이 잇기만 할말누면—.
헤레나—이곳은 참으로 무서운 <u>뎀니다</u>. (일어나면서)歐羅巴에서는
여러분의 취급상에 대한 일을 문제로 <u>함니다</u>. 내가 이곳에 온 것
은 그것을 확정하려고 왓습니다. 그런데 이곳에 와 보니깐 내가
생각하든 것보다는 1,000배나 <u>낫붐니다</u>. 그래도 여러분은 참고 사
<u>시렴니까</u>?
알끼스트—무엇을 참는단 말슴<u>임니까</u>?
헤레나—참 기막히는군! 당신들도 우리와 가티 생물<u>이지요</u>? 歐羅
巴 사람들과 가티 또한 전인류와 가티. 그런데 이러케 살지 안으
면 되지 안는다하면 그것은 치욕이 아<u>님까</u>?
빠스민—고맙<u>습니다</u>.
파부리—부인 말슴하신 것이 과이 틀리지는 안는다. 우리는 이곳
에서 꼭 토인과 가튼 생활을 하고 잇스니깐.
헤레나—토인보다도 더 <u>낫붐니다</u>. 여러분! 내가 여러분을 형제라
고 블너도 <u>조흘까요</u>?
빠스만—안되지는 <u>안슴니다</u>.
헤레나—형제분이여 나는 대통령의 딸로서 이곳에 온 것은 <u>안임니
다</u>. 나는 人道同盟會의 사명을 가지고 왓습니다. 형제여 人道同盟
은 지금 이십만人 이상의 회원을 가지고 잇슴니다. 그 이십만人은
여러분과 한 가지로 여러분을 도아 드릴려고 <u>함니다</u>.
(…중략…)
헤레나—그 이상의 <u>것이예요</u>.

알끼스트-그러면 부인가튼 부인 말슴입니까?
헤레나-내일을 걱정마세요. 나는 여러분이 소용 게시다면 언제까
지든지 이곳에 잇슬 터입니다.
　　　　　　　-박영희 역 : 차페크, 「인조노동자」, 『개벽』 56, 1925.

　희곡은 대화가 중심을 이루므로 구어가 반영되어 있다. 그렇지만 현실
의 음성 발화에만 나타나는 구어체와는 다소 차이가 있다. 극본 텍스트는
구어체를 관찰할 수 있는 자료라기보다는 작가가 당시의 시대상, 사회적
맥락 등을 반영하고 작가 자신이 의도하는 문체 효과를 드러낸 의사(擬似)
구어체 자료라 할 수 있다. 소설 텍스트도 마찬가지다. 이 예는 남성과
여성의 대화이지만 일반적으로 여성의 말투라고 할 만한 것이 나타나지
않는다. 격식적인 대화 상황이라고 하지만 이 대화에서는 '-ㅂ니다'로
일관하고 있다. 후반부에서 여성이 '것이에요'와 같은 '-요' 체를 쓰고
있다. 이것은 화계의 문제이기도 하지만 문체의 문제이기도 하다. 국내
초기 근대소설과 현대소설에서 이러한 현상을 볼 수 있었다가 후에 여성
의 말투를 묘사할 때 '-어요'를 사용하는 경향이 늘어났다. 특히 번역 작
품의 경우 번역자가 반말체 등의 특성이 없던 원래의 텍스트를 여성의 발
화라고 해서 '-요' 체로 번역하는 일은 번역자의 문체 의식이 작용한 결
과라고 할 수 있다. 이것에 대해서는 '-오' 체와 '-요' 체를 논의하며 자
세히 논하기로 하겠다. 아무튼 종결부의 문체 특성이 시대에 따라 달라지
는 인식을 보여주는 예라 할 수 있다.

3.1.2.2. 기타 종결형

　기타 종결형으로는 '-ㅂ니까 / -ㄹ까요 / -ㄴ가요' 등이 있다. '-ㄹ
까요 / -ㄴ가요'는 반말체에 더 가깝다고 볼 수도 있다. '-ㅂ니다' 체는
형식이 매우 한정되어 있어 다른 종결체가 섞여 나타나는 일이 많다.

(24ㄱ)에서 보았듯이 여러 가지 형식이 섞여 나타날 가능성도 있다.

(26) 셜록 홈즈와 네로 울프와의 관계 중에서 가장 재미있는 건 바로 울프가 홈즈의 아들이라는 소문일 겁니다. 소문의 진원지에 대해서는 여러 이야기가 나오고 있습니다만, 보통은 홈즈의 전기를 쓴 윌리엄 베어링 굴드 아니면 렉스 스타우트 자신에게서 나온 말이라는 설이 대표적이죠. 시간과공간사 판 '셜록 홈즈의 마지막 인사' 해설 부분을 보면, 렉스 스타우트가 작품 중에서 이에 대한 암시를 흘리고 있다고도 나옵니다. 하지만 다른 곳에서는 굴드가 처음으로 이 설을 제시했고, 스타우트는 이에 대해 무시 혹은 묵인했다는 설명도 있군요. 어쨌든간에 홈즈의 팬들은 홈즈와 아이린 애들러의 아들이 네로 울프라는 사실을 적극적으로 거부하고 있는 편입니다. '홈즈와 울프는 너무 달라서 도대체 용서가 안 된다' 라는 거지요. 홈즈의 인기와 영향력을 알 수 있는 재미있는 에피소드이기도 합니다.

재미있게도, 스타우트가 아닌 다른 작가가 이런 작품을 써서 젊은 네로 울프처럼 보이는 주인공을 등장시켰군요.

여러 추리 작가들 중에서도 엘러리 퀸은 이 글에서처럼 철자를 가지고 주물럭대는 것을 참 좋아하지요. 그의 작품 속에서도 아나그램(anagram)이 수 차례 등장하고요. 하지만 이 글에서 엿보이는 뉘앙스로는 퀸(더네이)은 홈즈와 울프와의 관계를 그렇게 진지하게 생각하고 있지는 않은 것으로 보입니다. 어쩌면 재미있는 이야깃거리를 발견했다는 정도로 만족하고 있는지도 모르지요. 아무래도 이 글은 애드거 앨런 포에 대해 경외감을 표하는 게 주 목적인 것도 같거든요.

―개인 블로그

(26)과 같이 '−ㅂ니다' 종결체를 쓰면서 반말체라 할 수 있는 '−지요/ −거든요/ −군요'를 섞어 쓰는 현상은 인터넷 게시물에서 자주 볼 수 있다. 청자 지향성이 강하고 단절성이 약하면서 주장 전달의 목적을

가진 텍스트이므로 종래 구어에서 쓰던 반말체만이 가진 양태성을 나타내기 위해 혼용하게 된 것으로 보인다. 이에 대해서는 4.1.에서 자세히 논하겠다.

3.1.2.3. 텍스트 유형

'-다' 체와 비슷하게 기본 문체로서 쓰이지만 '-다' 체에 비해서는 청자 지향성이 어느 정도 강하고 유표적인 문체이므로 쓰이는 텍스트에 제약이 있다. 문자 텍스트에서 많이 쓰이지만 음성 텍스트에서도 많이 쓰이며 격식적인 상황과 텍스트에 나타난다. 그러나 문자 텍스트의 경우에는 격식성보다는 청자 지향성이 상대적으로 강한 텍스트에 쓰인다.

소설의 설화자(narrator)가 직접 독자에게 이야기를 들려주는 형식을 취하거나 어린이를 대상으로 하는 동화, 독자에게 친근감을 주려는 잡지 기사, 부드럽고 친근한 느낌의 경수필, 고객을 독자로 상정하는 제품 설명서 등에 쓰인다. 화자의 눈앞에 청자가 없고 단절성이 강한 텍스트이므로 직접적으로 반응을 얻을 수도 없고 특정 청자를 대상으로 하지 않을 수도 있으나 '-다' 체를 쓰는 텍스트보다 청자 지향적인 텍스트이다.

인터넷은 컴퓨터 통신 시절부터 네티즌 사이에서 일정한 질서와 예절이 형성되어 왔으므로 '-ㅂ니다'와 '-요'를 선호했고 지금은 청자 지향성이 상대적으로 약한 비평 등의 텍스트에도 '-ㅂ니다'를 쓰고 있다. 비평은 주장을 전달하는 텍스트로 격식성과 논리성을 가지기 때문에 중립적인 '-다'를 쓰는 것이 일반적이나 인터넷의 텍스트 특성에 영향을 받아 '-ㅂ니다'가 쓰이는 것이다. 인터넷 텍스트에서는 '-ㅂ니다' 체가 기본 문체로서 넓은 분포를 보인다.

3.2. 특수 문체 유형

특수 문체 유형이란 일반적인 텍스트의 종결체의 '-다', '-ㅂ니다'와 같이 텍스트의 기본 문체로 사용되지 않고 특수한 효과를 나타내기 위하여, 또는 특정 장르나 유형의 관습에 따라 쓰이는 형식들을 말한다. 여기에는 반말체, '-오'/'요' 종결, '-네' 종결, 명사·명사형 종결이 있다. 이들은 텍스트 장르의 관습적 표지를 나타내는 기능을 가지는데 이러한 기능이 확대되어 문학 텍스트나 광고 텍스트 등에서 일탈적 문체로 표현하기 위해 의도적으로 선택되기도 한다.

이들이 텍스트 전체의 기본 서술 종결체로서 사용되는 일은 제한되어 있다. 기본 서술 종결체로 사용되는 경우는 일탈적 효과를 나타낸다.

3.2.1. 반말 종결체[41)]

반말 종결체란 '-어', '-지', '-군', '-네', '-ㄴ데', '-거든' 등과 이들에 '-요'가 통합된 형태를 묶어서 이르는 반말체 어미가 쓰이는 문체이다. 그런데 앞의 보편적 문체 유형에서는 '-다'와 '-ㅂ니다'와 같이 평서형 어미를 명칭으로 삼았는데 이것은 '-어' 종결체라 하지 않고 '반말 종결체'라 하였다. 반말 종결체가 '-다' 체와 '-ㅂ니다' 체와는

---

41) 일상적인 음성 발화에서는 일반적인 형식이나, 앞서 선언했듯이 이 논의에서 문체는 화자가 맥락이나 텍스트 유형에 따라 선택한 표현 방식이므로 일상적인 음성 발화에서 나타나는 예는 고려하지 않는다. 음성 발화를 고려하는 경우는 소설 속 대화 정도이다. 소설 속 대화는 결국 현실의 구어를 반영한 것이 아니냐는 의문이 들 수 있다. 그러나 소설 속 대화체는 언어 현실을 완벽하게 구현하는 것이 아니다. 구현 정도는 작가에 따라 차이가 많이 나고 특히 번역 소설의 경우 실제 구어와 거리가 많이 멀어지기도 한다. 뒤에서 자세히 논하겠지만, 현실 구어를 묘사하기보다는 다른 요소들을 고려하여 대화체를 구성하는 일이 많다.

달리 대표 종결형의 쓰임이 제한되어 있고 기타 종결형의 쓰임이 매우 다양하게 나타나기 때문에 단순히 '-어' 종결체라고 했을 때 그 특성을 제대로 표현하기 어렵기 때문에 반말체가 가진 다양한 양태의미를 살리는 의미에서 '반말 종결체'라는 명칭을 쓰는 것이다.

　'반말체'라는 개념은 보통 두 가지로 해석된다. 하나는 높임법 개념으로서, 예사높임과 예사낮춤의 사이에 위치하며 언중들이 일반적으로 받아들이는 것이다. 이 경우 언중들이 쓰는 '반말'은 보통 '-요'가 결합하지 않은 해체를 가리킨다. 즉, 존댓말의 대립 개념으로 인식하고 있는 것이다. 다른 하나는 형태 개념으로, 완전한 종결어미가 결합하지 않은 종결형을 통틀어 말하는 것이다. 최근에 와서는 후자의 개념으로서 반말체를 독자적인 의미를 나타내고 있는 형식으로 파악하는 경향이 있다. 그 일례로, 박재연(1998)에서는 '일반적인 종결어미 이외의 요소에 의해 종결된 구어체 문장'이라고 정의하고 각 형태에 대한 논의를 전개하였다. 본서에서의 반말체는 후자의 개념을 받아들인 것이다. 문체 개념에서는 대우법 차원의 해체라는 설명보다는 이러한 넓은 의미가 유용하다. 대우법은 문체와 동일시될 수 없으며 인터넷 텍스트의 문체 특성을 밝히는 데 있어 큰 역할을 하지 못하기 때문이다. 또한 대우법 체계의 문제라면 각각의 대우법 등급에서 반말체 어미에 대응되는 형식이 존재해야 하나 실제로 반말체 어미는 독자적인 의미 특성을 갖고 있으며 이에 대응하는 다른 형식이 없다. 이 관점에서는 해체와 해요체를 구별하는 것이 큰 의미가 없다. 두 가지는 의미 차이가 거의 없기 때문에 이 두 가지를 묶어서 한 종류의 종결체로 간주해야 한다. 다만, 음성 발화와 달리 문자 텍스트에서는 반말체가 기본 종결체로 사용되는 일이 적으므로 '요'가 통합한 종결체와 통합하지 않은 종결체가 각각 다른 종결체에 부수적으로 나타난다. 그 양상은 다음과 같다.

① '요'가 통합하지 않은 반말 종결체

'-어', '-지', '-군', '-네', '-거든', '-ㄴ데', '-고' 등→'-다'
종결체와 함께 쓰임. '-오' 종결체와 함께 쓰일 때도 있음.

② '-요'가 통합한 반말 종결체

'-어요', '-지요', '-군요', '-네요', '-거든요', '-ㄴ데요', '-고
요' 등→'-ㅂ니다' 종결체와 함께 쓰임.

'-다'나 '-ㅂ니다'와는 달리 '-요'는 시상 표현에 따른 문체 표현이
잘 드러나지 않는다. 문자 텍스트에서의 쓰임이 그다지 넓지 못하고 같은
반말체인 '-어'와 비슷한 사용 범위를 갖기 때문이다.

(27) 그래요, 전 선물 주는 일을 굉장히 좋아합니다. 스스로는 제 살
깎아먹기라고 부르는데,⋯하는 생각이 들 정도입니다. 하긴, 꼭 그
런 것만은 아니겠네요.⋯그럼 뭐죠?⋯닭살 돋는 얘기긴 하지만 몇
가지 주변 환경 요인 — 생활에 별 어려움이 없는 경제적 풍요와,
무척 폭이 좁은 인간관계 — 을 고려해 보면 불가능한 일은 아닐 것
도 같네요

— 개인 블로그

(27)의 예는 개인 블로그에서 많이 볼 수 있는 문체이다. '-ㅂ니다'와
함께 혼용이 많이 되는데, 이런 현상은 예전에는 편지글 외에는 보기 어
려웠다. 인터넷 텍스트의 속성은 편지글과 유사점이 많기 때문에 '-요'
종결체가 많이 보인다. 둘 다 단절성과 청자 지향성이 강하다는 특성이
있다.42) 특히 블로그의 게시물은 사적인 성향이 강한 텍스트이므로 청자

---

42) 인터넷 채팅은 다르다. 같은 인터넷이라도 단절성에 차이가 있다. 본문 텍스트는 단절
성이 강하고 답글과 쪽지 텍스트는 단절성이 약한 반면 연계성도 아주 강하지는 않다.
채팅 텍스트는 단절성이 약하고 연계성이 강하다. 이에 대해서는 기회가 되면 자세히
논해 보고자 한다.

지향성이 매우 강한 편이다.

텍스트 전체의 서술 외에 '-요' 종결체의 다른 용법으로는 소설 속 대화가 있다. 이것은 일반적인 구어와 구별하기 어렵다는 점에서 위에서 논한 용법과 다른 범주의 문체라 할 수 있다. 그리고 청자 / 화자 지향성을 따지는 것이 무의미한 용법이므로 소설 속 대화에 나타나는 '-요'는 다음에 '-오' 체와 함께 제시할 것이다.

3.2.1.1. 대표 종결형

'-어(요) / -았어(요)'가 있다. '-어(요)'는 음성 텍스트에서는 '-다' 보다도 활발하게 쓰이지만 문자 텍스트에서는 기본 서술 문체로 쓰이는 일이 적다. '-어(요)'가 기본 문체로 쓰일 수 있는 종결형이지만 실제로 쓰임은 제한되어 있다. 편지나 인터넷과 같이 단절성이 강하면서도 다른 문자 텍스트보다는 연계성이 상대적으로 강한 텍스트에서 쓰이며 '-다'나 '-ㅂ니다'보다는 청자 지향성이 강한 편이다. 이것은 '-어(요)'가 기본 문체로 쓰일 경우에 해당하지만 그렇지 않은 경우 반말체의 종결어미에 따라 화자 지향성을 더욱 강조하기 위해 쓰이는 경우도 있다. '-어(요)'도 실제로는 '-ㅂ니다' 체 중간에 쓰여 일탈 문체에 가까운 기능을 할 때가 있다.

> (28) 아주 먼 옛날에는 해와 달이 땅에서 <u>살았대요</u>. 해는 아버지, 달은 어머니, 그리고 둘 사이에는 많은 별아기들이 <u>있었어요</u>. 해는 이곳저곳 돌아다니기를 좋아<u>했어요</u>. 그 중에도 바다네 집에 놀러 가는 걸 제일 좋아<u>했답니다</u>. 어느 날 해가 바다에게 말<u>했어요</u>.
> ─『자장자장 꿈나라 동화』

(28)은 동화에 '-어요'가 나타난 예로, 서사성이 강한 텍스트이므로

'-았어요'가 기본 문체로 쓰였다. (28)은 특히 저연령층을 대상으로 하는 텍스트라는 점을 고려해야 한다. 저연령층을 대상으로 하는 동화는 낭독을 하기 알맞게 텍스트를 구성한다. '-어요'는 구어에 가까우므로 낭독에 적합하고 아울러 '-다'나 '-ㅂ니다'와 달리 모음으로만 구성되어 있어 리듬을 타기 쉽다.43) 이 예에서는 중간에 '-답니다'가 나오는데, 앞에서 언급했듯이 '-답니다'는 특수한 양태의미를 갖고 있으므로 대체할 수 있는 반말체 형식이 없어 여기에 사용된 것이다.

3.2.1.2. 기타 종결형

'-지(요) / -네(요) / -군(요) / -거든(요) / -ㄴ데(요) / -고(요) / -ㄹ까(요)' 등이 있다. 반말체는 양태의미를 나타내기 때문에 '-다' 체나 '-ㅂ니다' 체 중간중간에 부분적으로 사용되는 일이 많다. 실제로는 어떤 종결부 문체에서도 쓰일 수 있다. 반말체 어미들이 나타내는 양태의미를 다른 문체의 형식들이 대신할 수 없기 때문이다. 따라서 반말체와 다른 문체는 서로 보완적인 역할을 한다고 볼 수 있다.

반말체 종결어미에 대한 세부적인 논의는 4.1.에서 본격적으로 할 것이므로 여기서는 생략하겠다.

3.2.1.3. 텍스트 유형

반말체 종결체가 쓰이는 문자 텍스트는 극히 제한되어 있는데, 편지·일기·시·소설·수필·동화·인터넷이 대표적이다.

---

43) 손수자(1998)에서는 동화의 문체에 대해, 지문은 호흡이 짧고 쉬운 어휘로 되어 있으며 리듬을 느낄 수 있는 언어로 되어 있으며 대화는 간결하고 단순하며 반복을 통해 리듬을 느낄 수 있는 언어로 되어 있다고 하였다. 아동은 문장 호흡이 짧기 때문에 긴 문장보다는 짧은 문장을 리듬감 있게 배치하는 것이 중요하다. 이것은 음성 발화의 특성과도 일치한다.

'-요'가 통합한 반말체 종결체는 '-ㅂ니다' 종결체와 많은 부분에서 겹친다. 위에서 언급했듯이 '-ㅂ니다' 체가 유표성이 강한 형식이기 때문에 그 폭이 좁은 만큼 '-요' 체가 많은 부분을 보충하고 있다. 그리고 '-다' 체와 달리 '-ㅂ니다' 체가 쓰이는 텍스트는 청자 지향성이 높으며 양태나 대우법 등도 중화되지 않고 표현되는 일이 많다. 따라서 양태를 나타내는 반말 종결어미가 자주 나타난다. '-요'가 통합하지 않은 반말 종결체와 마찬가지로 편지·일기·소설·수필·인터넷이 대표적인데, 동화나 초등학교 교과서와 같이 '-ㅂ니다' 체가 기본 서술체로 많이 쓰이는 텍스트에서는 빈번하게 나타난다.

시, 가요의 가사, 아동 대상의 텍스트 등 다른 문자 텍스트보다 청자 지향성이 어느 정도 있는 텍스트에 쓰이며, 또 인터넷과 같이 상대적으로 연계성이 강한 텍스트에 많이 사용된다.[44]

(29) 나물이가 만든 요리는 정말 쉬워 <u>보여요</u>. 제 아무리 어려워 보이는 찜닭, 탕수육, 난자완스 심지어 케이크까지 왜 나물이가 만들면 그렇게 쉬워 <u>보일까요?</u> 그 비밀을 <u>알려드릴게요</u>.
　　　　　　　　　　　　　　　　　　　　　　　　ー『2000원으로 밥상 차리기』

(29ㄴ)은 요리책의 일부이다. 역시 청자 지향성이 강하여 구어체의 느낌을 준다.[45] 가벼운 정보를 담고 있으며 젊은 여성 독자를 대상으로 하는 책에서 이런 반말체를 쓰는 경우가 종종 있다. 이는 '-어요'가 청자 지향성이 강하므로 일방적인 정보 전달 관계의 딱딱함을 완화해 주기 때

---

44) 사실 인터넷은 매체의 명칭이므로 그 안의 개별 텍스트는 각각 성격에 따라 구분해야 한다. 그러나 인터넷의 텍스트는 음성 텍스트나 문자 텍스트와 달리 엄격하게 경계선을 그을 수 없는 특성이 있다. 이것이 구어체 / 문어체 논의에 혼란을 줄 수 있다.
45) 이 책은 인터넷에서 먼저 인기를 얻은 연재물을 모아 출판한 것이므로 '-요' 체를 쓴 것으로 볼 수 있다.

문인 것으로 추측된다. 또한 3.2.2.의 '-요' 체 논의에서 언급되겠지만, '-어요'는 사회적 권력이 약한 여성이나 아동의 어체로 인식되어 있기 때문에 정보 이동에 따른 권력의 상하 관계가 약화되어 거부감이 덜하게 된다는 사실도 작용한다고 본다.

3.2.2. '-오'/'-요' 종결체

'-오' 체와 '-요' 체는 이 장에서 제시하는 다른 종결체와 달리 소설·희곡 등의 대화에서 볼 수 있는 형식이다. 대우법의 체계와 다를 바가 없어 보이므로 문체로 간주할 수 있느냐 하는 문제가 있을 수 있다. 아무래도 음성 발화를 가정한 대화이므로 대우법에 해당하는 것이 사실이다. 그러나 본서는 이러한 소설 속 대화가 문자 발화로 생산되어 억양 등의 비분절적 음소가 배제되고 실제 음성 대화보다 덜 맥락의존적이라는 점에 초점을 맞추어 특수 문체 유형으로 분류하였다.

'-오' 체는 청자높임법의 등급에서 하오체에 해당하며 현재 실제 음성 발화에서 거의 나타나지 않는 문체이므로 일반적으로 문어체에 속한다고 알려졌다. 문체론적 관점에서 볼 때는 현재 극도로 제한된 사용 범위 때문에 현대 국어에서 특수한 문체의 지위를 획득했다고 기술할 수 있다. 이것을 문체 유형에 넣을 수 있느냐 자체에 논란의 여지가 있으나 음성 발화에 나타나는 일이 적고 나타날 경우에는 유표적인 어체로 인식될 가능성이 높으며 특히 문자 발화에서는 특수한 표현 기능을 담당한다는 점을 중시하여 문체 유형에 포함시켰다.

본래 음성 발화에서 사용되는 대우법에 해당하던 것이므로 대화가 아닌 일반 서술에 사용될 때는 연계성과 청자 지향성이 높다고 할 수 있다. 지금 볼 수 있는 것은 거의 소설 속 대화, 편지문 형식의 수필 정도이다.46) 특히 최근의 국내 창작 소설에서는 대화에서도 '−오' 체가 잘 쓰이지 않고 주로 역사소설에서 보인다. 또한 외국 번역 소설에서도 종종 볼 수 있다.47)

다음은 '−오' 체가 쓰인 예들이다.

(30) ㄱ. 그중에1인의아해가무서운아해라도좋소.
그중에2인의아해가무서운아해라도좋소.
그중에1인의아해가무서운아해라도좋소.
그중에2인의아해가무서운아해라도좋소.
(길이뚫린골목이라도적당하오)
13인의아해가도로로질주하지아니하여도좋소.

—이상, 「오감도 제1호」

ㄴ. 좋소. 겸양에서 입을 닫고 있는지 정녕 몰라서 대답이 없는지 상관할 마음은 없소만 세상 사람들이 무엇인가를 크게 잘못 생각하고 있는 것만은 분명하오. 도는 깊은 산속이나 법당 속, 혹은 부처의 이마에 숨어있는 것이 아니오. 달이 차고

---

46) 이외에도 인터넷 텍스트와 강의 발화 등에서 접할 수 있다. 특히 디시인사이드(www. dcinside.com) 같은 특정 웹사이트에서 하오체가 특징적으로 사용되고 있다. 그러나 이들은 지나치게 지엽적이고 특수한 사례이므로 논의에서 제외하기로 한다.

47) 이 논의에서는 국내 소설보다는 번역 소설을 주된 관찰 대상으로 삼고 있다. 그 이유는, 국내 소설의 대화체는 방언과 비속어까지 적극적으로 반영하여 현실의 구어체에 가깝게 구성한 것이지만 번역 소설의 대화체는 그러한 현실성과 거리가 있고 어떤 관습성이나 보수성에 제약을 받고 있어 '−오 / 요' 체가 매우 중요한 역할을 하기 때문이다. 구어에서 '−오' 체가 거의 쓰이지 않는 것도 이유가 된다.
요즘은 번역소설에서 '−오' 체를 쓰는 것도 거부감을 가지는 독자들이 늘어나고 있어 번역자들도 '−오' 체를 피하려는 경향이 있다. 그 거부감의 이유로 주로 이야기되는 것은, 첫째 현실에서 쓰지 않는 구식 말투라는 것과 둘째 소설 속 남자들이 주로 쓰는 것으로 나와서 남녀 차별과 남성의 권위 의식이 느껴진다는 것이다. 특히 후자에 대한 거부감 때문에 최근 번역에서는 남자도 '−요'를 쓰는 것으로 많이 그려진다. 하지만 하드보일드 문학 등에서 묘사되는 무뚝뚝하고 거친 남자를 표현하기 위해 '−오'를 쓰는 경우가 여전히 있다.

이지러지는 것이 도이며, 아침마다 해가 뜨는 것이 바로 도
요, 불어오는 바람도 도고, 내리는 비도 도인데, 그 도 가운
데 밥먹고 새끼치고 사는 것이 바로 상<u>도요</u>. 그것을 모르고
없는 도를 산에서 구하려는 사람들이 <u>우습소</u>. 술은 또 무엇
이 술<u>이오</u>?

— 김수용, 『격암유록』

ㄷ. 비엔나라고 불리던 작은 고장이<u>었소</u>. 로다와 프랭크 윌리엄즈
부부가 나를 데려다가 여섯 명의 다른 식구들과 함께 길러주
었지. 로다 부인이 날 데려갔을 때, 그 집 막내는 삼 개월이었
고 그와 나는 다른 어떤 형제보다도 가깝게 지냈지. 빅토리가
그의 이름이<u>었소</u>. 빅토리 윌리엄즈. 로다 부인은 그녀의 아버
지 이름을 따서 나를 조셉이라고 <u>불렀소</u>. 그러나 그녀도 프랭
크 씨도 나에게 성을 줄 생각은 하지 <u>않았소</u>. 그녀는 내가 친
자식인 양 꾸며대는 일은 하지 않았지. 무슨 일이 있으면 그녀
는 '너는 꼭 내 친자식 같구나'라고 말하곤 했지.

— 최인자 역, 토니 모리슨, 『재즈』

ㄹ. 모두 당신 책에 씌어 있더군. 가령 『회색 플란넬 양복의 갱』에
는 익명의 인물과 인터뷰한 내용이 나오는데, 그 사람은 암흑
가의 실태를 있는 그대로 전하고, 암흑가가 예전과는 달라졌다
는 것을 사람들한테 이해시키기 위해 당신에게 협력한 거물이
지. 알 카포네 같은 쓰레기는 더 이상 존재하지 않는다고, 자
기는 그저 사업가일 뿐이라고 말했던데, 나는 그 사람을 직접
만나서 그가 즐겨 쓰는 표현 몇 가지를 알았지. 그래서 그의
정체를 알아내는 건 그리 어렵지 <u>않았소</u>. 책의 내용을 보아도
그가 빅터 콘티니라는 건 의심할 여지가 <u>없소</u>. 당신을 그림 속
에 집어넣는 데 필요한 것은 당신과 콘티니를 잇는 연결고리
뿐이었지.

— 김석희 역, 폴 오스터, 『뉴욕 삼부작』

(30ㄱ)은 시에 사용된 예이다. 여기서는 일탈적인 문체로서 사용되었다. 「오감도」의 다른 시들은 '-다' 체가 사용되었는데 이 시만 '-오' 체가 사용된 것 역시 일탈성을 보여주는 셈이다. (30ㄴ)은 역사 소설, (30ㄷ, ㄹ)은 외국 번역 소설이다. 여기서 화자들은 모두 남자이다. (30ㄴ)의 '-오'는 과거 인물의 말투와 분위기를 나타내기 위한 문체로 사용된 것이고 (30ㄷ, ㄹ)의 '-오'는 나이 든 남성 화자의 진중한 말투를 나타내기 위한 문체로 사용된 것이다.

소설 대화에서는 '-오'가 주로 연장자, 남자, 상급자 등 권력(power)을 가진 화자가 쓰는 것으로 나타난다. 번역 소설은 특히 남성 화자의 발화에 '-오' 체를 사용한다. 이 경우 자신감·진중함·권위 등을 내포하게 된다. 여성 화자는 대신 '-요' 체를 쓰는 것으로 서술된다. 여성 화자가 '-오'를 사용할 경우 독자는 발화자를 남성 화자로 오해하기도 한다. 이는 문자 텍스트가 억양 등을 수반하지 않으므로 제한된 문자 정보로만 맥락을 파악해야 한다는 한계에서 비롯된 현상으로 보인다.

다음은 동일한 원문을 각각 '-요' 체와 '-오' 체로 번역한 예이다.

(31) ㄱ. "그 여자는 여기서 일을 하고 있었더랬어. 아주 귀여운 여자였지. 자아, 같이 올라가세."
"가지요." 나는 말했다. "갈 테니까 제발 번쩍 들어올리는 것만은 그만둬 줘요. 난 병신이 아니니까 걸어가게 해줘요. 나도 이제 어른이니 변소에도 혼자 갈 수 있단 말이오. 그러니 나를 운반해 가는 것만은 그만둬요."
—장백일 역, 레이먼드 챈들러, 『필립 마로우의 우수』

ㄴ. "그애가 여기서 일했었어. 얼마나 귀여운 여자였는데. 나랑 같이 위에 올라가자고, 응?"
"알았소." 나는 고함을 쳤다. "당신하고 같이 올라가 주지. 하지만 나를 안고 갈 생각은 <u>마시오</u>. 걸어가게 놔두란 <u>말이오</u>.
나도 다 컸으니까. 화장실도 혼자 갈 수 있고 뭐든 혼자 할 수
<u>있다고</u>. 나를 들고 가지만 말란 <u>말이오</u>."

—박현주 역, 레이먼드 챈들러, 『안녕 내 사랑』

(31ㄱ)과 (31ㄴ)은 같은 외국 소설을 번역한 각기 다른 번역본이다. '나'
는 덩치도 크고 힘도 센 성인 남자이나 자신보다 강한 거인을 만나 휘둘
린다. 이 상황에서 (31ㄴ)의 '-오'와 비교할 때 (31ㄱ)의 '-요'가 더 약
자의 인상을 준다. (31ㄱ)의 번역자는 약자의 인상을 강화하기 위해 의도
적으로 '-요'를 선택했다.

소설 속 대화는 일반적인 구어와는 다른 각도에서 보아야 한다. 비록
외관은 두 사람이 주고받는 음성 대화이지만 실제의 대화와 달리 소설
속 대화는 작가가 면밀하게 표현 형식을 선택하여 소설 문체의 일부로
서 구성한 결과물이다. 또한 화자—청자 관계가 다른 텍스트와 다르다.
상위 텍스트에서는 텍스트 생산자, 즉 작가 또는 번역가가 화자이며 이
텍스트를 읽는 독자가 청자이다. 그렇지만 하위 텍스트인 대화는 작중
인물들이 화자와 청자가 된다. 그 결과, 대화에 나타나는 종결체는 청자
지향성이 높지만 실질적인 청자인 독자에게는 청자 지향성이 느껴지지
않는다. 독자는 발화의 바깥에서 객관적인 시선으로 화자의 태도와 말투
를 평가하게 된다. 작가는 작중 인물을 화·청자로 가정하여 작중 인물의
사회적 맥락에 맞게 대화를 만들지만 동시에 독자를 청자로 의식하기 때
문에 독자의 지식과 인식 상태에 맞춰 형식을 선택한다. 따라서 작가의
개성에 따라 소설 속 대화에서도 독특한 개성이 드러나며 이것이 소설 텍
스트 전체의 인상이나 분위기를 결정한다.

'-요'는 특히 사회적 약자인(powerless) 언어 사용자를 나타내는 표지로

활용된다. 물론 청자높임법 등급에서 합쇼체나 하오체보다 해요체가 낮기 때문이라는 설명도 있을 수 있다. 그러나 현대 국어에서 해요체는 등급 외의 것으로 간주되어 비격식체로 설명된다. '-ㅂ니다'나 '-오'를 쓸 수 있는 곳에 의도적으로 '-요'를 쓰는 경우가 많다.

(32) "물론 알려드릴 <u>겁니다</u>. 모든 내역을 상세하게 받아 보실 <u>겁니다</u>. 그러고서 마땅치 않으시면, 그때 지적하셔도 <u>됩니다</u>."
"그럼 착수금으로는 얼마나 <u>낼까요</u>?"
"백 달러면 될 <u>겁니다</u>." 나는 대답했다.
"<u>그러지요</u>." (…중략…)
"부인과 같은 지위의 사람들로부터는 반드시 착수금을 받을 필요는 <u>없습니다</u>."
"말로 씨, 난 마음이 강한 여자<u>예요</u>. 그렇지만 나한테 겁먹지는 말<u>아요</u>. 나한테 겁먹을 정도라면 당신은 내게 별 쓸모가 없을 테니."
―박현주 역, 레이먼드 챈들러 『하이 윈도』

(32)은 외국 소설의 번역 텍스트인데 젊은 남자와 늙은 여자의 대화로, 여자가 남자를 고용하려고 하고 있다. 번역문의 경우 원문에 없는 높임법을 우리말로 어떻게 표현하는가는 전적으로 번역자의 선택의 문제이다. 번역자는 남자는 철저하게 '-ㅂ니다'를, 여자는 '-요'를 사용하도록 했다.

(32)′ "물론 알려드릴 <u>거예요</u>. 모든 내역을 상세하게 받아 보실 <u>거예요</u>. 그러고서 마땅치 않으시면, 그때 지적하셔도 <u>돼요</u>."
"그럼 착수금으로는 얼마나 <u>냅니까</u>?"
"백 달러면 될 <u>거예요</u>." 나는 대답했다.
"그러지요."
(…중략…)

"부인과 같은 지위의 사람들로부터는 반드시 착수금을 받을 필요는 <u>없어요</u>."
"말로 씨, 난 마음이 강한 여자<u>입니다</u>. 그렇지만 나한테 겁먹지는 <u>마십시오</u> 나한테 겁먹을 정도라면 당신은 내게 별 쓸모가 없을 테니."

(32)´처럼 양쪽의 종결형을 바꾸었을 때 두 인물에 대한 인상이 크게 달라진다. 물론 높임의 등급에서도 차이가 나긴 하지만 남성과 여성의 구별이 잘 되지 않는다. 여자는 훨씬 나이도 많고 재산과 권력을 가진 상급자인데도 젊고 가난한 남자에게 하는 말을 '-요'로 표현하게 되는 것이다. 현실에서는 남성도 대화할 때 여성만큼 '-요'를 많이 쓰기 때문에 이런 텍스트 생산자의 선택이 현실을 충실히 구현하려는 노력이라기보다는 문자 텍스트에서 남성과 여성의 발화 특징을 극단화하여 청자가 두 대화자를 구별할 수 있도록 마련한 장치라 할 수 있다.

3.2.2.1. 대표 종결형

'-오' 체의 대표 종결형으로는 '-오/-았소'가 있다. 형태면에서 대우법의 하오체와 다를 바가 없다.

(33) 잘 쓴 글이오. 글씨에도 힘이 넘치는구려. 이 글을 보니 이 만호가 얼마나 꼼꼼한 사람인 줄 알겠소이다. 허나 너무 억울해하진 마시오. 이렇게 힘든 상황이었다면 그대의 말대로 누구라도 졌을 것이오. 이 원균이 나섰더라도 말이오. 북병사도 그것 때문에 이 만호를 꾸짖는것은 아니라오.
— 김탁환, 『불멸』

역사소설의 대화문에서는 '-오' 종결체가 현대소설보다 훨씬 많이 사용된다. 이것 또한 '-오'가 장르 표지로서 기능하는 예이다. 만약 소설 속의 대화가 현실 발화를 충실히 구현하는 것이라고 가정하면 당시 구어의 기록이 거의 없는 과거의 대화에서 실제로 하오체가 역사소설에서처럼 지배적인 어체로 쓰였는가 하는 것은 확언할 수 없는 문제이다. 다만 현재 구어에서 하오체가 거의 나타나지 않아 하오체가 현대 구어와 다른 의고적 어체로 인식되고 역사소설이나 TV 사극 등에서 하오체를 쓰는 것이 장르의 관습이 되어 언중이 역사소설이라는 장르를 접할 때 하오체를 쓸 것이라는 기대감을 갖기 때문에 '-오'가 선택되는 것이다.[48]

'-요' 체의 대표 종결형은 '-어요'라고 할 수 있지만 소설 대화에서 나타나는 '-요'는 대우법의 해요체와 똑같기 때문에 반말체와 다를 바가 없다.

3.2.2.2. 기타 종결형

'-오' 체의 기타 종결형으로는 '-리오/ -더이다/ -소이다/ -소이까/ -구려' 등이 있다. 이들은 거의 역사소설의 장르 표지로만 사용된다. 역사소설의 대화에 이러한 종결이 쓰이는 것은 의고체의 성격이 강하기 때문이다. 하지만 의고적인 표현으로서의 '-오' 체가 특정 장르에서 활발하게 쓰이면서 그 장르 문체의 특징을 대표하는 지위를 얻게 되었다고 할 수 있다.

'-오' 종결체는 청자 대우법 등급에서 비롯한 것이므로 통합 어미에 제약이 많다. 따라서 반말체로 양태를 나타내는 '-군/ -군요/ -지/ -지요'가 함께 쓰인다. 이런 양상에서도 반말체가 대우법 체계와 독립적으로 존재하는 체계임을 확인할 수 있다.

---

48) 최근에는 TV 사극에서도 현대성을 가미하여 하오체를 줄이고 해체나 해요체를 많이 쓰는 경향이 있다. 인터넷 게시판 등에서는 이런 시도에 낯설어하고 사극답지 못하다고 하는 시청자의 반응이 종종 보인다.

(34) ㄱ. 길을 떠나 배움을 구하는 것도 의미 있는 일이 되<u>겠지요</u>. 그러
　　　나 그 배움이 여전히 서책 속에 갇혀 있는, 그리고 수백 년 전
　　　과 비교해도 별반 차이가 없는 것이라면 무슨 의미가 있<u>겠소</u>.
　　　우리 주변을 둘러보<u>시오</u>.

— 최병선, 『동무 이제마』

　　ㄴ. 덕망이 두텁다면 더욱 살려둘 수가 <u>없지</u>. 관리를 보내어 불충
　　　죄로 사형을 통고하<u>시오</u>.

— 김병총, 『소설 사기』

(34)의 예에서는 '−지 / 지요'가 나타난다. (30)과 (31)의 예에서도 반말체 종결을 찾을 수 있다. 이들 반말체가 나타내는 양태의미를 하오체에서는 대신할 형식이 없기 때문에 이런 양상이 자주 보인다.

현재는 잘 쓰이지 않지만 '−더이다'가 있다.[49] 이 역시 역사소설에서만 볼 수 있는 장르 표지라고 할 수 있다.

(35) ㄱ. 어떤 사람이 수단방법을 가리지 않고 축재를 하더니 양반 족보
　　　하나를 떡하니 사서는 갓 쓰고, 도포 입고 다니고 있소. 한술
　　　더 떠서 조강지처를 내몰고 몰락한 반가의 규수를 재물을 들
　　　여 데려와 부인으로 삼더이다.

— 최병선, 『동무 이제마』

'−요' 종결체는 다른 문체와 달리 기타 형식이 따로 없다. 반말의 특성상 자유롭게 '−요'가 결합하기 때문이다. '−군요 / −지요 / −거든요 /

---

49) 인터넷에서는 '−더이다'가 유행되기도 하였다. 주로 여성들이 사용했는데 여성 네티즌
사이에서도 불쾌감을 표시하는 일이 많았다. 특수한 일탈 문체에 대한 거부감으로 보인
다. 이와 비슷하게 하오체가 디시인사이드 등의 특정 사이트에서 유행하기도 했는데,
이런 특수 문체는 인터넷에서 주로 특정 사이트를 중심으로 퍼지는 경향을 보인다. 이
런 현상만을 볼 때는 인터넷의 유명 사이트가 각기 언어적인 섬과 같은 양상을 보인다.

-네요 / -ㄹ까요 / -ㄴ가요 / -거예요' 등이 사용된다.

3.2.2.3. 텍스트 유형

앞에서 밝혔듯이 '-오' 체와 '-요' 체는 소설·희곡의 대화에서 나타나는 것이고 현실의 대화 상황을 가정한 것이므로 그 대화 자체는 연계성이 강하고 청자 지향성이 강한 텍스트이다. 다만 '-오' 체가 역사소설과 번역소설에서 특징적으로 선택된다는 것이 특기할 문제이다.

소설·희곡 외에 '-오' 체가 사용되는 텍스트로는 정형적 텍스트에 가까운 지시문이 있다. 주로 행위 지시를 목적으로 하는 표지판, 시험 문제 등에 '-오'가 사용되기도 한다. 이것은 단절성이 매우 강하지만 청자의 행동을 요구하는 언화 행위의 텍스트이므로 일방적인 명령문에 청자에 대한 최소한의 대우를 부가한 결과로 볼 수 있다.

> (36) ㄱ. 쓰레기를 버리지 <u>마시오</u>.
> ㄴ. 다음 물음에 <u>답하시오</u>.

3.2.3. '-네' 종결체

본서에서 논의의 대상으로 삼는 '-네'는 하게체의 '-네'와 구별되어야 한다. 지금 논의의 대상이 되는 것은 시 / 노래 텍스트에서만 나타나는 '-네'이다. 이것의 정체는 뚜렷이 밝혀지지 않았으며 하게체의 '-네'이냐 반말체의 '-네'이냐도 분명치가 않다. 박재연(1998) 등 반말 연구에서도 이 용법의 '-네'에 대해서만은 불분명한 의문을 남겨두고 있다. 그렇지만 '-네'가 시에서 쓰일 때 그 시에는 화계가 나타나지 않는다는 사실을 고려한다면 이것은 화계보다는 반말에 가깝다고 보아야 할 것이다. 이에 대해서는 뒤에서 자세히 논하고자 한다.

'-네' 체는 특수한 텍스트 장르에서 쓰이는 문체이다. 시와 노래 가사, 즉 운문 텍스트에서만 쓰인다. 이것을 문법적으로 설명하는 것은 별의의가 없다. 하지만 문체론의 관점에서는 운문 텍스트라는 특성과 강하게 결부된 종결부이므로 주목할 필요가 있다. 이 문체가 특별히 분류된 것은, 다른 것과 달리 특정 텍스트 장르의 표지 역할을 하기 때문이다. 특정 텍스트와 강하게 결부되었다는 사실은 단순히 이러한 형태가 그 텍스트에서 많이 쓰인다고 설명하기보다는, 뒤집어서 이 형태가 그 텍스트를 결정짓는 장르 표지로서 기능한다고 설명하는 것이 유용하다. 화용론과 텍스트 언어학에서는 담화 표지, 화용 표지라는 개념을 사용하고 있는데 문체론에서는 텍스트 장르 표지, 문체 표지라는 개념이 가능하다. 문체 형식만 보고 장르를 판별하는 것은 쉽지 않은 일인데 '-네'는 거의 유일하게 시 또는 노래 가사라는 판단을 가능케 하는 표지이다.[50] 또한 단절성과 화자 지향성이 강하여 발화의 교환이 전혀 일어나지 않는다.

이러한 '-네' 체의 특성을 주목하고 본격적으로 논한 것은 문학 쪽의 연구로 고순희(1998ㄱ·ㄴ, 2001ㄱ·ㄴ)가 있다. 민요와 전통시가에서 나타나는 '-네' 종결을 해당 장르의 특성을 드러내는 문체로 보았다. 이 연구에서 흥미로운 점은, 시조와 민요에 나타나는 종결부를 비교하며 시조는 감탄형 어미가 많이 쓰이고 선어말어미가 다양하게 나타나는 반면 민요는 어말어미가 시조보다 다양하며 대신 선어말어미가 적어 어휘 중심

---

50) 이용남(1996 : 426)에서는 문학의 관점에서 문체를 논하며 작가는 일상 언어와 다른 시적 언어의 낯섦을 문체 장치(stylistic device)를 통하여 독자를 통제함으로써 구현한다고 하였다. 이 논문에서는 황순원 작품 속의 방언을 이러한 문체 장치로 파악했는데 '-네' 체와 같은 특수한 종결형도 문체 장치라고 할 수 있을 것이다. 또한 Underwood(1915)는 정형시에 나타나는 '하네/하게/하세'를 들어 대우법의 낮춤의 의미를 전혀 보이지 않는 특수한 시적 형태라고 하였다.

의 간결하고 소박한 문체를 형성한다고 본 것이다. 선어말어미를 적게 쓰는 대신 '-네'가 반말과 하게체의 기능을 모두 가지며 경제적이며 공동체적인 언어로서 기능하여 민요의 독특한 문체로 자리잡았다고 해석하였다. 또한 민요는 현재형이 주로 쓰이며 과거시제라도 '왔네'와 같이 쓰이는데 '-네'가 가지는 현재지각의 의미 때문에 현재성이 유지된다고 해석하였다. 그러나 '-네'가 현재 지각의 의미를 가진다는 것은 장경희(1985)의 견해를 따른 것인데 운문 텍스트에서의 '-네'와는 성격이 다른 경우로 보인다.

다음은 고순희(1998ㄱ·ㄴ)에서 제시한 자료로, 18~19세기 민요와 찬송가 번역에 나타난 '-네'의 모습을 보여준다.

(37) ㄱ. 밍타는 열흘 만에 나라하네 나라하네
　　　 채리라네 채리라네 구름한쌍 잉에걸려
　　　 앞다릴랑 돋아놓고 뒷다릴랑 낮게놓고
　　　 대추나무 바드집에 알캉달캉 딸치다가
　　　 붐장왔네 붐장왔네 어마죽어 붐장왔네
　　　 사랑문을 반만열고 아배아배 싀아배야
　　　 큰방문을 반만열고 어마어마 싀어마야
　　　 갈라누나 갈라누나 어마죽어 갈라누나
　　　 애라요년 요망한년 다짜놓고 가라하네
　　　 다짜놓고 가라하니 씻거놓고 가라하네

　　　　　　　　　　　　　　　　　　　　— 시집살이노래

　　　ㄴ. 어와세상 벗님닉야 이늬말슴 드러보쇼 지븐에논 어른잇고 ㄴ
　　　 라에논 임군있네 네몸에논 령혼있고 ㅎ늘에난 텬쥬있네 부모
　　　 의게 효도ㅎ고 임군에난 충성ㅎ네 슴강오륜 지켜가ㅈ 텬쥬공
　　　 경 웃쯤일셰

　　　　　　　　　　　　　　　　　　— 이벽, 「天主恭敬歌」, 1799

ㄷ. 1. 텬ᄉ브롬 드르샤 죄인이 은혜닙어 새왕끠영광치하 쥬지와
　　　화친ᄒ네
　　　크고적은나라히 깃브게 화답ᄒ네 니러나 찬숑ᄒ게 벳레헴
　　　예수낫네
　　2. 예수영셩쥬되니 놉흐신몸을 보고 텬ᄉ가경비ᄒ네 만민도하
　　　례ᄒ셰
　　　의로은혜예수는 만민을빗최시고 우리게영셩주니 태평왕치
　　　하ᄒ셰
　　3. 예수춤신외아돌 하늘셔셰샹ᄂ려 쳐녀몸에나시니 사롬몸닙
　　　으셧네
　　　사롬죽잔케나고 인싱놉히게나고 거듧살게나시니 태평왕치
　　　하ᄒ셰
　　　　　　　　　　　　　　　—Horace Underwood 역, 「救主降生」, 1894

　이 연구에서는 '-네'가 공동체 의식을 반영하는 민요의 문체이며 시
조, 가사 등 지배층의 정서와 고정된 장르 의식을 가진 장르에서는 별로
받아들여지지 않았음을 지적하고 있다. 고순희(2001ㄱ)에서는 더 나아가,
민요 쪽에서 주로 나타나기 시작한 '-네'가 언더우드의 찬송가 번역에
적극적으로 쓰이면서 민중과 가까운 시가의 대표적인 문체로 자리잡기
시작했으며 초기 시 번역의 선구자였던 김억이 이를 좀 더 확대하여 지
배층의 문화인 한시 번역에 압운 효과를 위해 외도적으로 쓴 결과 상층
과 하층 문화의 장르 문체가 동일해진 결과가 되었다고 보았다.

3.2.3.1. 대표 종결형

　대표 종결형은 '-네'이다. 국어사전에서의 뜻풀이에는 이러한 시/노
래 가사 텍스트의 용법이 반영되어 있지 않다. 윤석민(2000)에서는 김
소월의 「산유화」를 예로 들면서 단순한 정보 전달이 아니라 사실에 대한

화자의 정감적 태도가 강하게 드러나 있다고 하였고 박재연(1998 : 75~76)
은 반말체에 가깝다고 하면서도 하게체에서만 가능한 '－다네'가 시에서
가능하고 시는 문어체이므로 구어체에서만 쓰인다는 반말의 정의에 어긋
난다는 사실 때문에 뚜렷한 설명을 하지 못하였다. 그러나 시·노래 가사
텍스트에서 '－네'가 정감적 태도를 드러내기 위해 쓰였다고 하기는 어
렵다.

(38) ㄱ. 빛 바랜 늙은 솔에 허연 햇살
　　　흰 돌 자갈밭에 채알을 <u>쳤네</u>
　　　(…중략…)
　　　펄럭이는 쾌자자락 새파란 무당
　　　분 먹인 얼굴에 서슬 <u>세웠네</u>

　　　　　　　　　　　　　　　　　　　—신경림, 「백서(白書)」

ㄴ. 안인심 후하다는 큰마님
　　그 웃음이 나는 <u>싫네</u>.
　　백옥 같은 흰 살결
　　벌레 보듯 나를 보는
　　삼단 같은 머리채의
　　큰애기씨 나는 <u>싫네</u>.

　　　　　　　　　　　　　　　　　　　—신경림, 「농무」

ㄷ. 산 너머 남촌에는 누가 살길래
　　해마다 봄바람이 남(南)으로 <u>오네</u>.//
　　꽃 피는 사월이면 진달래 향기
　　밀 익는 오월이면 보리 내음새,//
　　어느 것 한 가진들 실어 안 오리.
　　남촌서 남풍 불제 나는 좋데나.

　　　　　　　　　　　　　　　　　　　—김동환, 「산 너머 남촌에는」

ㄹ. 새벽종이 울리네 새 아침이 밝았네
    너도 나도 일어나 새마을을 만드세.

    —「새마을 노래」

ㅁ. 그대 내 맘에서/ 떠나가 버렸네/ 사랑을 남긴 채
    그대 내 맘에서/ 떠나가 버렸네/ 아쉬움 남긴 채
    외로운 이 내 마음에/ 사랑을 남긴 채/ 떠나가 버렸네
    내 맘 속의 그대는/ 떠나가 버렸네/ 사랑했던 그대는

    —김현식 작사,「떠나가 버렸네」

(38ㄱ)은 '－했네'가 쓰인 예이고 (38ㄴ)은 '－하네'가 쓰인 예이다. '－하네'는 '－하다'와 거의 비슷한 용법을 보인다. 만약 (38ㄴ)을 행을 바꾸지 않고 산문처럼 고치면 다음과 같다.

(38) ㄴ'. 안인심 후하다는 큰마님, 그 웃음이 나는 싫네. 백옥 같은 흰
        살결, 벌레 보듯 나를 보는 삼단 같은 머리채의 큰애기씨 나
        는 싫네.
    ㄴ". 안인심 후하다는 큰마님, 그 웃음이 나는 싫다. 백옥 같은 흰
        살결, 벌레 보듯 나를 보는 삼단 같은 머리채의 큰애기씨 나
        는 싫다.

이 경우에도 문단 형태만 보아서는 산문인지 운문인지 구별할 수 없으나 '－네'의 존재로 운문이라는 판단이 가능하다. 앞에서 언급했듯이 외국의 노래나 시를 번역할 때 '－네'를 쓰는 일이 많다. 실제로는 '－다', '－ㅂ니다', '－어' 등이 다양하게 나타남에도 불구하고 '－네'가 운문의 표지 역할을 한다. 위의 예들에서 '－네'는 '－다', '－ㅂ니다', '－아/어', '－지' 등 다른 종결어미와 충분히 교체 가능하고 이때 의미 변화는 거의 없다. 이것은 흔히 반말의 '－네'와 구별되는 점이며 또한 '－요'가

결합되기 어렵다는 점에서 반말의 범주에서 논의할 수 없다.[51]

(38ㄷ)은 시이면서 노래로도 잘 알려진 텍스트이고 (38ㄹ)과 (38ㅁ)은 노래 가사이다. 시보다 노래 가사에서 '-네'가 많이 쓰이는데 이것은 '-네'가 종결부에 반복하여 나타날 때 운율을 느끼기 쉽고 받침이 없는 개음절인 데다가 초성에 유성음 /ㄴ/이 있어 음의 지속성이 더 강하기 때문이라 할 수 있다. 노래에서 문장 종결부는 악절의 종지부와 대응하기 때문에 음을 길게 끌어야 하므로 개음절 종결어미가 올 때가 많다. 시는 근원적으로 노래와 깊은 관련이 있으므로 이러한 특성이 비슷하게 나타나며 특히 김소월 등 민요시의 성격이 강한 작품에서 '-네'가 많이 쓰임을 알 수 있다.[52] '-네'는 노래의 성격이 약한 현대시에서는 그리 자주 볼 수 있는 형식이 아니다. 80년대 이후 현대시에서는 오히려 '-다' 종결체가 지배적으로 나타난다.

번역시에 '-네'가 많이 나타나는 것은 중요한 의미가 있다. 시 장르 특성은 연과 행의 나눔, 비일상적인 어휘 연쇄, 구의 대칭 등 다양한 면에서 드러난다. 그런데 외국 시를 번역할 경우 우리말로 쓰인 시만큼의 장르 특성을 살리기가 어렵다. 특히 한시(漢詩)는 아주 간결하며 번역을 했을 때 한 글자에 담긴 개념적 어휘 의미 이외에 정서적 의미나 운율을 반영하기가 매우 어렵다. 그렇기 때문에 한시는 종결부에서 시 장르 특성을 강조하는 일이 많다.

---

51) 물론 노래 가사에서는 '-네요'가 나타나지만 (38)의 예들에서 볼 수 있듯이 자유롭게 '-요'가 결합하지는 못한다.

52) 고순희(1998ㄴ : 32)에서 모내기 노래와 시집살이 노래의 종결부를 통계적으로 분석한 결과에 의하면 '-네'가 전체의 1/4을 차지하며 평서형 종결어미 '-다'와 비교했을 때 두 배 가까이 더 많이 나타난다고 한다.

(39) ㄱ. 여기는 태자 단과 헤어진 곳
　　　그가 보낸 장사
　　　머리카락이 치솟<u>았네</u>.
　　　그로부터 몇백 년인가
　　　사람들은 사라지고
　　　오늘 내 마음에는 추운 물소리.
　　　　　　　　　　　　　—낙빈왕(駱賓王), 「송별의 강기슭」

　　ㄴ. 空山에 사람 없네.
　　　다만 어디선가
　　　사람의 말소리 들리는데
　　　저녁 노을이
　　　공산 深林에 찾아와서
　　　어두운 이끼에 비치고 있네.
　　　　　　　　　　　　　—왕유, 「고요」53)

또한, 외국시 가운데 노래의 성격이 강한 시를 번역한 경우에는 특히 '-네'를 사용한 예가 많다. 물론 '-리 / 리오'나 '-구나' 등을 사용한 경우도 많지만 '-네'가 일반적이라 할 수 있다.

(40) ㄱ. 내 입맞춤은/ 깊이 틈새 벌린 석류,/ 네 입술은/ 종이 장미였
　　　다네.//
　　　눈 덮인 들녘 땅.//
　　　내 양손은/ 모루를 향한 무쇠/ 네 육신은/ 종소리 울리는 낙조
　　　였다네.//
　　　눈 덮인 들녘 땅./ 구멍난 푸른빛 해골 속에/ 종유석은/ 사랑하

---

53) 고순희(1998ㄴ)는 현재 한시 번역에 있어 '-네'를 쓰는 것이 관례가 되어 대표적인 한시 번역 종결문체가 되었다고 하였다. 또한 고순희(2001ㄱ : 49)에서는, 19세기 후반의 가사체 시가 등에서 새로운 '-네' 종결체가 나타난다는 사실을 지적하였으며, 번역체는 그 시대의 장르 인식을 반영하므로 번역 문체가 중요성을 가진다고 주장하였다.

는 당신 모습을 만들었다네.//
눈 덮인 들녘 땅.//
철없던 내 꿈들은/ 곰팡이가 가득 피고,/ 솔로몬 같은 내 고통
은/ 달에까지 사무쳤다네.//
눈 덮인 들녘 땅.//
지금 나는 나의/ 사랑과 나의 꿈을/ 정상을 향하며/ 신중히 길
들이네(눈 없는 어린 말들)

— 가르시아 로르카, 「연가」

ㄴ. 간밤 몹시 아파 나
몰랐네 내 마음 어찌 됐는지
간밤 몹시 아파 나
몰랐네 내 마음
싸구려 술에 취해
엉망이 되었네

간밤 꿈에 나
믿었네 지옥에 떨어졌다고
간밤 나 꿈꾸어 나
믿었네 지옥에 떨어졌다고
깨어서 둘러보니
마누라, 우물처럼 아가리 벌리고 있더라

나 말했지, 여보, 여보
제발 코 좀 골지 말아
여보 제발
코 좀 골지 말아
철딱서니 없는 여편네인 줄 알지만 당신
코 고는 소리 거대한 군중 떠드는 것 같애.

— 랭스턴 휴즈, 「숙취(Mornig After)」

ㄷ. I was so sick last night I
Didn't hardly know my mind.
So sick last night I
Didn't know my mind.
I drunk some bad licker that
Almost made me blind.

Had a dream last night I
Thought I was in hell.
I drempt last night I
Thought I was in hell.
Woke up and looked around me—
Babe, your mouth was open like a well.

I said,Baby! Baby!
Please don't snore so loud.
Baby! Please!
Please don't snore so loud.
You jest a little bit o' woman but you
Sound like a great big crowd.

　　　　　　　　　　—랭스턴 휴즈, 「숙취(Mornig After)」 원문

ㄹ. 그것은 우리를 닮은 어느 노래
　너는 나를 사랑하고
　나는 너를 사랑했지
　우리는 둘이서 함께 살았지
　나를 사랑하던 너와
　너를 사랑하던 나는
　그러나 인생은 사랑하던 사람들을
　어느샌가 소리도 없이
　갈라놓아 버리고

바다는 헤어진 사람들의
발자욱을 모래 위에서 지워 버리네
고엽은 삽에 그러담기는데
추억도 후회도 그러담기는데
그러나 말없고 변함없는 내 사랑은
언제나 웃으며 삶에 감사하네
내 그대를 얼마나 사랑했던가
그대는 그토록 아름다웠지
내 어찌 그대를 잊어버리리
그때는 지금보다 인생은 더 아름답고
태양은 더 뜨거웠지
그대는 내 가장 정다운 친구였네…
그러나 후회해 무엇하리
그대가 내게 불러 주던 노래를
나 언제나 언제나 듣고 있으리니

—자크 프레베르, 「고엽」

　(40ㄱ)은 스페인의 시인 로르카의 작품 번역으로, '연가'라는 제목에서
알 수 있듯이 노래의 성격을 많이 갖고 있다. 여기서는 '–다네'를 주된
종결 형식으로 사용하였다. 이 복합형 '–다네' 역시 시에서 독특한 용법
을 지닌다. 어미 '–네'는 하게체 어미, 반말체 어미, 그리고 시의 문체
표현이 모두 형태가 같아 논의할 때 혼란을 빚어 왔다. '–다네' 역시 그
러한데 평서형 종결어미 '–다'와 '–네'가 통합했으므로 이때의 '–네'
는 일반적인 종결어미로 보기가 어렵다. '–다'를 인용의 '–다–'로 볼
수도 있겠으나 의미를 볼 때 맞지 않는다. 인용일 경우에는 '–네'를 반
말로 해석할 가능성이 생기지만 인용이 아닐 때는 하게체에만 해당한다.
다음은 인용이 아닌 '–다네'의 예들이다.

(41) ㄱ. 그래서 이렇게 된 거라네. (하게체)

　　ㄱ′. 그래서 이렇게 된 거란다.

　　ㄴ. 벌써 끝났다네. (하게체)

　　ㄴ′. 벌써 끝났단다.

　　ㄷ. 선생님이 그러시는데 시험 문제가 주관식이라네. (반말체)

　　ㄷ′. 선생님이 그러시는데 시험 문제가 주관식이라고 한다.

　　ㄷ″. 선생님이 그러시는데 시험 문제가 주관식이라고 해.

　　ㄹ. 걔는 아까 갔다네? (반말체)

　　ㄹ′. 걔는 아까 갔다고 한다.

　　ㄹ″. 걔는 아까 갔다고 해.

　　ㅁ. 네 입술은 종이장미였다네. (시 장르 표지)

　　ㅁ′. 네 입술은 종이장미였다.

　　ㅁ″. 네 입술은 종이장미였네.

　(41ㄱ)과 (41ㄴ)은 하게체인데 이를 '-다'로 바꾸면 각각 (41ㄱ)′과 (41ㄴ)′이 된다. 즉 하게체의 '-라네/-다네'는 '-란다/단다'와 같은 의미를 갖고 있다. 김태엽(2000)의 논의를 빌려오면 '-네'는 '-느-(현재시제)+이(종결소)'로 분석 가능하고 '-란다/단다'에 들어 있는 'ㄴ'이 이 '-느-'에 해당한다고 할 수 있다. 따라서 '-라/다-'는 독립된 종결어미로 대치해서 쓸 수 없다. (41ㄷ)과 (41ㄹ)은 반말체의 예로, '-다네'는 인용인 '-다고 히네'의 준말이다.

　반면 (41ㅁ)의 '-라/다'는 그 성격이 모호하다. 하게체라고 볼 수는 없고 반말체에 가깝다고 해도, 인용이 아니므로 이를 선어말어미로 보아야 할 것인지 아니면 종결어미 '-다'로 보아야 할 것인지 불분명하다. 선어말어미로 본다면 이것이 어떤 기능을 하는 선어말어미인지 정체를 밝혀야 하는데 의미로 볼 때 '-다'는 문체적 효과를 부가하는 것 이외에는 특별한 의미가 없어 보인다. 하게체의 '-라네/다네'는 완전히 하나

가 된 하게체의 대표 형태소이고[54] 반말체의 '-라네/다네'는 '-라고/
다고+-하네'가 줄어든 형식이므로 반말체 또는 시 장르 표지 '-네'가
통합된 (41ㅁ)의 '-라/다'는 이들과 구별되어야 한다. (41ㅁ)은 (ㄱ, ㄴ)
과 달리 '-란다/단다'처럼 흡사한 양태의미를 가진 다른 종결 형식으로
교체할 수 없다. 그리고 (41ㅁ)´, (41ㅁ)˝과 같이 바꾸었을 때 나타나는 변
화는 (41ㄱ, ㄴ)의 교체만큼의 변화를 가져오지 않는다.[55]

그러므로 (41ㅁ)의 '-라네/다네'는 하게체와 반말체의 '-라네/다네'와
구별되는 문체 표지로 보아야 한다. 이때의 의미는 불분명하지만 객관적인
사실을 화자의 주관이 개입하여 해석된 정보로 전달하는 것으로 볼 수 있을
것이다.[56] 이때 서술의 역동성이 줄어들고 명제의 성격이 늘어난다.

(40ㄴ-ㄷ)은 미국의 흑인 시인 랭스턴 휴즈의 작품으로, 미국 흑인의
음악인 블루스(Blues) 형식을 갖추고 있다.[57] (40ㄷ)의 원문을 보면 알 수
있듯이, 12마디 블루스의 a-a´-b 형식을 각 연마다 정확히 구현하고 있

---

54) '그래서 이렇게 된 거라'와 같이 '-네'가 빠진 형태도 나타나나 '-다네'는 이런 식으
로 나타나지 않는다. '-라'가 '-다' 종결이 일반화되지 않았을 때 지배적인 종결 형식
이었기 때문에 이런 발화가 자연스럽게 나타나는 것으로 보인다. 이때는 하게체가 아니
라 종결어미 '-다'의 기능을 대신한 것이다.

55) '-다오'도 같은 형태가 결합되어 있는데 이 역시 하게체의 '-다네'와 마찬가지로 대
우법의 등급을 표시하는 '-오'가 결합된 것이므로 (41ㅁ)의 '-라네/다네'와는 구별이
되어야 할 것이다. 또한 하게체나 하오체는 국어사전에 '친근하게 가르쳐 주거나 자랑
하는 따위의 뜻이 비칠 때가 있다'는 설명이 있는데, 시에서는 그런 뜻이 잘 나타나지
않는다. 이는 운문 텍스트의 '-라네/다네'가 청자 지향성이 약하고 화자 지향성이 강
하기 때문으로 보인다.

56) 이러한 운문 텍스트에서의 '-라네/다네'는 1인칭 주어와 함께 잘 안 쓰이는 것 같다.
(40ㄱ)에서도 마지막에는 1인칭 주어가 나오자 '-네'가 나타났음을 알 수 있어 그런
느낌이 드는데 이는 아직 확인하지 못했다.

57) 블루스는 정형화된 음악이다. 세 개의 작은악절로 이루어지며 키(key)가 C일 때 'C7-
F7-C7-C7 // F7-F7-C7-C7 // G7-F7-C7-C7'과 같은 코드 진행을 보이는데 거
의 대부분의 곡이 이 형식을 취하며 가사도 앞의 두 소절이 똑같거나 약간의 변형만
보이고 마지막 소절에서 전환을 이루거나 결론을 내는 형식을 유지한다. (40ㄷ)은 이러
한 블루스 가사의 전형적인 형식을 보여준다.

어 그대로 블루스 가사로 쓸 수 있을 정도이다. 또한 각 행마다 각운 (rhyme)이 일치하는데 이렇게 음악적 성격이 강한 시를 번역할 때는 '-네'를 써서 운율을 강조하는 것이 일반적이다. 작중 화자가 아내에게 직접 하는 말이 아닌 첫 연의 독백은 '-네'로 종결하고 있다. 이는 찬송가와 한시 번역의 전통에서 파생된 번역 태도이다. (40ㄹ)은 프랑스 시인 프레베르의 작품으로, 노래로 더 유명하다. 우리나라에서도 유명한 이 노래의 가사인 시를 번역하면서 '-지'와 '-네'를 사용하고 있다.

(42) ㄱ. 계속된 우리의 음악과 솟구치던 꿈과
　　아낌없던 나무같던 너와 지하철 속에서
　　길거리에서 교실에서 듣던 많은 CD들과
　　Headphone 힘들 때 내게 기대 쉬었었네
　　추억의 Rap 속엔 WU-TANG CLAN 사춘기의
　　나이 어른이 된 나이 한살 두살 지나가
　　이렇게 변한 나이 yeah! 여기까지 왔네
　　변치않네 깊게 굳게 믿네 Come on
　　　　　　　—언타이틀, 〈우리가 시작할때...거기엔 랩이 있었다〉

　　ㄴ. 나는 싸가지가 너무 바가지 힙합 바지 입고 나가지
　　눈부신 햇살에 찡그리며 눈을 뜨며 항상 드는 생각 아 지겨워
　　마흔 댓 살도 아니네 거울에 비친 뱃살이 너무나도 정말 힘겨워
　　나랑 너랑 하는 진짜 우리만의 사랑 나는 어디에 가든 정말
　　너무나 자랑 하고싶어 (싶어) 너무 깊어 (깊어) 지금도 너가 너
　　무 예뻐
　　(…중략…)
　　약육강식이란 사고방식 이 마치 세상을 살아가는 정식
　　그런 말도 안되는 그지 같은 형식 속에 언제나 나는 보이지
　　않는 장식
　　나는 수퍼맨 어디선가 주워낸 뭐든 할 수 있는 수퍼맨은 아니네

> 엉켜 엉켰네 설켰 설<u>켰네</u> 어디가 처음인가 우리끼리 엉켜 설
> 켜버렸네
>
> ― 김진표, 〈INCANTATION〉

(42)의 예들은 대중 가요의 랩 가사이다. 랩은 각운(rhyme)을 중요시하여 종결부에 동일한 단어나 어미를 두는 일이 많다. 여기서도 다양한 형식이 사용되는데 '―네'도 리듬을 드러내기 좋은 유표적인 어미이므로 자주 사용된다.

3.2.3.2. 기타 종결형

시와 노래 가사에는 다양한 종결형이 사용되므로 그 유형을 정한다는 것은 어려운 일이다 실제로 모든 종결 문체가 나타날 수 있다. 다만 '―다' 종결체는 노래 가사에서 많이 나타나지 않는 편인데 이것도 정도의 문제일 뿐이다. 운문 텍스트에서 '―네'와 마찬가지로 유표적으로 쓰이는 형식으로는 '―어라 / ―리 / ―노라 / ―지' 등이 있다.

> (43) 수만 호 빛이래야 할 내 고향이언만
> 노랑나비도 오잖는 무덤 우에 이끼만 푸르<u>러라</u>//
> 슬픔도 자랑도 집어삼키는 검은 꿈
> 파이프엔 조용히 타오르는 꽃불도 향기론데//
> 연기는 돛대처럼 나려 항구에 들고
> 옛날의 들창마다 눈동자엔 짜운 소금이 저려//
> 바람 불고 눈보래 치잖으면 못살<u>이라</u>
> 매운 술을 마셔 돌아가는 그림자 발자최 소리//
> 숨막힐 마음속에 어데 강물이 흐르느뇨
> 달은 강을 따르고 나는 차디찬 강 맘에 드리<u>노라</u>//
> 수만 호 빛이래야 할 내 고향이언만
> 노랑나비도 오잖는 무덤 우에 이끼만 푸르<u>러라</u>
>
> ― 이육사, 「子夜曲」

(43)에는 '-어라', '-느뇨', '-노라' 등이 나타난다. 그러나 이들은 산문 텍스트에서도 쓰이며 특별히 운문에서만 쓰인다고 할 수는 없다. '-네'와 같이 운문 텍스트 표지 역할을 할 수 없는 것이다. '-네'와 비슷하게 장르의 특성을 나타내는 것은 '-지'이다. '-느뇨'는 의고체 어미라고 볼 수 있다.

> (40) ㄹ. 그대는 그토록 아름다웠지
>   내 어찌 그대를 잊어버리리
>   그때는 지금보다 인생은 더 아름답고
>   태양은 더 뜨거웠지
>   그대는 내 가장 정다운 친구였네...
>   그러나 후회해 무엇하리
>   그대가 내게 불러 주던 노래를
>   나 언제나 언제나 듣고 있으리니

'-지'는 '-네'와 함께 나타나는 일이 많다. 화자 지향성이 강하고 운율을 잘 나타내 주기 때문이다. 이들 종결어미에 대해서는 장경희(1985), 한길(1986), 박재연(1998, 2004) 등의 논의가 있었는데, '-지'는 [미리 앎]과 [聽者旣知]의 의미를 갖고 있어 독백 상황에서는 화자 자신을 청자로 하여 화자 자신의 내면의 지식을 확인하는 것으로 파악하였고 '-네'에 대해서는 [현재 지각], [새로 앎]의 의미를 갖는 것으로 파악하였다.[58] 그러나 시·노래 가사 텍스트에서는 이러한 해석이 들어맞지 않는다. '-지'를 '-어'로 교체해도 의미에 변화가 없다.

> (42) ㄴ'. 나는 싸가지가 너무 바가지 힙합 바지 입고 나가지

---

58) '-지'와 '-네' 등의 반말체 어미에 대해서는 뒤의 4장에서 다시 논할 것이다.

> 눈부신 햇살에 찡그리며 눈을 뜨며 항상 드는 생각 아 지겨워
> 마흔 댓 살도 아니네 거울에 비친 뱃살이 너무나도 정말 힘겨워

(42)과 같은 예에서는 각운을 맞추기 위해 '−지'를 사용했고 이런 용법으로는 어떠한 양태의미를 나타내지도 않는다. 다만 문장의 논리적 관계에 있어 선행 문장을 '−지' 종결의 후행 문장이 보충하는 기능을 보이기는 한다. 음성 발화에서 이런 모습이 나타난다.

  (44) 내게도 추억이 있어. 10년도 더 된 <u>일이지</u>.

그러나 시에서 '−지'가 많이 쓰이는 요인을 '−지'가 가진 발화 특성에서 찾는다면 '−지'가 화자 지향성이 매우 강한 종결어미라는 점을 들 수 있을 것이다. 독백과 내면 고백의 성격이 강한 시에서 '−지'가 쓰이는 것은 자연스러운 일이다. 또한 '−네'와 '−지'는 각운을 맞추는 데도 좋기 때문에 시에서 선호된다.

'−도다/ −로다/ −누나'와 같은 의고체의 종결어미도 운문 텍스트에 나타나는데 시조나 옛 시가(詩歌) 번역에 주로 나타난다. 이에 대해 고순희(2001ㄴ)는 지식인층의 전유물이었던 시조와 한시 번역에 있어서는 민요와 개화기 찬송가 번역 과정에서 정착된 '−네'보다 '−도다/ −로다/ −이라' 등의 종결어미를 사용하는 것이 장르 특성에 맞다는 주장을 한 바 있다. 이러한 종결부의 선택이 장르 특성과 연관이 있다는 면에서 고려해 볼 여지가 있다.

  (45) ㄱ. 손 흔들며 흔들며 그대 떠나니
       말조차 히힝 울며 이별을 아쉬워<u>하누나</u>.
                                  ─이백, 「벗을 보내며」

ㄴ. 가을 구름

어느덧 겹겹이 어둠이 덮혔도다.

―이백, 「蜀僧 濬의 금 타는 소리를 듣노라」

이미 '―네' 체가 시·노래 가사 등 운문 텍스트에서 장르 표지의 기능을 한다는 사실을 밝혔다. '―네' 체는 장르와 분리해서 논할 수 없는 문체이므로 특별히 텍스트 유형에 대해 언급할 필요는 없을 것으로 보인다.

3.2.4. 명사 및 명사형 종결체[59)]

장경현(1995)에서는 메모나 전보문, 고지문 등의 텍스트에서 주로 볼수 있는 '―ㅁ', '―기', '―ㄹ 것' 종결문과 서술 동사 없이 명사만으로 종결되는 종결문에 대하여 논의하면서 이들은 그 자체로 완결성을 가지므로 단순히 예외적인 현상이나 생략문으로 볼 수 없다고 주장하였다. 이런 문체는 소형문, 불완전 문장이라고 하는 극도로 중화된 형태의 텍스트에 쓰인다.

(46) ㄱ. ○○○ <u>지음</u>.

ㄴ. 10시에 도착 <u>예정임</u>. 시간 맞춰 준비할 <u>것</u>.

단절성과 화자 지향성이 강한 텍스트에서 쓰이는데[60)] (46ㄴ)과 같이

---

59) 명사·명사형 종결문은 한문 문장을 국어 문장과 섞어 쓰면서 나타난 현상일 가능성이 있다. 한문 문장을 국어 문장으로 대치하면서 국어 체계 내에서 한문 문장이 가지는 명사문으로서의 특성이 명사·명사형 종결문으로 전이되어 나타났다고 볼 수 있다. 민현식(1994ㄴ) 등 개화기 문체 연구에서는 '―ㅁ' 명사화 문장이 한문 번역투에서 비롯했다고 보는데, 이것이 '―이다'와 통합하면서 명사형 종결과 '―ㄴ 것이다'로 발전했을 가능성도 있다. 이에 대해 김흥수 교수는 알타이 어에서 나타나는 명사문이나 이두의 명사적 종결 형식과의 연관성에 대해 지적해 주었다. 이 자리를 빌려 감사드린다.

지시하는 글에서는 청자 지향성이 얼마간 나타난다. 그러나 청자높임법을 쓰지 않았으며 청자가 적극적으로 기호 해독 행위를 하도록 만든다는 점에서 청자 지향성은 매우 약하다고 할 수 있다. 또한 매체 제약성이 강하지만 비교적 다양한 텍스트에 쓰이는 편이다. (46)과 같이 고정된 형식으로 굳어 텍스트 표지의 기능을 하기도 한다.

이러한 종결형은 문학 텍스트 등에서 의도적으로 쓰여 독특한 정서적 인상을 남긴다.[61)]

> (47) ㄱ. 2月 6日, 일요일 10時 5分 前 起床. 커튼을 걷고 창 밖을 내다 봄. 거리는 安寧함. 安寧한 거리에 하품 나옴.
> — 오규원, 「나의 데카메론」
>
> ㄴ. 1인 3역을 맡은 피터 셀러스의 탁월한 변신을 눈여겨 볼 것. … 각각의 주제 음악으로 슈트라우스 등의 관현악 차용과 자막 삽입이 이를 증명. 이 영화는 자칫 잘못하면 인간 VS. 컴퓨터의 투쟁으로 곡해할 수 있다. 그러나 … 설정임. … 그럼 무엇이 이 작품을 이토록 과격하게 만드는가? 그것은 … 안티히어로의 탄생을 야기시켰기 때문. 이래서 <시계 태엽 오렌지>는 … 해석으로 읽혀야 함. … 큐브릭의 스타일이 가장 광채를 발하는 걸작임에 틀림없다.
> — 영화 평론

---

60) 김흥수(1993 : 14)는 이러한 '-ㅁ' 종결 구문이 서술성, 청자 관련성·지향성이 약한 대신 추상적 명제성이 강하여 절대문과 문체적 관계에 있다고 했으며, '-ㅁ' 종결문이 장르와 발화 상황에 따라 나타나는데 주로 요약적 해설·주석·공고·선언·공식 기록 등에서 나타난다고 하였다. 또한 김흥수(1995)에서는 통사 기능이 미약한 대신 담화·문체 기능이 두드러진 것으로, 그 쓰임이 특정 화맥에 제한되어 있어 그 기능이 미치는 힘이나 범위가 제한되어 있다고 하였다.

61) 이런 효과는 상호 텍스트성에 의한 것인데 원 텍스트와 새 텍스트의 특성이 뚜렷하게 드러나야 성공할 수 있는 효과이다. 전보문이나 요약문, 메모 등의 텍스트 특성이 종결부에 의해 시 텍스트에 전이되어 일탈 문체로서의 효과를 낳는다.

(47)의 예들은 매우 예외적이다. 보통의 시 텍스트나 평론 텍스트에서는 보기 어려운 문체이나 여기서는 특수한 효과를 위해 쓰였다. 그러므로 이 종결체는 '-네'와 함께 특수 기능을 가진 문체로 분류되어야 한다.

김태엽(2000)은 명사형 종결을 비종결어미가 문법 기능이 분화되어 문법화된 결과로 보았다. 이 견해로는 명사형 종결을 내포문에서 상위문을 삭제한 결과와 의미상 다를 바가 없다. 김종기(2001 : 109)는 명사 종결형 발화가 표현의 서술성을 제거하여 발신자의 존재를 약화시키고 사태를 묘사적이고 객관적으로 제시함으로써 수신자에게 전언 해석의 주체적 관점을 제공하게 된다고 하였다. 이정복(2001 : 139)은 통신 언어의 종결 양상에서 명사 및 명사형 종결이 쓰이는 것에 대하여 경어법을 선택하는데 어려움이 있는 경우 경어법상의 실수를 회피하기 위한 선택이라 하였다. 그러나 이 논문에 제시된 예를 보아도 이 이외의 의도가 개입되었다는 추측을 할 수 있다. 경어법의 갈등을 할 필요가 없는 친구 사이에서도 명사형 종결이 자주 쓰인다. 다음은 이정복(2001)에서 제시한 예이다.

(48) ㄱ. 아~ 요즘 개강해서 학교 다니느라 정신없다./ 그래두 이번 학
　　　기는 편한 것 같음.
　　ㄴ. 니도 잘 살고.../ 살아있음 멜 주기... 헤헤^^

특히 이러한 청자 지향적 발화에서 명사형 종결이 나타나는 것은 특수한 문체 효과를 노린 화법이라 보아야 한다. 이정복(2002 : 116)에서는 이런 현상을 경제적 동기의 반영으로 보았는데 명사형 종결은 문자 발화가 아닌 음성 발화에서도 종종 나타나며 문자 발화에서도 인터넷뿐 아니라 메모, 동아리 일지 등에서도 볼 수 있으므로 경제적 동기로만 설명할 수는 없다. 라경민(2002)은 명사 종결을 '체언법'이라고 하여 체언법의 형태

부재는 언어행위 차원의 생략이 아니라 언어 차원의 형태 약화나 탈락으로 보아야 한다고 하였다.

영어의 문장에서 형용사 등이 명사화되는 현상에 대하여 박승윤(1984)은, 명제를 기정사실화된 전제로 받아들임으로써 객관화·추상화하면서 박진감을 더해 주는 효과를 가진다고 하였다. 물론 이것을 국어의 명사 및 명사형 종결 현상과 일치하는 것으로 볼 수는 없으나, 서술어가 체언화하였을 때 나타나는 문체 효과라는 측면에서는 흥미로운 진술이다.

명사·명사형 종결체는 정형화된 텍스트에서 주로 나타나고 문학 텍스트 등에서 나타날 때는 문체의 특수 효과에 의해 일탈 문체로서 기능한다.

3.2.4.1. 명사 종결체

명사 종결형은 명사형 종결형과 달리 성분 생략에 의한 것이 많다. 시, 신문 표제, TV 뉴스 자막, 광고 카피, 전보문 등에 쓰인다. 이때 종결부에 오는 명사는 동작성 한자어인 경우가 많지만 반드시 그런 것은 아니다.

(49) 아드보카트 효과, 관중 대박 조짐−선수단 장악
— 일간신문 기사 표제

이런 용법은 초기의 신문에서도 볼 수 있다.

(50) 인도에 긔근/ 베미 량국 문제 타협/ 이 씨 모에파에 <u>도착</u>
—『신한민보』, 1909. 2. 17, 기사 표제

(50)은 신문 표제에 쓰인 예이다. 현재의 용법과 거의 다르지 않으므로

이러한 용법이 오래된 것임을 확인할 수 있다.

송영화·최성만(2002 : 14)은 장만영의 시 <눈이 나리는 밤>에 대하여 문체적 분석을 꾀하면서, 명사 종결형은 독자들에게 나름대로 상상할 수 있는 공간을 마련하여 작가가 얻으려고 하는 시적 효과를 얻는다고 하였다. 시의 운율성을 살리기 위해 형식이 한정된 종결어미를 사용하는 것보다 다양한 음운을 활용할 수 있는 명사 종결형이 더 효과적일 것이다.

> (51) 길은 외줄기/ 남도 삼백 리.
>   술 익은 마을마다/ 타는 저녁놀.
>   구름에 달 가듯이/ 가는 나그네.
>
> ─박목월, 「나그네」

3.2.4.2. 명사형 종결체

명사 종결문과 함께 쓰일 때가 많지만 명사 종결문이 전체적으로 생략된 형식인 데 반하여 명사형 종결문은 다른 성분을 완전히 갖추고 있는 경우도 많다. 명사 종결문과는 또 다르게 문체화되었다고 볼 수 있다.

> (52) ㄱ. 에릭 로샹의 <동정 없는 세상>(89, 프랑스) : 이상주의와 허무
>   주의, 리얼리즘과 포에지가 공존하는 아름다운 사랑의 이야기.
>   28세의 로샹은 이 영화로 루이 델릭 상을 받으며 새롭게 90년
>   대 프랑스 영화의 주역으로 떠오름.
>   ─구회영, 『영화에 대하여 알고 싶은 두세 가지 것들』
>
>   ㄴ. 5. 다음 중 이 소설에서 시간상 가장 먼저 일어난 행위로 볼
>   수 있는 것은?
>   ① 고 서방이 야반도주함.
>   ② 입도차압의 팻말을 붙임.
>   ③ 조합돈 연기를 위한 농민들의 하소연.

④ 야학당에 농민들이 <u>모임</u>.

⑤ 차압 취소와 소작료 면제를 위해 마을을 <u>떠남</u>.

—고등학교 문제집

ㄷ. 배신하기 <u>없기</u>.

—친구끼리의 대화

(52ㄱ)은 에세이 내에서 하위 항목의 정보를 전달하는 텍스트로, 기본 문체 '—다' 체와 구별하기 위하여 명사형 종결체를 쓴 예이다. 이때 완전한 문장 구조를 갖춘 채 종결부만 명사형으로 나타난 것을 볼 수 있다. 이것은 (52ㄴ)도 마찬가지이다. (52ㄴ)은 시험 문제의 보기 항목으로, 문장을 항목화하면서 명사형 종결체를 썼다. 이때도 정상적인 문장을 볼 수 있다. (52ㄷ)은 구어에서 나타나는 예이다. 약속을 할 때 '—기'를 사용한다.

이러한 용법들은 20세기 초의 텍스트에서도 볼 수 있다.

(53) ㄱ. 비샹훈 일이 잇셔야 비샹훈 공이 잇슴/ 션유위원 최송량 목사 의게 <u>틍고홈</u>

—『공립신보』, 1908. 2. 19 기사 표제

ㄴ. 긔후가 졸디에 변홈/ 三百 인명이 타 <u>죽음</u>

—『신한민보』, 1909. 2. 17 기사 표제

ㄷ. 처음에 <u>씀</u>

배를 띄우는 흐름은 그 근원은 멀도다. 송이 큰 꽃나무는 그 뿌리가 깊도다. 가벼이 날리는 떨어지는 잎새야, 가을 바람의 굳셈이랴. 서리 아래에 푸르다고 구태어 묻지 마라. 그 대(竹)의 가운데는 무슨 걸림도 없느니라. 미의 음보다도 묘한 소리 거친 물결에 돛대가 낫다.

—한용운, 잡지 『惟心』 1호 권두언, 1918

ㄹ. 정오
본보 전 호에 공포한 바 삭크라멘토 디방 회보란에 셔긔 최능
익은 최능진으로 긔졍함

—『신한민보』, 1918. 1. 3.

　(53ㄱ, ㄴ, ㄷ)은 신문 기사 제목으로, 명사형 종결이 특수한 용법으로
쓰인 예이다. 오히려 현대의 신문 기사 제목에서는 이러한 '－ㅁ' 종결이
거의 나타나지 않는데 이 당시에 제목으로 쓰였다는 사실은 흥미롭다. 장
경현(1995)에서 명사 및 명사형 종결이 메타텍스트에 자주 쓰임을 지적하
여 일종의 텍스트 표지 기능을 한다고 한 바 있다. 신문 텍스트는 원래
없던 텍스트이고 표제와 같은 메타텍스트의 필요성을 느끼면서 이러한
의식을 반영하는 형식을 사용하게 되었다고 본다. 그러나 민현식(1994ㄴ)
에서는 『독립신문』의 기사에 '－이옴 / －흠'이 쓰인 예를 들어 이때 이미
명사형 종결이 쓰였음을 지적하였다. (53ㄷ)은 잡지의 예인데 역시 제목
의 '卷頭言'이라는 한자어를 풀어 쓰면서 이러한 명사형 종결이 나타났다.
특히 이러한 용법은 소형문으로서 고정된 형식을 유지하는 경향이 있
다.62) (53ㄹ) 역시 전 호의 오류를 바로잡는 공지문으로, 기사문에서는
'－노라 / －더라 / －지라'의 종결이 나타나는 반면 이러한 메타텍스트적
성격을 가진 텍스트는 '－ㅁ' 종결이 나타나는 예가 많다.63)

---

62) 장경현(1995 : 26~27)에서는 다음과 같은 예들을 들었다.

　ㄱ. (책 표지) 홍길동 지음 / 옮김
　ㄴ. (편지 말미) 홍길동 올림 / 씀 / 드림
　ㄷ. (교통 표지판) 우선 멈춤 / 걸어 못 건넘

이러한 예들은 서술성 한자어로 치환할 수 있다.

63) 심재기(1992ㄱ : 98)는 개화기 신문의 광고문에는 公用體와 私用體의 두 가지가 있으며
　대화체 명령형이 쓰인 사용체와 달리 공용체는 '－흠', '－ㅎ겟습'과 같은 脫尊卑 생략형
　이 쓰였다고 하였다. 즉 대우법이 중화된 형식임을 지적한 것이다.

(54) 엄밀히 따지면 같은 코카시언 인종인 아랍인(샘족)이나 인도인(피
    의 혈통성을 주장한 독일 아리아인들도 먼 옛날 인도쪽에서 분화
    한 걸로 <u>추측됨</u>. 지금도 인도 내에는 백인과 거의 똑같은 화이트
    인디도 <u>있음</u>. 아주 소수의 상류 특권 계급)이 왜 염색을 안 하겠습
    니까? 걔네들도 우리처럼, 머리가 굵고, 검고, 곱슬이 심합니다.

ㅡ인터넷 게시물

위의 예는 인터넷 게시물인데 괄호 안의 설명에 'ㅡㅁ' 종결이 쓰였다.
역시 메타텍스트적 용법이다.

제4장

개별 종결 형식의 문체 특성

이 장에서는 지금까지 논의한 문체 선택 요소와 종결부의 문체 유형을 바탕으로 하여 개별적인 종결부의 문체 특성에 대해 자세히 분석해 보고자 한다. 많은 종결부 문체가 있겠으나 본서에서는 크게 두 가지에 국한하여 논의를 전개할 것이다. 한 가지는 인터넷 블로그에서의 반말체이고 다른 한 가지는 문체 기능 통합형이다.

인터넷은 최근에 생겨난 매체 가운데 가장 영향력이 크고 넓으며 언어 체계에까지 변화를 불러일으키는 중요한 매체이다. 이 장에서는 인터넷 언어에 대해 문체론적 관점으로 접근해 보고자 한다. 이 과정에서, 인터넷 문체에서 가장 보편화되고 두드러지는 반말체에 특히 집중하여 반말체의 개별 어미들의 문체 특성을 세부적으로 살펴볼 것이다.

문체 기능 통합형이란, 선어말어미와 종결어미 외에 다른 형태소들이 결합하여 하나의 종결부를 이루면서 문체의 기능을 담당하는 형식을 이른다. 이것은 필수적인 의미를 담당한다기보다 선택적인 문체 기능을 담당하는 것으로, 단순히 형태소의 통합형으로 보아서는 그 기능을 정확하게 설명하기가 어려운 것이다.

이 두 가지가 종결부 문체 특성에서 가장 흥미롭고 특이한 현상이라고 보아 두 가지에 집중하여 논의를 전개할 것이다.

4.1. 인터넷 블로그에서의 반말체[64]

4.1.1. 블로그의 매체 특성

인터넷 언어는 매우 복잡하고 다양한 양상을 보이고 있어 현재 시점에서 '인터넷 언어란 이렇다'라고 말하는 것 자체가 조심스럽다. 90년대의 소위 PC 통신 시기 이후 통신어 연구에서 인터넷 언어 연구로 이어지고 있으나 과연 그런 연구에서 관찰한 결과들이 인터넷 언어의 본질을 파악하고 있는가 하는 데는 의문의 여지가 있다. 다른 이유를 차치하고라도, 인터넷 언어는 아직까지도 생성, 성장 중인 언어이고 그 속도가 무척 빠르다는 점을 고려한다면 초기 연구들이 말하는 인터넷 언어의 특성이란 것이 극히 일부분이고 일시적일 수 있음을 인정해야 한다.

초기 인터넷 언어 연구에서는 기존의 언어 형식과는 많이 다른 유표적인 형태에 주의가 집중되었었다. 따라서 관찰 대상도 주로 대화방 언어에 집중되었고 대화방 언어, 홈페이지 관리자의 언어 등과 같은 분류를 하였는데 이러한 것은 인터넷 매체의 변화와 함께 점점 사라지거나 바뀌고 있어 이제는 인터넷 언어의 특성을 대표한다고 볼 수 없다. 만약 이러한

---

64) 본 장에서 제시하는 예문은 개인 블로그에서 가져온 것인데, 개인적인 글이므로 정확한 출처를 밝히지 않는다.

것들이 인터넷 언어의 대표형이라고 한다면 유행어, 비속어 등 검증되지 않은 언어를 현대 국어의 대표형이라고 할 수 있을 것이다. 유행이나 비속어도 관찰해야 할 대상이긴 하지만 언어의 일반적 현상으로 간주할 수는 없다. 마찬가지로 인터넷 언어에도 유행어나 비속어가 있고 이것은 인터넷 언어의 일반적 현상으로 간주될 수 없다. 이들도 분명 국어 유형의 일부이긴 하나 지속성이 부족하다는 점이 문제된다. 특히 아주 짧은 간격으로 변화하는 인터넷 특성상 인터넷 언어는 일상 언어보다 더 빨리 변화한다.

오히려 국어학에서 주목하고 꾸준히 연구해야 할 것은 일반적인 국어와 표면적으로는 크게 차이가 나지 않는 인터넷 언어의 용법과 문체이다. 소위 외계어나 '안녕하세염, 밥 먹었삼' 등과 같은 특이한 형태는 유행어나 비속어와 같은 범주로, 시간이 충분히 지난 다음에야 검증받을 수 있는 부류들이므로 얼마 뒤에는 완전히 사라질 가능성도 있다. 반면, 기존의 국어와 크게 다르지 않은 형식은 매체에 귀속된 문체로서 자리를 잡으며 지속된다.[65]

실제로 인터넷에서는 기존의 문어나 구어와 다른 독특한 문체가 나타나고 있다.[66] 이런 문체는 겉으로는 보통의 국어와 다를 바 없어 보이지만 자세히 관찰하면 미묘한 차이를 발견할 수 있다. 특히 종결부가 문체

---

[65] 이모티콘은 별도로 다룰 만한 가치가 있는 현상이다. 앞으로 논할 문체 사용이나 이모티콘은 모두 단절적이며 청자 지향적인 인터넷 텍스트의 특성 때문에 필연적으로 나타난 현상이라 할 수 있다. 즉, 청자를 의식하고 존중하지 않을 수 없는 맥락에서 직접 청자와 대면하지 않으므로 표정·몸짓·억양을 대신할 수단을 찾는 데서 비롯한 결과인 셈이다. 따라서 이모티콘은 외계어 등과 달리 인터넷 언어의 일부로 계속 남을 가능성이 높다. 그러나 이모티콘도 변화 과정을 겪고 있으므로 어느 정도 시간이 지난 다음에야 객관적인 연구가 가능할 것이다. 본서에서는 이모티콘을 다루지 않는다.

[66] 인터넷 언어에서 나타나는 구어체와 문어체의 복합적인 양상에 대한 연구로 김경주(2000)가 있다.

적 특성을 강하게 드러내는데, 이것은 대부분 반말체의 형태로 나타난다. 인터넷의 문체는 일반적인 문자 텍스트와 마찬가지로 '-다' 체와 '-ㅂ 니다' 체가 주로 쓰이면서도 기존의 문자 텍스트보다 반말체가 더 자유 롭게 사용된다.

여기서 잠깐 인터넷의 구어적 특성에 대해 상론해 볼 필요가 있다. 인 터넷 언어는 문자 텍스트이지만 구어적 성격이 강하다고 알려져 있다.[67] 그런데 이를 단순하게 구어적 특성이 문어에서 나타난다고 볼 수는 없다. 왜냐하면 인터넷 사용자는 문자 텍스트라는 텍스트의 본질을 분명히 인 식하고 있는 상태에서 매체의 특성을 적극적으로 이용하는 경향이 있기 때문이다. 간혹 이모티콘 같은 표현 보조 수단이 시청각 매체가 발달하면 줄어들 거라는 견해도 보이는데(김경주, 2000 : 86) 이모티콘은 단순히 문자 언어의 한계를 넘기 위한 보조 수단이 아니라 만화 등의 영상 언어에 익 숙한 세대의 적극적인 표현 수단이다. 게다가 새로운 시청각 매체는 문자 로 구현되는 표현법에 비해 드는 에너지와 부담이 더 많다. 빠르게 자신 의 의사와 감정을 전달하고 표현하기를 바라는 인터넷 이용자가 이런 수 고를 감수하기 위해 기존의 표현 수단을 버리지는 않는다. 따라서 화상 대화 등의 새로운 매체에 의해 교체될 가능성은 별로 없다.

뒤집어 생각하면, 오히려 음성 언어의 한계를 넘어서는 길을 인터넷 이용자들이 인터넷의 시각적인 문자 언어에서 발견했다고 해석할 수 있 다. 연령이 낮을수록 언어로 자신을 표현하는 데 서툰 젊은 세대에게 문 법이나 어법에 구애받지 않고 자유롭게 텍스트를 구성할 수 있는 인터넷

---

67) 아마도 인터넷 텍스트와 가장 특성이 비슷한 것이 편지문 텍스트일 것이다. 두 텍스트 는 매체의 특성상 문자 텍스트이며 단절성이 강하면서 동시에 청자 지향성이 강하다는 공통점을 갖고 있다. 그러나 인터넷 텍스트에도 하위 유형들이 있고 이에 따라 문체 특 성이 달라지므로 단순 비교는 위험하다.

은 그 자체가 새로운 언어인 셈이다. 그런가 하면 좀 더 연령이 높은 세대는 문자 텍스트로서 인터넷을 인식하여 거의 완벽한 문자 텍스트를 생산한다. 따라서 인터넷이 구어적인 텍스트라거나 인터넷 언어가 매체의 제약을 벗어나기 위한 노력에서 발달했다는 시각에서 벗어나 그 자체를 독자적인 언어 환경 또는 문체로 인정할 필요가 있다. 인터넷에서 구어체의 특성이 많이 나타나는 것에 대한 설명도 인터넷 언어가 구어체에 가깝다는 설명보다는 인터넷이 청자 지향성이 강하면서 단절성이 다양하게 나타나는 특성 때문에 청자 지향성이 강한 언어 형식이 많이 쓰인다는 식의 설명이 바람직하다.

문체는 인터넷 가운데에서도 텍스트의 종류에 따라 달라진다. 한때는 대화방이 인터넷의 대표적인 하위 범주로 여겨진 적도 있었으나 지금은 메신저 등에 밀려난 상태이다. 현재 인터넷 매체 가운데 가장 일반화된 것을 꼽자면 블로그(blog)를 꼽을 수 있다. 1인 미디어라 불리는 블로그는 기존의 홈페이지와 비슷하면서도 다른 개념으로, 주인이 디자인과 메뉴 설정, 서버 마련, 회원제 여부 결정 등 여러 가지를 신경 써야 하는 불편함을 없애고 주인이 게시물을 자유로이 올릴 수 있도록 한 매체이다. 이것만으로는 기존의 홈페이지와 크게 다른 점이 없으나, 블로그끼리 연계가 쉽고 방문자와 블로그 주인의 상호 소통이 용이하다는 점이 새로운 문화를 생성하고 있다.[68]

블로그의 게시물은 정보, 스크랩, 이미지, 동영상 등 다양하지만 문체

---

68) 블로그에는 다른 매체와 구별되는 용어가 있다. 게시물을 새로 올리는 행위를 포스팅(posting), 자신의 블로그에 글을 쓰거나 다른 블로그에 들어가는 행위를 블로깅(blogging)이라고 하는 등이다. 이외에도 비슷한 주제의 글이 각각 다른 블로그에 올라 있어 서로의 연관성을 보여주고자 할 때 트랙백(track back)이라 하여 서로의 게시물에 링크가 나타난다. 이러한 독자적인 매체로서 블로그가 언제까지 수명을 유지하며 또한 본서에서 제시하는 특성이 다른 매체에서도 유지가 될지는 아직 미지수이다.

적 특성이 뚜렷이 나타나는 것은 주로 개인의 견해를 칼럼 형식으로 쓰는 게시물이다. 이런 게시물이 블로그의 대표적인 특징으로, 1인 미디어라 불리는 것도 예전에는 칼럼이나 평론이 전문가들만의 전유물이었고 발표할 수 있는 지면도 제한되었음에 반해 블로그는 누구든지 자유롭게 써서 공개할 수 있기 때문이다. 또한, 게시물 아래에 달리는 답글은 대화에 가까운 상호 의사소통의 성격이 강하게 나타난다. 일반적인 홈페이지나 동호회 게시판에서도 비슷한 모습을 발견할 수 있다. 그러나 개방된 홈페이지는 대부분 익명성이 강하고 답글도 상호 교류의 대화적 성격보다는 일방적인 발화에 가까운 모습을 보인다. 게시자와 방문자의 관계가 밀접하지 않고 접근성도 부족하기 때문이다. 동호회의 경우에는 회원이라는 귀속감 때문에 일정한 범위 내에서의 대화만 나타나고 답글도 독자적인 게시물의 형식으로 달리는 경우가 많다. 또 회원 수가 많으면 일반 홈페이지와 별 다를 바 없는 모습을 보인다. 블로그는 개방되어 있으면서도 들러서 대화를 나누는 방문자가 일정한 집단을 형성하고, 본명을 밝히지 않고 닉네임을 쓰면서도 닉네임을 클릭하면 언제든 방문자의 블로그로 이동할 수 있어 익명성이 상대적으로 낮다. 방문자 개개인의 방문 기록도 남고 트랙백에 의해 블로그들이 서로 연결되기 때문에 상호 교류의 성격이 강하다. 실제로 블로그의 방문자들은 일정한 유대 관계를 갖고 있다.

　이러한 특성 때문에 블로그 포스트는 단절성이 강하면서 동시에 청자 지향성이 강하다고 할 수 있다. 블로그는 대화방이나 메신저가 아니므로 즉각적인 반응이 일어나지 않는다. 포스트 자체는 타인이 개입할 수 없는 고정된 텍스트이고 따라서 화자가 텍스트를 화자 지향성이 강하게 만들 수도 있다. 그러나 블로그는 타인에게 공개하는 것을 기본으로 삼기 때문에 대부분은 청자 지향적인 텍스트를 담고 있으며 특히 답글은 블로그의

주인과 방문자들과의 대화의 양상을 띠게 된다. 주인이 쓴 글에 대해 방
문자가 자신의 의견이나 느낌 등을 적고 주인은 그 답글에 반응을 보이
고 대답을 한다. 이런 대화성의 발화 교환이 빈번하게 일어난다.[69] 다음
은 개인 블로그에 달린 답글들이다.

> (55) Commented at 2006−02−13 01 : 29
> 비공개 덧글입니다.
> Commented by A at 2006−02−13 01 : 35
> 비공개/ 저도 쓰고 나서 아차, 싫어서 다시 고치고 있는데, 이미
> 보셨네요. 수정했습니다. 지적해 주셔서 감사합니다.
> Commented by B at 2006−02−13 04 : 29
> 애완동물 공동묘지가 스티븐킹의 'Pet Cemetery'인가요?
> 영화는 봤는데 책으로는 접해보지 못했네요.
> 제게는 평범한 작품이었어요.
> Commented by C at 2006−02−13 08 : 45
> 모님은 혹 물XX님이 아닌가 싶기도 하네요. 저에게도 좋은 정보
> 주셔서 감사합니다. (구입했습니다)^^
> Commented by D at 2006−02−13 09 : 17
> 추리소설 수집계의 유명한 분이라니 누굴까요? 궁금하네요. ㅋㅋ
> 몇 분 떠오르는 이름이 있긴 한데...^^;;
> Commented by A at 2006−02−13 10 : 25
> B/ 예 맞습니다. 책은 새미있나는 병이 많습니다. ^^
> C/ 그 분이 맞습니다. 아, 구입하셨군요. 저녁에 들어가보니 품절

---

69) 카페나 클럽 등 동호회의 게시판에서도 비슷한 현상이 발생하지만 블로그는 대화가 주
   인에게 집중되며 회원이라는 집단 귀속 의식이 없다는 점이 다르다. 이러한 답글의 명
   칭은 서비스를 제공하는 곳에 따라 조금씩 다른데, '리플', '답글', '덧글', '코멘트', '한
   줄 답변' 등으로 나타난다. 일반적인 홈페이지나 동호회의 게시판은 게시물의 아래에
   또 다른 게시물을 독립적으로 만들 수 있어 게시물 안에 첨가되는 답글과 구별이 된다.
   블로그는 게시물 안에 첨가되는 답글만이 가능하여 주 텍스트와의 통일성과 응집성이
   약간 더 강한 편이다.

로 되어있길래 사셨나 했는데, ^^
D/ XXXX님입니다. ㅎㅎ 그 곳을 주름잡는 분 중에 하나죠. ^^;
요즘은 감상에 치우치시는 듯한....
Commented by E at 2006−02−13 23：08
강릉 후배한테 '애호가'라는 표현은 지나치게 완곡한 것 아니냐?
Commented by A at 2006−02−13 23：10
^^;;;; 고수라고 할까요? 눈빛이 다르긴 하죠.
Commented by E at 2006−02−14 00：44
20% 부족해...

　A는 블로그 주인이고 주인의 글에 방문자들이 덧글을 달자 주인은 개개의 덧글에 또 답변을 하고 있다. 이것은 유사 대화 행위로 간주할 수 있다. 이때 방문자들은 서로 매체적으로 단절되어 있으므로[70] 주텍스트에 사용된 주제어를 반복 제시함으로써 발화를 시작하고 있다. 또한 블로그 주인이 덧글에 대한 답변을 할 때 덧글의 인접 여부에 따라 영향을 받고 있음을 알 수 있다. 즉 방문자의 덧글 바로 아래에 주인의 덧글이 달릴 경우에는 지시어나 응답 표지, 어휘의 반복 제시가 그다지 나타나지 않고 바로 주된 발화가 나타난다. 하지만 방문자의 덧글과 떨어진 몇 개의 덧글 아래에서 주인이 덧글을 달 때는 방문자의 닉네임을 일일이 적어 발화의 상대를 구분해 준다. 그리고 이때는 지시어 등 응집성을 강화하는 장치를 더 많이 사용하는 경향이 있다.
　이렇듯 인터넷 상의 발화는 매체에 간섭을 받는 특성을 가지며 현재 시점에서 가장 일반화되고 있는 블로그의 텍스트는 기존의 인터넷 텍스

---

70) 이와 같이 매체의 특성상 대화자들이 직접 대면하거나 서로의 발화에 간섭할 수 없는 경우 시간적／공간적 단절과 구별하여 '매체적 단절'이라고 해야 할 것이다. 인터넷 발화에서는 이러한 매체적 단절을 극복하기 위한 장치들이 사용된다. 이모티콘이라든지 통합성과 응집성을 유지하기 위한 텍스트 장치가 빈번하게 나타난다든지 하는 등이다.

트와 비슷하면서도 약간씩 다른 모습을 보이는 독자적인 텍스트 특성을
가지고 있다. 이런 특성은 종결부의 문체에서 찾아볼 수 있는데 형식에
있어 일상 언어와 큰 차이를 보이지 않지만 용법에 차이가 있다. 다음에
는 블로그에서 나타나는 문체 유형에 대해 살펴보겠다.

4.1.2. 블로그 문체의 반말체

여기서는 비교적 텍스트 생산이 왕성한 20여 개의 블로그에서 얻은
말뭉치 자료를 바탕으로 특징적으로 쓰이는 종결부의 유형을 분류해 보
았다.71)

블로그의 텍스트는 크게 포스트(post)와 코멘트(comment)로 나눌 수 있
다. 트랙백(track back)은 방문자의 게시물 텍스트가 연결되어 드러난 형태
로 역시 게시물 텍스트에 포함되므로 따로 구별할 필요가 없다.

포스트는 블로그의 주인이 작성한 텍스트로, 블로그의 게시판에는 오
직 주인만이 글을 쓸 수 있다는 점에서 단절성이 강하면서도 청자 지향
성의 정도를 주인이 마음대로 조정할 수 있다. 이것은 대부분 일인칭의
일방적 발화의 성격을 띠며 기존 텍스트 장르 가운데 수필, 일기, 기사문
과 비슷한 형식을 취한다. 이들 장르 가운데 어느 쪽에 더 가까운가는 블
로그 주인이 부여한 각 게시판의 성격에 따라 달라질 수 있다. 문제는 포
스트(post)라는 용어를 어떻게 번역할 것인가인데, '게시물'이라고 번역하

---

71) 현재 블로그는 다양한 모습을 보인다. 사용자에 따라 단순한 사진과 동영상, 음악 등을
모아놓는 곳이 되기도 하고 신문기사 등을 스크랩한 곳이 되기도 하며 짤막한 일기를
쓰는 곳이 되기도 하고 장문의 칼럼을 쓰는 곳이 되기도 한다. 따라서 문체를 발견할
수 없을 만큼 문자 텍스트가 없는 곳도 있고 텍스트 생산이 왕성한 곳도 있다. 대상 블
로그들은 평균 하루에 하나 이상의 문자 텍스트가 생산되며 코멘트 역시 한 포스트 당
다섯 개 이상이 첨가되는 곳이다.

는 것이 가장 무난할 것으로 보인다. 코멘트는 '답글, 덧글, 코멘트' 등의 명칭으로 쓰이며 통일된 것이 없는데 여기서는 '덧글'을 택하기로 한다. '답글'도 같은 뜻을 나타내긴 하지만 인터넷 게시물 아래에 또 다른 하부 게시물로 다는 글을 지칭하는 것으로 많이 쓰이므로, 게시물 안에서 일종 의 메타텍스트로서 나타나는 코멘트에는 적당치 않다. 또한 코멘트는 대 답의 성격도 있지만 단순한 평가의 성격도 있다. 부가되는 텍스트라는 의 미를 나타내는 데도 '덧글'이 알맞다고 본다.

게시물 텍스트는 앞에서 언급한 바와 같이 단절성이 강하고 화자 지향 성이 상대적으로 강하다. 그러나 단독적 장면이면서도 청자와 완전히 단 절되어 있지는 않다. 이러한 성격은 경어 사용에서 나타나는 일이 많다. 화자가 화자 지향성을 높이고자 할 때는 '-다' 체를 쓰고 청자 지향성을 높일 때는 '-ㅂ니다' 체나 '-어요' 체를 쓰는 방법으로 구분을 하는 것 이다. 그러나 공개된 매체이기 때문에 화자 지향성을 극도로 높이고 청자 지향성을 없애는 경우는 많지 않다.

화자 지향성이 높더라도 게시물 텍스트에서 반말체가 '-다' 체나 '-ㅂ 니다' 체와 함께 나타나는 일이 많다. 일반적인 인쇄 매체에서는 보기 어 려운 현상이다. 소위 격식체 / 비격식체의 기준으로 평가하기도 어렵다. 이러한 특성은 개인 블로그뿐 아니라 인터넷 칼럼에서도 흔히 나타나는 데 기원적으로는 초기 통신 문화가 자리 잡을 때 자생적으로 나타난 경 어체 사용 습관에서 비롯된 것이지만 현재는 이것 자체가 독자적인 문체 로서 자리매김했다.[72]

---

72) 이것은 일종의 일탈 문체이다. 인터넷은 구어체가 쓰이는 공간이므로 당연한 현상이 아 니냐는 의문을 제기할 수도 있겠으나, 인터넷 공간에서의 구어체는 이미 변형된 구어체 이며 문어체와 거의 동등한 자격을 가지고 나타난다. 이러한 일탈 문체는 규칙성을 가 지며, 일탈 문체론의 관점에서 본다면 '일탈 규칙'을 준수하는 것이다(이성만, 1996 : 386).

(56) "너 자신을 알라"고 소크라테스가 말했다고 합니다. 대부분의 '명
언'들이 그렇듯, 이 간단한 말도 맥락 속에서 읽어야 제대로 의미
를 이해할 수 있는 거지만, 전 그냥 그대로 인용하렵니다. 쓸 만한
말<u>이에요</u>. 특히 머리 쓰기 싫어하는 장르 영화 제작자들을 비판하
는 데엔 말이죠. 장르는 만만한 게 아니<u>에요</u>. 수천, 수만의 선배들
이 이미 온갖 길들을 다 실험해 본 동네에서 살아남는 게 그렇게
쉬운 일인 것 같습니까? 왜 다들 이런 작업을 건성으로 생각<u>하는
걸까요</u>? 전 영화의 완성도가 떨어지는 건 받아들일 수 있습니다.
하지만 이런 영화들을 만들면서 뭔가 대단한 시도라도 한 것처럼
착각하고 우쭐거리는 감독들을 계속 보고 싶지는 <u>않아요</u>. 겸손을
배우라는 이야기가 아닙니다. 그런 거만함에 맞는 내용을 담으라
<u>는 거죠</u>. 그러기 위해 천재가 될 필요는 <u>없어요</u>. 그냥 꾸준히 성실
하게 공부만 해도 됩니다. 그 쪽도 장르의 벽을 뛰어넘는 걸작을
만드는 게 목적이 아니<u>잖아요</u>.

그러나 누가 이 말을 신경 써서 <u>들을까요</u>. 아무도 안 들을 겁니다.
결국 지금까지 쓴 간청도 "국영수 위주로 공부해"의 또 다른 변주
에 불과하<u>거든요</u>. 저라도 한 귀로 흘리고 잊어버릴 겁니다. 그리고
또 악순환이 반복되는 <u>거죠</u>. 빙글 빙글 빙글….[73]

위의 글은 오래 전부터 인터넷 상의 칼럼니스트로 활동하는 사람의 글
일부인데 늘 경어체로 쓰면서 '-어요', '-지요', '-거든요'의 반말체가
섞여 있다. 이러한 문체가 독특한 개성으로 받아들여지고 있고 때로는 거
부감을 나타내는 반응도 있으나 현재 인터넷의 많은 텍스트들이 이러한
문체를 보이고 있는 것도 사실이다.[74]

---

73) YES24의 고정 칼럼 '듀나의 투덜투덜' 2006. 2. 8일자.
74) 이러한 '-어요' 체가 인터넷에서 유독 많이 보이는 것은 인터넷의 익명성으로 인하여
성별 구별을 어렵게 하려는 의도도 있다고 본다. 앞에서 '-어요' 체가 권력을 갖지 않
은(powerless) 사람을 표현하려는 의도에서 쓰인다고 했는데, 일반적으로 여성적인 말투
또는 문체라고 받아들이기 때문에 위 예문의 필자의 성별이 밝혀지지 않았음에도 불구

이와 관련되어 이해영(1996 : 25)은, 대우법을 선택하는 데 있어 지위 관계보다는 친숙도가 결정 요소로 작용한다는 사실을 지적하였다. 신분 체계나 위계질서에 대한 관념이 희박해지면서 높여야 하는 대상과 그렇지 않은 대상의 이분 체계로 변화하고 이에 따라 '−요'가 통합된 반말과 그렇지 않은 반말 가운데에서 선택한다는 것이다. 이 주장에서 주목할 만한 것은 친숙도가 위계 관계를 대체한다는 부분이다. 아쉽게도 이해영(1996)에서는 이에 대해 더 이상의 논의를 발전시키지 않았는데, 위계 관계가 고정적인 것과는 달리 친숙도는 유동적인 요소라는 사실을 고려해 볼 필요가 있다.

위계질서는 대부분 어떤 상황에서든 고려되어야 하며 대우법 결정의 중요한 인자가 된다. 그러나 친숙도는 상황에 따라 달라질 수 있다. 친숙도가 높은 사람이라도 공식적인 대화 상황(세미나, 회의, 토론 등)에서는 격식을 차려 대화를 하고 상대에게 불편하거나 서운한 감정을 드러내기 위해 일부러 친숙도를 낮춘 발화를 하기도 한다. 그리고 친숙도는 매체에 의해 영향을 받기도 한다. 손으로 쓴 메모나 편지, 이메일, 인쇄물 등 어떤 매체로 발화를 전달하느냐에 따라 달라질 수 있는 것이다. 물론 친숙도는 기존의 격식성 / 비격식성과 차별성이 없다고 할 수도 있다. 하지만 비격식적인 상황이라고 모두 친숙도가 높다고 할 수는 없다. 교수와 학생의 대화를 예로 들면, 강의 중에 교수가 학생에게 질문하고 학생이 대답하는 것은 격식적인 상황이다. 반면 강의가 끝나고 개인적으로 두 사람이 대화를 나누는 것은 비격식적인 상황이다. 그러나 이 경우에 교수가 학생에게 경어를 사용한다면 이것은 친숙도가 낮은 발화라 하겠다. 만약 시간이 지나 교수가 학생에게 친근감을 가지게 되어 반말을 쓴다면 친숙도가

___
하고 여성으로 믿는 사람이 많다.

높아진 결과이다.

이상으로 볼 때 친숙도는 유동적인 발화, 특히 인터넷에서 보이는 반말체 발화를 설명하는 데 유용한 개념이 될 수 있다.

특히 인터넷 텍스트에서 유표적인 종결 문체로 나타나는 것은 반말체의 '-지요', '-군요', '-거든요', '-고요', '-는 말이다' 등이다. 이것들은 일반적인 인쇄 매체에서는 좀처럼 쓰이지 않는 형식으로, 양태성이 강하기 때문에 중립적인 태도를 견지해야 하는 공식적인 글에서는 회피해야 할 표현으로 알려져 있다. 따라서 구어체로 분류되는 일이 많은데 인터넷에서 나타나는 경우 음성 발화와는 또 다른 양상을 보인다.[75]

여기서는 이러한 특징적인 종결 문체를 살펴본다. '-다' 체와 '-ㅂ니다' 체는 무표적인 문체로 간주하여 따로 분류하지 않았다. 또한 '-거든(요)', '-고(요)', '-ㄴ데(요)'와 같은 어미의 경우 연결어미가 전성하여 종결부의 역할을 하는 것이냐 아니면 종결어미화한 것이냐 하는 문제가 있는데, 여기서는 형태론적인 측면은 다루지 않았다.

그러나 한 가지 염두에 두어야 하는 것이 있다. 본서에서 '문체'란 선택의 개념이다. 블로그에서의 특수 종결형으로서 '-지(요) / -네(요) / -거든(요) / -고(요)' 등 종결어미에 의한 형식이 많이 나타나는데 이에 접근하

---

75) 블로그의 반말체 사용에 대해, 인터넷의 언어 지체가 구어적 성격이 강하므로 당연한 것이라는 시각이 있을 수 있다. 그러나 대화방과 달리 블로그나 동호회 게시판은 직접적인 대화가 아니고 분명한 단절이 존재한다. 이것이 표면적으로는 대화와 다를 바 없어 보이기도 하나 독화와 대화의 특징이 모두 나타나는 독특한 문체를 보인다. '-지(요)', '-네(요)' 등의 용법은 음성 발화와는 다른 특징이 나타난다. 또한, 어떤 텍스트가 구어체라는 것과 어떤 텍스트에 반말체 어미가 사용되었다는 것은 동일한 사실이 아니다. 한 텍스트가 구어체라고 선언하려면 단순히 종결어미뿐 아니라 문장의 길이, 어휘 선택, 어절의 반복, 담화 표지 출현 여부, 문법 요소들의 생략 등 다양한 요소를 확인하지 않으면 안 된다. 예를 들어 시나리오나 드라마 극본은 대화로 이루어져 있으므로 모두가 구어체 텍스트라고 단정 지을 수 없는 것과 마찬가지이다. 작가의 개성에 따라 현실에서는 들을 수 없는 문어체의 대사로만 이루어져 있는 경우도 많기 때문이다.

는 관점으로 양태의미 연구의 관점을 택한다면 문체가 아닌 형태론적 연구가 되는 셈이다. 따라서 형태 의미에 대한 접근을 하지만 문맥 내에서의 배치, 리듬, 언어 예절의 측면을 항상 주시해야 한다. 텍스트 전체의 흐름 속에서 이러한 종결형이 어떠한 역할을 하며 어떤 위치에 배치되는가를 주목할 필요가 있다.

4.1.2.1. '-지(요)'

'-지'에 대해서는 여러 선행 연구가 있다. 고영근·남기심(1985)에서는 '-아/어'는 객관적 진술, '-지'는 주관적 진술이라 하였고 장경희(1985)는 '이미 앎'의 양태의미를 제안하였으며 한길(1986)은 평서문에서의 '-지'는 '약속, 회상서술, 친근하거나 부드러운 서술'의 의미를 지닌다고 하였다. 이해영(1996)은 청자의 부담을 줄이는 수단으로서 '-지'가 기지 정보 짐작의 태도를 나타낸다고 하였다. 윤석민(2000)에서는 청자를 적극적으로 인식하여 반말의 등급으로 대우하면서 화자가 이미 알고 있는 정보를 전달하며 그 진실성에 대해 화자 자신이 확신하고 있음을 드러내어 그 정보에 대한 청자의 신뢰를 증가시키는 특성을 가졌다고 하였다. 박재연(2004)은 이러한 연구들에 대해 인식 양태적 용법과 행위 양태적인 용법을 명확히 구분하지 못한 문제가 있었음을 지적하고 인식 양태 용법을 '1) 정보의 내면화 정도 : 이미 앎, 2) 청자의 지식에 대한 가정 : 기지가정'으로 정리하였다. 즉 화자가 완전히 내면화시킨 정보에 대하여 청자 역시 이미 알고 있음을 나타낸다는 것이다. 행위 양태 용법으로는 '제안'과 '기원'을 들고 있는데 이것은 본서의 논의의 대상과는 거리가 있다. 이러한 선행 연구는 모두 화자의 청자에 대한 의식과 화자의 정보 습득 상태를 중요한 의미 기준으로 삼고 있다.

국어사전의 뜻풀이는 다음과 같다.

(57) -지25 :

　「어미」『동사 어간이나 어미 '-으시-', '-었-', '-겠-' 뒤에
붙어』해라할 자리에 쓰여, 어떤 사실을 긍정적으로 서술하거나
묻거나 명령하거나 제안하는 따위의 뜻을 나타내는 종결어미. 서
술, 의문, 명령, 제안 따위로 두루 쓰인다.

　¶나도 가지. / 언제 오시지? / 그는 어떤 사람이지? / 자네는 그만
떠나지. / 참 좋지! / 그는 이름난 효자이지. / 이곳도 경치 좋은 곳
이었지.

―『표준국어대사전』

　이상의 논의를 보면 '-지'는 화자와 청자가 공유 정보를 가지고 그것
을 확인하는 경우에 나타나며, '부드러운 서술' 또는 '긍정적인 서술'이
라는 뜻도 결국 그러한 의도에서 비롯되었다는 것을 알 수 있다. 그러나
실제 발화들을 살펴보면 반드시 그러한 것만은 아니다. 오히려 화자가 자
신만의 지식이나 경험을 일방적으로 알려주는 경우에 쓰이기도 한다. 이
것이 화자가 잘난 체하는 태도로 보이는 경우도 있다. 그러므로 경우에
따라서는 청자가 그러한 태도에 반발을 하기도 한다. 또한 화자가 새로운
정보를 청자에게 전달하는데 그때 청자가 '그렇지'와 같이 대답을 하며
그것이 완전히 새로운 정보가 아님을 표시하기도 한다.

　독특한 용법으로, 권위주의적인 화자의 말투를 드라마 등에서 표현할
때 '내가 하지 / 자네가 이리 좀 오지'와 같은 발화를 사용하기도 한다.
이때 억양이 수반되어 권위성을 표현하는데 이러한 경우를 박재연(2004)
에서 행위 양태 용법 가운데 '제안'으로 설명했다. 하지만 억양에 따라
달라질 만한 여지가 있다. 이러한 용법은 행위 관련 용법으로 따로 분류
해야 할 것이다.

　'-지(요)'는 블로그에서 볼 수 있는 유표적인 문체 종결부로서 가장

많이 나타난다. 블로그에서 나타나는 '−지(요)'에서 두드러진 특징은, 앞
뒤 문장과 긴밀한 관계를 유지하는 문장에 쓰인다는 것이다. 상호 의사소
통이 활발한 블로그의 특성에 기인한 것이라고 할 수도 있고, 단절성과
화자 지향성이 강한 여타 출판 매체와 달리 반말체가 자유롭게 사용되는
인터넷이라는 매체에서 화자의 태도를 드러내는 장치로 빈번히 사용되는
것이라고도 할 수 있다.76)

> (58) ㄱ. 오늘은 모처럼만에 동네의 작은 책방엘 갔습니다. 대개 책을
> 구입하는 루트가 인터넷이지만 가끔은 서점에 들러 여러가지
> 책들을 뒤적여보고 '먹이감'을 고르고는 <u>하지요.</u>^^ 워낙 작은
> 책방이라 크게 읽을만한 책을 고르지는 못했지만 그래도 3권
> 정도는 '찜'해놓고 나왔습니다. 여러분들은 어떤 기준을 책을
> 고르시나요? 제 경우 책을 고르는 방식이 있습니다. 그건 바로
> 관심있는 '저자'의 시리즈를 편식하는 <u>것이지요.</u>^^; 이 습관은
> 어릴적부터 형성된 것이라 쉽게 고쳐지지 않더군요. 어릴 적에
> 는 바스콘셀로스의 나의 라임오렌지 나무에 감명받아 바스콘
> 셀로스의 책을 한동안 찾아서 읽었던 적이 <u>있었지요.</u>^^ 그리고
> 그 시리즈가 떨어지거나 지루해지면 새로운 책을 유사 주제와
> 결부지어 찾아 헤매이기 시작<u>하지요.</u> ^^
> ㄴ. 사실, 프리랜서를 가장한 백수 생활도 나쁘진 않았어요. 돈있

---

76) 신문 칼럼 같은 데에서 '−지요'가 나타나는 경우도 간혹 있다.

올해 출판계는 장사를 잘 했습니다. 성적표로 치면 A학점감입니다. 매출액이 특별히
신장해서가 아니고 매출 내용이 좋기 때문입니다. 밀리언셀러가 수종 있었던 지난해
와 달리 도서별 균점 현상으로 바뀐 변화가 그렇고, 그것이 가치가 있는 도서들로
채워지고 있다는 점은 기막힌 변화입니다. '되는 책' 몇몇에만 관객들이 몰리는 쏠
림 현상에서 벗어난 것이지요(「데스크 쪽지」, 『조선일보』, 2001. 12. 15 ; 김상준
(2003 : 6)에서 재인용).

이것은 신문 등의 보도 매체가 점차 청자 지향성을 높이는 방향으로 나아가고 있는 현
상을 보여주는 예이다. 또한 이 기사의 성격이 연성 기사이므로 격식성을 낮춘 결과라
고 할 수도 있다.

는 백수가 최고!! 라는 말처럼, 일거리만 많이 들어온다면 프리
랜서도 할만하죠. 번역같은 것도, 대충 사나흘 삐질대며 방구
석에 쳐박혀 번역해내면 50만 원 정도 손에 쥐거든요. 와, 그
럼 한달에 그런 일거리 서너건만 물어도 그럭저럭 살겠다.. 싶
지만. 한달에 한건 들어오기도 힘드니 이런 원. 오죽하면 새벽
인력시장에도 다 나갔었다니까요?
의외로 노가다도 할 만 했어요. 아침 점심 다 주고, 간식도 주
고. 소개비 제하고도 7~8만원 일당, 직장생활에서 오는 스트
레스같은 건 없으니 오히려 마음은 편하더라구요. 문제는 이것
도 겨울되니 일거리가 없는가보더군요.

(59) ㄱ. 군당국의 논리가 사실이라면 환자를 방치한 것이 되는 것이지
요.. 장병을 한사람의 장병으로 보지 않고. 소품이나 물품으로
보니 이런 상황이 자꾸 일어나는 거 같습니다.

ㄴ. 그 선생님도 어이없네요 초등학교 자연시간에 배워도 한 50년
은 기억될 것인데... 무슨 미적분 공부도 아니고.

  └.그 선생님의 경우도 '교육 비디오' 운운하면서 이야기를 하
  니 혼동하신게지요.

ㄷ. 음. 사실 한국의 토론문화라는게 문제가 있긴 있어요. 토론의
목표가 합의점을 도출하는 것인지를 모르고, 싸우는 것이나 태
클거는 것으로만 알고, '승리'개념까지 나오면. 정말 황당하죠.
건전한 비판은 허용되야 하죠. 논거가 있고, 어떠한 일정한 판
난기준 아래에서 판단을 하는 것 말이죠. 하지만, 쓰는 사람이
든 받은 사람이든 비판적인 글과 비난적인 글을 구별하지 못
하면 문제가 커지죠. 합리적인 비판이 원색적이고 비합리적인
비난으로 변질되면. 그순간 토론은 사라지는겁니다. 좀 얘기가
두서없고 새긴 했는데[…] 뭐[…] 마무리가 안되네요(;;)

(58)은 게시물, (59)는 덧글이다.[77] 위와 같은 예들을 보면 블로그 주

---

[77] 덧글에는 작성자의 이름과 날짜가 나타나지만 여기서는 모두 삭제하였다. 이 때문에 제

인의 일방적인 발화인 게시물과, 대화에 가까운 발화가 이루어지는 덧글 모두에서 '-지(요)'가 많이 나타남을 볼 수 있다. 다른 반말체 어미인 '-네요/ 거든요/ 고요/ 군요' 등도 함께 나타나고 있다.

다음 덧글 예에서는 '-죠'가 한 난락 내에서 5회 나타난다.

> (60) 블로그는 모양이 다른 '홈피'죠. ① 미니홈피가 아니라요. 뭐가 다른지 모르겠는데요. 게시판에 글 쓰고, 댓글 기다리고, 비밀스러운 내용을 쓰지 않는 건 홈피나 블로그나 마찬가지고. 하나 차이가 있다면 블로그에서는 글(post)을 나만 쓸 수 있다는 것. 웹 2.0을 정의하면서 '아직 명확한 정의는 없다, 정확히 말할 수 없다.'고 말하는 것과 비슷하죠. ② 웹 3.0이 나올 때까지도 웹 2.0의 정의는 '아직 정확히 말할 수 없다.'일걸요. 뭐 나름대로 정의를 하는 사람도 있긴 하죠. ③ 부정적 트랙백이 악플이라고 대놓고 말하진 않아도(말할 순 없어도), 사람들 모두 부정적 트랙백을 두손 들어 환영하진 않죠? ④ 기분이 유쾌하진 않죠. ⑤ 겉으론 침착하게 대응할지라도.

'-입니다'나 '-이에요'가 올 만한 자리에 '-죠'가 쓰인 것을 알 수 있다. 덧글은 선행 텍스트가 제시한 정보를 전제로 하는 텍스트이다. 따라서 청자 지향성과 전향성이 강하며 이러한 특성을 강조하기 위해 '-죠'가 많이 쓰였다고 해석할 수 있다. ①은 선행 게시물의 내용과 직접적으로 연결이 되는 문장으로, 모두가 이미 알고 있음직한 내용을 지적하면서 '-죠'를 쓴 것이다. 물론 모두가 알고 있으리라는 가정을 하면서 도전적인 인상을 주지 않고 부드러운 발화를 하려는 의도라고 할

시 예가 덧글의 어느 부분인지 파악이 안 될 수 있다. 덧글 예는 대부분 텍스트 전체를 제시하였다. 다만 현재 논의에 해당하는 부분이 텍스트의 뒷부분에 있고 앞 부분은 직접적인 연관이 없는 경우에는 앞 부분을 생략하고 말줄임표로 그 사실을 표시했다.

수도 있으나 이것은 객관적으로 판단하기 곤란하다. ①과 같은 도입 발화는 이전에 상대가 발화한 내용에 대하여 이의를 제기하는 것인데 '-지'를 사용할 경우 자신의 대립되는 명제가 새로운 것인데도 청자에 게도 당연히 알려진 것이라는 전제를 두는 셈이므로 오히려 도전적인 인상을 주기도 한다.

> (60)′ 블로그는 모양이 다른 '홈피'입니다. ① 미니홈피가 아니라요. 뭐
> 가 다른지 모르겠는데요. 게시판에 글 쓰고, 댓글 기다리고, 비밀
> 스러운 내용을 쓰지 않는 건 홈피나 블로그나 마찬가지고. 하나
> 차이가 있다면 블로그에서는 글(post)을 나만 쓸 수 있다는 것. 웹
> 2.0을 정의하면서 '아직 명확한 정의는 없다, 정확히 말할 수 없
> 다.'고 말하는 것과 비슷합니다. ② 웹 3.0이 나올 때까지도 웹 2.0
> 의 정의는 '아직 정확히 말할 수 없다.'일걸요. 뭐 나름대로 정의
> 를 하는 사람도 있긴 합니다. ③ 부정적 트랙백이 악플이라고 대
> 놓고 말하진 않아도(말할 순 없어도), 사람들 모두 부정적 트랙백
> 을 두 손 들어 환영하진 않죠? ④ 기분이 유쾌하진 않습니다. ⑤
> 겉으론 침착하게 대응할지라도.

위와 같이 '-ㅂ니다'로 바꾸면 좀 더 단정적이고 일방적인 발화로 바 뀐다. 화자 지향성이 더 높아지는데 이것은 댓글의 성격과 별로 어울리지 않기 때문에 화자가 피한 것으로 보인다. '-지'에 대한 기존 논의에서 도출된 '공유 정보 확인'이라는 의미를 드러내기 위하여 '-ㅂ니다'를 '-죠'로 대치했다고 하겠다. 그러나 의미에 있어 큰 차이를 보이지는 않 는다. 미묘한 문체적 차이일 뿐이다.

①은 선행 게시물이 전제되어야 정상적인 발화로서 기능한다. 만약 선 행 게시물이 없는 완전히 새로운 도입 발화라면 그 공유 정보를 보편적 인 것으로 전제하는 것이 되고 이것을 바탕으로 새로운 정보를 제시하겠

다는 신호가 된다. 공유 정보의 보편성이 낮아 청자가 받아들이기 어렵다
면 정보성(informativity)이 낮아지므로 다음 발화로 청자를 유도하려는 의
도가 나타나게 된다. 그러나 여기서는 선행 게시물과의 연결성을 뚜렷이
하는 장치가 되고 있다. ② 역시 선행 발화와 연결되면서 부가 설명을 한
다. ③은 '뭐'라는 도입 표지와의 결합에서, 제시하는 정보를 인정하는
기능을 하는 것으로 보인다. ④는 의문문인데 청자가 의문의 대상이 되는
내용을 인정한다는 전제를 갖고 있다. ⑤도 역시 앞 문장과 연결되며 그
내용을 공유하고 있음을 확인한다.

(60)의 분석에 의해 '-지(요)'의 두 가지 특성을 이끌어 낼 수 있다.

> 1) 앞뒤 발화 / 문장과의 연속성
> 2) 공유 정보 확인

1)은 텍스트 속에서 '-지(요)'가 어떻게 배치되는가와 관련하여 관찰
하는 데 지표가 될 수 있고, 2)는 화자의 태도와 의도가 '-지(요)'의 선
택에 어떻게 작용하는가를 관찰하는 데 지표가 될 수 있다. 그러나 실제
쓰임에서 '-지(요)'가 반드시 이 두 특성을 보이는 것은 아니다.

다음은 블로그 자료를 통해 분류한 '-지(요)'가 나타나는 환경이다.
기존의 연구에서는 음성 텍스트를 관찰 대상으로 삼았기 때문에 '-지
(요)'의 독립적인 형태 의미를 중심으로 기술하였는데 여기서는 긴 텍스
트 속에서 다른 문장 또는 텍스트와 '-지(요)'가 어떤 관계를 가지는지
를 중점적으로 관찰하였다.[78]

---

78) 여기서 주의해야 할 점은, 이러한 분류가 '-지(요)'의 고유한 의미를 보여준다기보다는
   이 어미가 사용되는 환경과 방식을 있는 그대로 기술함으로써 기존에 논의되었던 [이미
   앎] 등의 양태의미가 텍스트 내에서 어떻게 작용하는가를 보여주는 것으로 받아들여야
   한다는 점이다. '-지(요)'는 통사 / 의미 구조 상의 필연적인 구성 요소가 아니라 문체

1) 선행 발화에 대한 부가 설명

(61) ㄱ. 요즘은 '생명, 그 경이로움에 대하여'란 책을 읽고 있는데 이
    책에 가장 많이 나오는 단어가 영 거슬립니다. shale이라고 하
    는 퇴적암의 표기<u>때문이지요</u>. 일반적으로 지질학을 공부하면
    서 이 퇴적암은 '셰일'로 표기합니다. 이미 외래어로 많이 사
    용되는 용어를 '혈암'이란 표기로 써놓았습니다. 제가 배운 바
    로는 혈암은 일본에서 사용하는 한자식 표기입니다. … 그런데
    겉표지에 책 설명에는 '바이러스는 바이러스로 막는다'란 식의
    표현을 썼더군요. 박테리아와 바이러스는 <u>다르지요</u>. 박테리아
    는 엄연한 학명이 있는 생물이고, 바이러스는 아니거든요...

  ㄴ. 영화를 가만 들여다보면 마약을 밀매하는 한솔로가 제국의 추
    적을 피해 자바더헛의 물건을 버리고 튄 얘기가 나옵니다. (그
    래서 자바더헛의 추적을 <u>받지요</u>) 여기서만 봐도 제국이 마약유
    통을 근절했던 긍정적인 정책이 드러나지 않습니까?

  ㄷ. 극장판은 너무 어둡고 침울한 분위기... 우리말로 '신세기 에반
    게리온'이란 제목으로 나왔는데(물론 일본 제목을 직역한 <u>것이
    지요</u>) 제목의 의미를 보면 이런 것 같습니다.

  ㄹ. 이 고비에 명의 군사 최척은 조선말 지껄여 조선인 행세를 해
    서 살아남습니다. 그리고는 한 여진인에게 부속되어 조선인
    전쟁 포로로서 감시를 받게 됩니다. 여기서 강홍립 휘하 조선
    군<u>으로</u> 종군한, 조일전쟁 난리통에 남원에서 헤어졌던 첫째
    아들과 상봉합니다(시방은 중국에 아내와 둘째 아들이 남아
    있지요).

(62) ㄱ. 그러게요. 아이들 교재는 너무 비쌉니다. 부모님들 허리가 <u>휘
    어지지요</u>... 그러나 비싼만큼 오류가 있어서는 '절대' 안된다고
    생각을 합니다. 먼 곳에서 고생이 많으십니다. 잘 지내<u>시죠</u>?^^

  ㄴ. 개미는 날개가 없어서 곤충이 아니라니..곤충학자들이 버럭할
    말이군요..ㅋ 곤충은 날개가 있던 없던 세등분에 다리 6개면

선택의 대상이라고 할 수도 있다.

곤충인데 말이죠..--; 그런 논리가 어디서 나온건지 알다가도 모르겠습니다.

ㄷ. 라슈펠님의 의견에 심히 동감합니다. 물론 sabbath님의 생각에도 말이죠. 저는 이태리 호러물이나 유럽고어물을 꽤나 좋아합니다만, 역시 쉽지 않은 길이랍니다.

ㄹ. 외래(?)문화가 정착하는 하나의 순서이겠죠. 제 경험에서 나오는 이야기입니다만 우리나라사람들은 패러다임의 혁신과 변화를 두려워하는 경향이 있어서 기존 게시판 시스템에 익숙해진 사람들에게 1인미디어(블로그) / 위키를 이해 시키는건 곤욕이더군요.

ㅁ. 채시라씨는 정말 자격있는 배우라고 생각합니다. 배우라는 호칭에 격을 높이는 사람이지요. 채시라씨를 보고 있노라면 외국의 유명한 고전여배우들이 부럽지 않습니다. 아름다움과 프로정신,연기력과 성실함을 갖춘 침이 마르도록 칭찬해주고 싶은 우리 시대를 대표하는 여배우라고 말하고 싶습니다.

ㅂ. 신성우씨도 꽤 스캔들 많았던걸로 기억하는데 둘의 결별 후 애인이 먼저 생긴것도 신성우씨고..머 그냥 다 옛날얘기지요... 샴프의 요정은 드라마 분위기도 그렇고 노래도 좋아해요...진짜 글쓴님 말대로 약간 화장하고 캐리어우먼일때 이쁜거 같아요....청순할때는 진짜 가나초콜렛 그때가 탤런트중에서도 눈에 띌정도로 예뻤죠.

ㅅ. 말씀처럼 그런 표현들이 매우 많은 것 같습니다. 생물 분류 중 '척색(脊索) 동물'이란 것이 있는데요, '척삭'으로 음이 달린 경우가 많더라고요... 재밌는 것은 전문 서적이고 교수들이 번역을 한 것인데 그렇더군요... 그러다 우연히 발견한 것이 일본어 발음으로 '세끼사꾸'더군요... 결국 일본의 한자음으로는 '사꾸(삭)'이란 것이지요. 국어사전에는 분명 '척색의 잘못'이라 표현되어 있지만 상당 부분의 번역서에는 '척삭'이라 쓴 것이 더 많은 것이 현실입니다... 이것도 어쩌면 일본 서적을 재번역했을 가능성이 매우 높겠지요... 말씀처럼 새해에는 오역 또는 성의없는 번역 문제가 없어지길 바랍니다.

ㅇ. 글쎄 김빠지는 면접과정은 문제가 있었다치더라도, 사회과학
　　보다는 서울대를 원하셨던 것 같다는 느낌이 듭니다만.. 원하
　　시는 전공이 개설된 대학은 다른데도 많지 않을런지요 :)
　　ㄴ수리 가형＋과탐을 치고 인문계로 지원할 수 있는 대학은
　　많지 않습니다 : / 사정이야 여러가지 <u>있었죠</u>.

(61)과 (62)는 '−지(요)'가 선행 발화에 대해 부가 설명을 한 예들이다. (61)은 게시물, (62)는 덧글에 나타난 것으로, (61)에서는 특히 괄호 속 부가 설명문에 '−지(요)'가 사용된 것을 볼 수 있다. (61ㄱ)에서는 선행 발화의 종결부가 '−더군요'인데, 화자가 모르던 새로운 정보를 제시하고 그것에 대해 화자의 기존 지식에 의한 설명을 덧붙이면서 '−지요'를 쓰고 있다. 한 텍스트 안에서 '−더군요'와 '−지요'가 함께 나타나는 일이 많다. 이것은 블로그에서 정보에 대한 화자의 태도를 표현하는 발화 방식이 선호되며 특히 덧글에서 더 많이 나타남을 보여준다.

(62ㅂ)은 '그냥 다 옛날 얘기지요'라는 화제를 마무리하는 발화에 쓰여 앞 문장과의 결속력을 높이고 있다. (62ㅇ)에서는 반드시 선접한 문장에 대한 대답이나 설명이 아니라 그 이전에 제시된 발화에 대한 답 또는 설명을 '−죠'로 보여주었다. 이때 주어인 '사정이야'에 특수 조사 '−이야'가 통합되어 있는데 이것이 '−죠'와 일종의 호응 관계를 이루고 있다. 무표적인 '−ㅂ니다'보다는 양태의미를 표시하는 '−죠'와 어울릴 때 더 자연스러운 문장으로서 기능한다. 이러한 특수 조사나 양태 표지는 모두 문장의 명제 의미에 부가적인 의미를 더해 주는 기능을 갖고 있기 때문이라고 설명할 수 있다.[79)]

---

79) 주제를 나타내는 특수 조사는 이미 화자／청자가 알고 있는 정보를 지시하고 있으므로 '−지(요)'와의 결합 가능성이 높다고 설명하는 것도 옳을 것이다.

2) 선행 발화에 대한 동의

이것은 1)과 같은 맥락에서 볼 수 있다. 다만 선행 발화의 정보에 관련된 새 정보를 덧붙이는 것이 아니라, 공유하는 판단이나 정서, 감정 등을 제시한다는 점이 다르다. 다음은 모두 덧글의 예이다.

(63) ㄱ. 오역에서 오는 문제... - _ -;;; 정말 골치 아프죠... 오역에 심히
　　　질색한 나머지 돈 더주고 원서를 산 적도 <u>있죠</u>... 재미로 읽는
　　　소설책인데도 말이에요... - _ -;;; 그러니 전문서적의 경우는
　　　오죽하겠어요? OTL 그렇다고 세상 모든 사람들에게 한가지
　　　언어만 쓰라고 할수도 없고... ^^;;;

ㄴ. 오역의 문제, 심각<u>하지요</u>. 조금 다른 문제이지만 번역하면서
　　외국어 표현을 그대로 옮기는 것도 문제이고요. 일본책을 내리
　　베끼면서 표현까지도 그냥 옮겨온 것, 대표적인 예가 "~~에
　　다름아니다" 라는 표현. 그냥 "똑같다"라고 하면 될 것을 성의
　　없이 그대로 옮겨서 말<u>이죠</u>

ㄷ. 아아, <u>그랬죠</u> :) 앞으로도 몇 편 더 겹칠 것 같군요? 전 19일
　　'시험 비행사 커프스'와 '은하에서 온 방문자들', 20일 '성운
　　속에서', 21일 '플라테나 부르그'와 '고요한 행성' 상영시에도
　　출몰할 예정이거든요. '솔라리스'도 무척 보고 싶은데, 밤 시간
　　에만 두 번 상영되니 귀가 시간을 맞출 수가 없어서 이번 영화
　　제에선 포기했답니다.

ㄹ. 저는 에반게리온을 볼 때마다 맘이 아픕니다. "어쨌건 간에 살
　　고보자"는 메시지가 절절하게 와 닿거든요. 몸도 아픕니다. 또
　　반게리온의 폭주 때문에...^^;

　　ㄴ, 그렇<u>지요</u>. 살고보자... 특히, 극장판의 마지막 장면은 안타깝
　　　기 그지없더군요...

ㅁ. 메모리스^_^ 이 드라마 <u>잼있죠</u>... 저두 예전에 고정 프로로 할때
　　잘은 못챙겨봤지만 볼때마다 거의 몰입해서 봤던 드라마였습니다.
　　이번 설날에 다시 특집편성된 편도 봤는데 역시 잼있었어요^-^

반드시 '-지(요)'를 쓸 필요는 없으나 이것을 씀으로써 화자가 상대가 제시한 정보를 이미 알고 있다는 사실을 표현하고 상대에게 정보 공유의 확인을 시켜 주는 것이다. 정보를 공유하고 같은 공유 지식을 갖고 있음을 확인하여 긍정과 동의의 뜻을 강조한다. 단순히 자신의 의사를 일방적으로 제시하는 게 아니라 상대와의 일치점을 확인한다고 할 수 있다. 따라서 덧글에서 많이 나타나며 텍스트의 맨 앞에 오는 일이 많다.

(63ㄴ-ㄹ)에서는 지시사와 함께 '-지(요)'가 나타나 선행 발화에 대한 화자의 동의를 표현하고 있다.

3) 화자의 경험 제시

여기서부터는 이미 공유하고 있는 정보가 아닌, 화자만이 갖고 있는 정보를 제시하는 데 쓰인다. '-지(요)'에 상반되는 두 개의 의미가 있다기보다는, 화자에게 내면화된 정도가 높음을 '이미 앎' 또는 정보의 공유를 표시하는 '-지(요)'를 사용하여 표시함으로써 특수한 효과를 갖게 되었다고 설명하는 편이 바람직하다.[80]

(64) ㄱ. 얼마 전에 '한번만 더'라는 노래가 라디오에서 흘러나와 듣는데 듣다가 결국은 채널을 바꿨<u>지요</u>. 아주 요상한 창법에 자기 맘대로의 느낌으로 노래를 불러 옛날의 아련했던 추억이 불쾌함으로 다가왔습니다.

ㄴ. 사실, 누군가 들으면 펄쩍 뛸 소리겠지만, 잡지에 영화리뷰나 게임 컬럼같은 것 쓰던 때가 투입시간 대 수익은 가장 <u>짭짤했죠</u>. 두어시간 정도 끄적대서 리뷰랍시고 넘겨주면 별로 수고했다는 자각 없이 원고료 받아 챙겼으니까요. 문제는, 그걸로만

---

80) 이것은 이해영(1996)에서 주장한 청자의 부담 줄이기라는 측면에서 생각할 수 있다. 청자와 화자의 경험이나 생각이 다른 경우 화자가 청자의 체면을 손상하지 않기 위해 공유하는 정보인 것처럼 '-지'를 사용하는 것이다.

먹고 살려면 최소한 열꼭지 정도는 맡아야 월급쟁이 월급이
되니 용돈벌이로는 몰라도 주업으로 삼기는 <u>불가능하죠</u>. (잡지
열개쯤 동시에 연재하지 않는한. -_-a)

ㄷ. 타이틀 얘기가 나와서 말인데... 한때 <미스틱 리버>가 기획
될 때 남녀자분과 번역본 타이틀에 내해 나눴던 대화가 생각
난다. 제목을 <미스틱 리버>로 할 것인지 <미스틱 강>으로
할 것인지 <신비의 강>으로 할 것인지... ㅋㅋㅋ 등장하는 강
의 이름이 미스틱 리버였으니 당연히 원제 그대로 <u>가야했지</u>.

(65) ㄱ. 과거의 경험으로 미루어 볼 때, 라이센스건 뭐건, 돈을 낸다
면 구할 수라도 있다는게 행복하답니다. 이젠 어언 10여년
전 신용카드를 처음 만들어 한 일이 아마존에 주문 넣은 <u>것
이었지요</u>.

ㄴ. 저도 채시라 너무도 좋아라 <u>했지요</u>. 하림이와 여옥이 이뤄지길
고대하고 <u>고대했었지요</u>. 하핫. 저랑 같은 생각, 추억, 기대를
가진 표정님~ 아잉~ 반가워요.

(64ㄱ)은 '-지(요)'가 결합된 문장이 게시물 텍스트의 처음에 나타난
예인데 이러한 경우는 많지 않다. '-지(요)'는 대부분 선행 발화와 연결
되기 때문이다. 그러나 (64ㄱ)의 첫 문장은 화자의 경험을 제시하는 문장
이므로 선행 발화와의 연관성이 필요 없다. 다른 예들은 화자의 경험을
제시하면서 선행 발화와의 연관성도 나타내고 있다. (65ㄴ)은 덧글의 예
로, 선행 텍스트에 대한 동의의 뜻을 가지면서도 자신의 경험을 제시하고
있다.

일반적으로 '그땐 그랬지/ 옛날이 좋았지'와 같이 회상을 할 때 '-지'
를 많이 쓰는데, 이것은 청자 지향적인 발화라기보다는 화자 지향적인 독
백에 가깝다. 화자가 자신이 가진 과거의 기억을 청자와 공유하는 경우도
있지만 그 공유 대상이 청자가 아닌 화자 자신인 경우라고 해석하는 것

도 하나의 방법이다.

4) 새로운 정보 제시

3) '화자의 경험 제시'와 마찬가지로 화자만이 갖고 있는 정보를 제시할 때 나타난다. 이 정보에는 화자의 지식과 판단, 해석 등이 포함된다. 정보를 넓게 해석하여 3)의 경험까지 정보에 포함시킬 수도 있다. 하지만 여기서는 화자 자신이 체험한 사실에 대한 정보인 3) '화자의 경험 제시'와는 구별한다.

(66) ㄱ. 극장판 마지막 장면 덕분에. "안노히데아키가 오타쿠들을 낚았다"라는 말이 돌기도 <u>했지요</u>. 저도 역시 TV판이 더 좋습니다.

ㄴ. 개인적으로는…그런 "미니홈피스러운 블로그 인식"보다 더 심각한 문제는 예절이라고 봅니다. 부정적인 리플이나 트랙백을 달아도 얼마든지 예절을 담아서 쓸수 있지만, 우리나라 사람들 대부분은 전투<u>적이지요</u>(저를 포함해서) 오타나 오류를 지적하는 것은 비밀글(비밀글을 지원하는 블로그 툴의 경우)이나 E메일로 처리할 수도 있습니다만, 아주 보란듯이 공개로 써놓기도 하구요.

ㄷ. 흠… 김용이 잘 쓰긴하지만 헛점이 없진 <u>않죠</u> 영웅문1부에서 황용이 가시돋은 철갑을 입어서 공격당할때 친 사람을 찌른다고 나오는데.. 곽정하고 껴안을때 곽정이 다쳤다는 <u>글은 없죠</u>.. --;;

ㄹ. resume를 어떤 식으로 작성하셨는지 궁금합니다. 표현하고 싶은 바를 명료하게 잘 쓰셨다면 이제 다른 부분을 살펴볼 수 밖에 없겠습니다만, 총장 근처에서 주워들은 소리에 따르면 면접 + 논술이 합격, 불합격을 좌우하는 도구로 활용되는 경우는 수능점수와 내신점수의 합산 점수가 커트라인 부근인 경우라고 합니다. 가끔 1차 컷 부근에서 완전히 뒤집는 경우가 있긴 하지만 1년에 몇 명 되지 <u>않지요</u>. 뭐, 카이스트를 1년 반이나

다니다가 장학금이고 뭐고 다 때려치우고 사회대에 지원하는
경우가 흔하지는 않습니다. 허나 비슷한 상태에서 서울대로 지
원하는 경우는 찾아보면 꽤나 있을 겁니다.

'-ㅂ니다'를 썼을 때 화자만이 아는 지식을 과시하여 청자의 소극적
체면을 위협하는 위험을 방지하기 위한 방편으로 볼 수도 있다. 실제로는
화자만이 갖고 있는 정보이지만 정보 공유를 표시하는 '-지(요)'를 씀으
로써 청자가 좀 더 쉽게 동의할 수 있도록 한다. '-ㄴ답니다'보다는 확
실히 부드러운 표현이라 할 수 있다.

그러나 이러한 새 정보 전달에 쓰이는 '-지(요)'라도 이미 화자와 청
자가 공유하고 있는 맥락이나 연결되는 선행 텍스트 없이 나타나지는
않는다. 위의 예들도 모두 앞서 제시된 정보에 종속되어 있다. 만약 상
품 소개나 제품 설명에 '-지(요)'를 쓴다면 매우 어색하게 보일 것이다.
'-지(요)'가 반말체이므로 문어체의 설명서에는 나타나기 어렵다는 점을
감안하여 음성 발화의 경우를 가정해 보자.

(67) ?고객님, 저희 신상품을 구입하셨을 때 받으실 수 있는 특혜에는
     이런 것들이 있지요.
                                     ─ 직접적인 상담원과의 대화

(67)은 현실에서 듣기 어려운 발화이다. 새로운 정보를 전달할 때 이미
형성된 맥락이 없이 '-지(요)'를 쓸 수 없는 것이다. 특히 특정 청자가
있을 때는 더욱 어렵다. 이것으로 보아 '-지(요)'는 맥락 의존적 성격이
매우 강함을 알 수 있다.

5) 화자의 태도 표시

다른 특성들이 비교적 덜 나타나는 대신 화자의 태도가 표현되는 경우
이다.

(68) ㄱ. …게다가 영어로는 Burgess shale로 나와 있고요. Burgess slate
   나 Burgess schist는 아닌거 같습니다.^^ 제가 아는 한도내에서
   는 얼마든지 도와드릴 수 <u>있지요</u>. 제가 미혜님의 좋은 글을 얼
   마나 많이 읽었는데요~^^ 행복하시고 새해 복 많이 받으세
   요~!

ㄴ. 그 밖에도 많이 있습니다만, 생략<u>하지요</u>. 그래서 요즘은 원서
   쪽에 눈을 돌리고 있긴 합니다만, 구입 루트와 '가독성'의 문
   제로 어려움이 있긴 합니다.^^

ㄷ. 읽을 책이 너무 많아서 문제긴 하네요. 『피를 마시는 새』를 읽
   자면 『눈물을 마시는 새』도 다시 읽어야 할 것 같고, 행복한
   책읽기 SF의 열렬한 지지자로서 오랜만에 나온 『비잔티움의
   첩자』도 읽어야겠고… 아니, <u>그만두죠</u>. 요즘 읽을 만한 책들의
   제목을 나열하는 건 자살행위에 가까운 일이니까.

이 경우 공유 정보 확인의 의미는 거의 드러나지 않는다. '-지(요)' 자
체가 가지는 의미는 나타나지 않는 대신 화자의 주관적인 결정이나 행동을
나타내는 문장에 쓰인다. 이것은 종결부 자체가 이러한 태도를 표현한다기
보다는 흐름을 부드럽게 하는 기능, 즉 문체 본연의 기능을 하는 것으로
보인다. 그러면서 텍스트의 전개를 조정하는 발화로서의 역할을 한다.

이러한 특성 때문에 '-지(요)' 결합 문장이 도입 발화에서 쓰이기도 한다.

(69) ㄱ. 오늘은 새로운 작품을 소개<u>하지요</u>.
   ㄴ. 이번에는 다른 이야기를 <u>하지요</u>.
   ㄷ. 제 소개를 하<u>지요</u>.

모두 '소개하겠습니다'와 같이 화자의 의지를 나타내는 '-겠-'으로 치환할 수 있다.[81] 이때의 '-지요'가 화자의 태도를 표현하고 있음을 보여주는 것이다. 이러한 도입 발화는 선행 발화와는 관계가 없고 후행 발화를 이끄는 역할을 한다.

이와 같이 다섯 가지 용법을 살펴보았다. '-지(요)'는 앞에서 정리한 두 가지 특성 때문에 선행 문장들과 가까운 위치에 나타난다. 따라서 앞 단락이나 발화와 인접한 텍스트 맨 앞 또는 텍스트 뒷부분에 위치하는 일이 많다. 물론 괄호 속에 넣어져 중간에 나타나기도 한다.[82] 그리고 '-ㅂ니다'와도 나타나지만 '-네(요) / -군(요)' 등 다른 반말체 어미와 함께 나타나는 일이 많다.

위의 유형들과 또 다른 용법이 있다. '-다지(요)'의 경우 '-지'가 '-겠-'과 마찬가지로 필연적으로 '-다-'와 결합하는 것을 알 수 있다.[83] 이때 '-다'와 결합하는 것으로는 '-더군(요)'가 있다.

> (70) 라파예트는 혁명 때에 '귀족과 사제는 프랑스 국민이 아니다'라고
> 했다지요. 삭주 토병쯤도 어차피 조선 백성이 아니었을 겁니다.
> 귀족과 사제를 뒤집은 저쪽에 삭주 토병이 서 있었을 거란 말씀입
> 니다.
> 나는... 대한민국 국민인가... 요즘 이 생각 자주 해요. 내가 대한민

---

81) 손현선(1996 : 17)은 [의도]의 '-겠-'과 '-지' 등의 반말 어미들이 통합될 수 없음을 보였다. '-지'의 경우는 이렇게 발화 맥락이 겹친다는 점이 그 원인이 될 가능성도 있다.

82) 양태를 나타내는 반말체 어미들은 메타텍스트에서 쓰이는 일이 많다. 주된 논리 전개와 정보의 흐름에는 '-다' 체나 '-ㅂ니다' 체를 사용하지만 주로 괄호로 표시하는 메타텍스트에는 전개를 중단하고 화자의 개인적인 태도를 보이기 때문이다. 만약 중립적 태도를 강조한다면 명사·명사형 종결문으로 나타날 때가 많다.

83) 사전에는 '-다지'를 하나의 종결어미로 처리하여 다음과 같이 뜻풀이 했다. '해할 자리에 쓰여, 들어서 알고 있거나 이미 전제되어 있는 어떤 사실에 대하여 다시 확인하여 서술하거나 묻는 뜻을 나타내는 종결어미.'(『표준국어대사전』)

국이랑 무얼 주고받을 건지... 주고받을 수 있을지... 그래도 여기
살고는 있는데... 한국인이 바깥에서 나쁜 짓이라도 하면 부끄러운
데... 달리 어디 갈 데도 없는데... 사회보험 분담에 대해서 그 어떤
유감도 없는데... 국민경제에서 농업보호는 당연하다고 생각하는
데... 세금 체납한 적 없고... 육군 병장 출신 장삼이산데... 하아...

여기서 '했다지요'는 이미 알고 있는 정보를 화자 자신의 내면화된 정
보로 제시하기 전에 청자에게 내면화의 순서에 있어 청자가 화자보다 앞
선다는 것을 표시한다. 박재연(1998, 2000, 2004)은 인용 구성의 융합에 의
해 형성된 '−다나, 다면서'가 표시하는 '전언'의 의미와 함께 인용을 하
면서 화자의 태도가 추가된다고 지적하였다. '−다지(요)'는 이와 같은 계
열의 어미로서 역시 '전언'을 표시한다. 다만 '−지'가 결합하면서 청자
가 이미 그 사실을 미리 알고 있음을 확인한다. 인용은 정보가 완전히 화
자에게 내면화되지 않았음을 나타내는데 '−지'의 의미와 함께 쓰이면서
화자가 자신이 전해 들은 바를 청자에게 확인하는 의미가 발생한다. 따라
서 위와 같은 경우 '했습니다' 또는 '라고 했다고 합니다'를 쓸 때보다
겸손한 인상을 준다.

4.1.2.2. '−네(요)'

장경희(1985 : 80~83)는 '−네'의 양태의미를 현재 지각으로 파악한 바
있고 이해영(1996 : 127)은 '어떠한 사태에 대한 화자의 현재 지각 또는 현
재 지각된 사태의 제시'로 보았으며 손현선(1998 : 282~283)은 화자가 명
제 내용을 처음 알았을 때 사용한다고 하였다. 박재연(2004 : 164~168)은
이러한 논의를 바탕으로 '현재 지각 / 새로 앎'의 양태의미를 제시했다.
이것은 '−군(요)'와 흡사하므로 두 어미는 비교 대상이 된다.
'−네(요)'는 하게체의 어미와 형태가 같아 혼동을 주기도 한다. 여기

서는 반말에 해당하는 '−네(요)'만 다룬다. 또한 의문문의 '−네(요)'도 논의에서 제외하는데, 그것은 이 연구가 문자로 이루어지는 인터넷 텍스트만을 대상으로 하고 있기 때문이다. 인터넷 텍스트에서는 특성상 의문문과 하세체의 예는 잘 나타나지 않으며 나타나더라도 음성 발화와 별 차이가 없으므로 이 연구의 목적에 맞지 않는다. 이것은 다른 논의에서도 마찬가지이다.

다음은 국어사전의 뜻풀이이다.

> (71) −네7
> 「어미」『'이다'의 어간, 용언의 어간 또는 어미 '−으시−', '−었−', '−겠−' 뒤에 붙어』①하게할 자리에 쓰여, 단순한 서술의 뜻을 나타내는 종결어미.
> ¶자네 차례네. / 집이 참 넓네. / 나 지금 가네. / 여긴 눈이 많이 왔네. /그러다 병나겠네. ②해할 자리나 혼잣말에 쓰여, 지금 깨달은 일을 서술하는 데 쓰이는 종결어미. 흔히 감탄의 뜻이 드러난다.
> ¶우리 아이 노래도 잘 부르네! / 집이 참 깨끗하네.
> ─『표준국어대사전』

'−네(요)'는 감탄형 어미로 학교 문법에서 분류되는데, 실제 쓰임에서는 다른 모습을 보인다. '꽃이 참 예쁘네!' 할 때의 감탄의 의미는 단순히 어미 '−네'의 의미에 따른 것이 아니라 지각의 현재성, 새로 앎과 억양이 결합하면서 결정된 것이라 보아야 한다. '−네(요)'는 분포에 있어서는 청자 지향적, 의미에 있어서는 화자의 주관적 평가를 표현하는 기능이 있다. 그러나 '−네(요)' 역시 '−지(요)'와 마찬가지로 단순하게 하나의 기능이나 의미로만 설명할 수 없는 다양성이 있다.

'−네요'는 '−ㅂ니다' 체에서 비교적 자유롭게 쓰이는 반면 '−네'는 '−다' 체에서는 다소 제약이 있다.

(72) ㄱ. 내가 생각해 봐도 모두가 잘못한 일이다. 그러고 보니 나도 그
　　　 들 중 하나<u>였군</u>.
　　 ㄴ. 내가 생각해 봐도 모두가 잘못한 일이다. ?그러고 보니 나도
　　　 그들 중 하나<u>였네</u>.

　거의 비슷한 분포를 보이는 '-군'은 '-다' 체에서도 자연스러운 데
비해 (72ㄴ)이 부자연스러운 것은 '-네'가 화자 지향성이 높은 편인
'-군'과 달리 청자 지향성이 높다는 증거이다.84)

(73) ㄱ. 쓰고 보니 만화 자체에 대한 이야기는 별로 <u>없네</u>. 결론부터 말
　　　 하자면 그냥 읽을 만하다. 점수가 짠 이유는, "요리"에 대한 이
　　　 야기에 엄청나게 거창한 드라마나 카타르시스가 걸리기는 곤
　　　 란하지 않은가. (하긴 대장금을 보면 꼭 그런 것만도 아니지
　　　 만.) 가벼운 요리기행문 정도로 생각하면 충분할 것 같다.
　　 ㄴ. 문제가 있는데... 아직도 정확히 무슨 일을 하게 될지 잘 모르
　　　 겠어요. 월급 도둑이라는 소리는 들으면 안되는데. 내가 가지
　　　 고 있는 기술이나 능력이 혹시 남들보다 떨어지는 것은 아닐
　　　 까, 너무 낡은 것은 아닐까, 우물 안 개구리는 아닐까. 솔직히
　　　 걱정이 <u>되네요</u>.
　　 ㄴ'. 문제가 있는데... 아직도 정확히 무슨 일을 하게 될지 잘 모르
　　　 겠다. 월급 도둑이라는 소리는 들으면 안되는데. 내가 가지고
　　　 있는 기술이나 능력이 혹시 남들보다 떨어지는 것은 아닐까,
　　　 너무 낡은 것은 아닐까, 우물안 개구리는 아닐까. 솔직히 걱정
　　　 이 <u>되네</u>.
　　 ㄴ". 문제가 있는데... 아직도 정확히 무슨 일을 하게 될지 잘 모르

---

84) 요즘 TV에서 인터넷 뉴스를 방영하는데, 아나운서가 논평을 섞어 끝맺는 말을 할 때
　 일반적인 뉴스 말투인 '-ㅂ니다'가 아닌 '다 함께 노력해야 할 문제라는 생각이 드네
　 요'와 같이 '-네요'를 쓰는 일이 많다. 이것이 구어체에 가까운 인터넷 문체의 반영인
　 지 아니면 또 다른 '-네요'의 기능이 있어 발생하는 필연적인 선택인지는 좀 더 생각
　 해 볼 문제이다.

겠다. 월급 도둑이라는 소리는 들으면 안되는데. 내가 가지고 있는 기술이나 능력이 혹시 남들보다 떨어지는 것은 아닐까, 너무 낡은 것은 아닐까, 우물 안 개구리는 아닐까. 솔직히 걱정이 <u>되는군</u>.

(73ㄱ)은 '-다' 체에 '-네'가 나타난 예로, '쓰고 보니'라는 지각·판단을 표시하는 구가 결합되어 현재 지각의 의미가 뚜렷이 나타난다. 이것은 독백의 문장이므로 부담 줄이기의 기능은 없는 것으로 보인다. (73ㄴ)은 자신의 상태·감정을 표현하는 발화에 '-네요'가 쓰인 예인데, 이것은 '-요' 체를 썼으므로 청자 지향적 발화이고 따라서 (73ㄱ)과 같은 독백의 문장이 아니다. 이를 청자 지향성이 약한 '-다' 체로 바꾸었을 때 미묘하지만 (73ㄴ)′은 (73ㄴ)이나 (73ㄴ)″보다는 다소 어색하게 느껴진다. 이것은 '-다' 체에서 화자 지향적인 '-네'는 '새로 앎'의 의미가 뚜렷한 경우에만 적합함을 보여주는 예가 아닌가 한다. '걱정이 되다'는 화자의 상태·감정을 나타내는 구이고 '새로 앎'의 의미가 뚜렷하지 않다. '-네'의 용법에는 화자의 상태·감정을 나타내는 것이 있는데 이것은 '새로 앎'의 의미가 반영되는 다른 경우와 구별해야 한다.

아래의 예는 TV 뉴스 보도의 텍스트이다. 본래 뉴스 보도는 문어체적 구어로 분류될 수 있는 텍스트인데 최근 구어체 표현을 쓰는 일이 많아져 그 성격이 점점 모호해지고 있다. 원래 음성 텍스트이나 요즘은 인터넷에서 문자 텍스트로 제공하므로 더욱 성격이 복잡해졌다.

(74) 일본에서 활동하고 있는 탤런트 윤손하 씨가 최근 일본에서 찍은 광고 사진으로 화제를 모았습니다. 다름이 아니라, 이 광고 사진에서 윤손하 씨의 노출 수위가 좀 높았기 때문인데요.
윤손하 씨는 최근 일본의 한 다이어트 식품 광고를 찍었<u>는데요</u>.

지난 3일부터 이 사진이 게재됐습니다. 그런데 보시다시피 윤손하 씨가 꽤 과도한 노출을 해 국내 네티즌들 사이에 화제가 됐습니다. 몇 년 전부터 일본을 중심으로 활동해 온 윤손하 씨는 국내 활동 당시 주로 청순한 이미지로 어필해왔기 때문에, 국내 팬들은 윤손하 씨의 이 광고 사진에 놀랐다는 반응을 보이고 있습니다. 많은 네티즌들은 열심히 하는 모습이 보기 좋기도 하지만, 그래도 과도한 노출은 자제해 달라는 당부를 전했습니다.

이렇게 타국에서의 노출로, 여배우들이 도마 위에 오르는 경우가 간혹 있습니다. 중국배우 장쯔이는 얼마 전 일본에서 찍은 한 샴 푸 광고 때문에 자국 팬들로부터 맹비난을 받았는데요. 중국 네티 즌들은 이 광고에서 장쯔이가 마치 벗은 듯한 느낌을 준다며, "일 본인을 위해 광고를 찍은 장쯔이가 싫다."고 강하게 비판했습니다. 장쯔이는 이 광고 이전에도 일본 게이샤의 삶을 그린 영화 '게이 샤의 추억'을 찍고 중국인들로부터 많은 비판을 받았는데요. 이번 에 이 일본 샴푸 광고를 찍고는 '매국노'라는 강한 비판까지 받았 습니다.

장쯔이에 대한 중국인들의 비판만큼은 아니지만, 윤손하 씨의 노 출 광고를 본 우리 네티즌들도 일종의 안타까움을 표현하고 있는 데요. 특히 국내에서 윤손하 씨가 청순한 이미지를 쌓아오며, 노 출과 관련된 이미지를 보여오지 않았기 때문에 일본에서의 노출 광고에 더 섭섭함을 느끼는지도 모르겠습니다. 열심히 하는 모습 도 물론 좋지만, 윤손하 씨, 국내 팬들의 이런 당부도 생각해 주셨 으면 좋겠네요.

이러한 텍스트는 음성 언어로 발화되기 때문에 당연해 보이기도 하지 만 뉴스 텍스트가 격식성이 강하고 일방적인 담화라는 측면에서 파격적 인 것은 사실이다. 마지막 문장에 특히 반말체 종결이 나타나는 일이 많 다. 이 예에서는 특정인에게 직접 발화하는 형식을 갖추고 있지만 화자 자신의 의견을 제시하는 형식으로 '-네요'를 쓰는 경우도 많다. 이것은 좀 더 구어체에 가까운 발화를 하려는 시도이기도 하지만 '-ㅂ니다' 체로는 표현할 수 없는 양태성을 부가하려는 의도라고 생각된다. 또한 반말체인 '-ㄴ데요'와 '-ㅂ니다'가 번갈아 나타나는 것을 볼 수 있다. 이것은 '-ㅂ니다'만 반복해서 나타날 때 단조로워지기 쉬운 단점을 보완하고 리듬을 살리기 위한 노력이 아닌가 한다.

한 가지 주목할 만한 현상은, '-네(요)'와 결합하는 동사 가운데 인지 · 감각 동사가 많다는 사실이다. 그리고 인지 · 감각 동사가 아닐 때는 행위를 평가하는 가치 판단의 부사가 결합된 경우가 많다.

> (75) ㄱ. 멀었다더니 벌써 반은 했네.
> ㄴ. 정말 잘 썼네.
> ㄷ. 무슨 말인지 알겠네요.

일반적인 동사와 결합할 때는 화자 자신의 행위와 다른 사람의 행위 모두 지시한다. 그리고, 기존 연구에서 제시한 '새로 앎'의 의미는 화자가 동작주가 아닌 경우에는 들어맞지만 화자가 동작주인 경우에는 별로 나타나지 않는다. 물론 화자가 동작주인 경우라면 자신의 행동을 새롭게 지각하는 것이 아니기 때문이라는 설명도 가능하다. 그러나 '-네(요)' 자체는 화자가 동작주인 경우에도 나타나므로 '새로 앎'의 의미가 '-네(요)'의 의미 영역 전체를 포괄한다고 하기는 어렵다.

> (76) ㄱ. 해가 일찍 떴네요.
> ㄴ. 값이 참 싸네요.
> ㄷ. 기억이 잘 안 나네요.
> ㄹ. 몸이 안 좋아서 어제 못 왔네요.

(76ㄷ, ㄹ)을 '새로 앎'이나 '현재 지각'만으로 설명하기에는 어려운 점

이 있다. 특히 (76ㄹ)은 일상생활에서 종종 들을 수 있는 발화인데 이는 이해영(1996)의 부담 줄이기 용법으로 설명할 수 있을 것이다.

블로그에 나타나는 예들은 크게 두 가지 경우로 나눌 수 있다. 첫째, 화자 지향성이 강한 독백체 게시물에 쓰인 경우, 둘째, 청자 지향성이 강한 덧글에 쓰인 경우이다. 첫 번째의 예는 '-ㅂ니다/-요' 체에서 많이 볼 수 있으나 '-다' 체에서는 별로 나타나지 않는다. 둘째는 양쪽에서 매우 활발하게 나타난다. 블로그에서 쓰인 예들을 분류했을 때 네 가지 용법을 설정할 수 있다. 앞서 '-지(요)'의 논의에서 언급했듯이 이것은 어미의 내적 의미를 분석한 것이 아니라 실제로 쓰이는 용법을 기술하는 것이다. 그러므로 '현재 지각' 또는 '새로 앎'이라는 기존의 의미가 부정되지는 않는다. 오히려 이런 의미가 작용하여 다음과 같은 기능을 보인다고 할 수 있다.

1) 선행 발화 논평

'-네(요)' 역시 주변 문장 및 발화와의 관계가 밀접한데, '-지(요)'와 달리 선행 문장 및 발화하고만 연결된다. 그리고 선행 문장 및 발화에 대해 화자의 판단이나 평가를 하는 경우에 쓴다.

(77) ㅣ. (50억 내놓으라던 쌍패를 수먹으로 제압하고 10억에 타결본다? 대기업을 상대로 공갈치던 조폭들이 일개 양아치 주먹을 무서워해서 40억 원을 포기한다라…) 수준 낮은 집단에서나 통하는 '주먹'이 이렇게 각광받는 직장은 또 첨봤네요. …
그리고 내 주변에는 데이트 코치면 히치처럼 진심어린 조언을 해주는 사람은 없고, 조언은 커녕 내 친구란 놈들은 "야! 일단 고백해봐라! 차이면 재밌겠다! 캬캬캬!", "성공하면 배아파서 안되는데… 아 그럴리가 없지." 뭐 이따위 조언이나 해주고 있으니... 참 안타깝다는 생각이 <u>드네요</u>.

ㄴ. 먼 땅 포구에서 아내를 만난 척척. 비록 중국에서지만 다시 아들까지 두고 행복하게 삽니다. 그러던 어느 날 누루하치 세력 때문에 요동의 정세가 급변하자 다시 명군에 종군하게 됩니다 (그러니까 시대 배경이 후금(後金), 아직 淸은 아니고) 적극적으로 요동 이서를 도모할 <u>때네요</u>. 아직 만리장성은 못 넘었습니다). 출정한 명군은 물론 여진에게 몰살.

ㄷ. 쓰고 보니 만화 자체에 대한 이야기는 별로 <u>없네</u>. 결론부터 말하자면 그냥 읽을 만하다. 점수가 짠 이유는, "요리"에 대한 이야기에 엄청나게 거창한 드라마나 카타르시스가 걸리기는 곤란하지 않은가.

(78) ㄱ. 법정공휴일은 아니더라도..국경일 지정에서 제외된 것은 안타<u>깝네요</u>.

ㄴ. 노태우... 잘못한 너무 많은 것 중에서도 ... 생각해보니 공감이 <u>가네요</u>....

ㄷ. 본인이 담담하게 한 챕터의 끝을 말할 수 있다는 것도 참 부러운 능력<u>이네요</u>. 대개는(아니 저는) 자신도 모르게 달려가다 뒤돌아보니 분기점이었다고 깨닫는데...

ㄹ. 채시라씨 너무 멋<u>지네요</u>. 원래도 좋아했지만 이렇게 모아놓은 사진 보니 정말 멋진 것 같다는 생각이 다시 듭니다

ㅁ. 저는.. 채시라씨 별로 안좋아해요..^^ 근데...글쓴님의 채시라씨에 대한 애정이 묻어나네요.^^ 다른 눈으로 보게되요~ ^^

ㅂ. 저는 채시라씨 솔직히 좀 싫어하는 편이지만 님글 읽어보니 참 대단한 배우다 싶<u>긴하네요</u>..너무 주관적인글 ㅎㅎ; 잘 봤습니다^^

(77)은 게시물에 쓰인 예이다. '-네(요)'가 통합된 문장에는 지시어나 접속어와 같이 선행 문장과의 연속성을 강조하는 어휘들이 들어 있다. (78)은 덧글에 쓰인 예로, 게시물이나 선행 덧글에 대한 논평이다. 이때

'안타깝다, 공감 가다, 멋지다' 등의 평가 표현들이 많이 쓰인다. 이때는 부담 줄이기보다는 '현재 지각 / 새로 앎'의 의미를 가진다고 볼 수 있다. 선행 발화를 인지하고 그에 대한 즉각적인 반응을 표현한 경우이다.

2) 자신의 경험 / 행위 서술

이것은 1)과 달리 선행 발화와의 관계가 그다지 뚜렷하지 않은 예이다. 여기서는 화자가 자신의 경험을 서술하는데 그 시점은 과거이기도 하고 현재이기도 하다. 화자와 동작주가 일치한다.

> (79) ㄱ. 또, 씨네큐브에서 하는 배낭여행영화제도 볼 계획이었는데, 금자씨가 생각보다 늦게 끝나서 아쉽게도 포기해버렸네요. 그래도 대신 본 <더 로드>가 괜찮아서 다행이었습니다. 필름포럼 극장이 별로 넓지는 않지만, 10명밖에 안 되는 인원에서 보려니 많이 무섭더군요...;;
> ㄴ. 음.. 저 같은 경우는 수시면접 때 서울대 15분, 아주대 10분, 광운대 5분 한양대 10분, 연세대 15분 정도의 면접시간이 있었네요.
> ㄷ. 한시이분 잠이 안와서 들어왔다가 이 글을 보네요 신성우하고 일 이후로 많이 타격을 입은 듯 보여요... 참 여린 사람이었나 봐요 그게 뭐 대단한 일이라고 말이에요

(79ㄱ, ㄴ)은 과거의 경험을 이야기하면서 '-네요'를 사용하고 있다. (79ㄷ)은 현재 시점의 동작을 서술하는 것으로, 엄밀히 말해 (79ㄱ, ㄴ) 과 같이 묶는 데는 다소 문제가 있다. 그러나 이것도 정밀하게 동작이 수행되는 시점을 따져 본다면 발화시보다 앞서 있으므로 같이 묶을 수 있다.

이 용법은 특이한 점이 있는데 그것은 다른 용법과 달리 '-군요'로

교체하기가 어렵다는 것이다.

> (79)′ ㄱ. ?또, 씨네큐브에서 하는 배낭여행영화제도 볼 계획이었는데,
> 금자씨가 생각보다 늦게 끝나서 아쉽게도 포기해버<u>렸군요</u> 그
> 래도 대신 본 <더 로드>가 괜찮아서 다행이었습니다. 필름포
> 럼 극장이 별로 넓지는 않지만, 10명밖에 안 되는 인원이서
> 보려니 많이 무섭더군요...;;
> ㄴ. ?음... 저 같은 경우는 수시면접 때 서울대 15분, 아주대 10분,
> 광운대 5분 한양대 10분, 연세대 15분 정도의 면접시간이 있
> <u>었군요.</u>
> ㄷ. ?한시이분 잠이 안와서 들어왔다가 이 글을 <u>보는군요</u> 신성우
> 하고 일 이후로 많이 타격을 입은 듯 보여요... 참 여린 사람이
> 었나봐요 그게 뭐 대단한 일이라고 말이에요

이러한 차이를 이해영(1996 : 132)에서 '-네'는 정보를 현재 지각하고 있음을 표시하는 반면 '-군'은 새로운 사실을 화자가 처음 알게 되었음을 표시하는 데서 비롯한 것이라고 설명하였다. 이것은 타당한 설명이다. 위의 예들은 화자가 동작주와 일치하는 경우이고 이때 자신의 행동은 이미 알고 있는 것이므로 '-군요'가 쓰이면 모순이 생긴다. '-네'도 '새로 앎'의 의미가 있다고 하지만 이 경우에는 완전히 몰랐던 정보를 새로 아는 것이 아니라 자신의 행동을 새로운 정보화하며 현재 지각했음을 나타내는 것이다. 또 다른 관점에서 해석하자면, 화자와 동작주의 거리의 문제로 보인다. '-네'와 달리 '-군(요)'로 교체하자 화자와 동작주의 거리가 멀어져 마치 다른 사람의 일이거나 낯선 일인 듯한 인상을 준다. '-네(요)'와 '-군(요)'가 나타나는 환경은 매우 비슷한데 이런 용법에서는 차이가 발견된다.

그런데, '-요'가 통합되지 않을 경우에는 양상이 또 달라진다.

(79)′ ㄱ. 또, 씨네큐브에서 하는 배낭여행영화제도 볼 계획이었는데, 금
　　　자씨가 생각보다 늦게 끝나서 아쉽게도 포기해버렸<u>네</u>. 그래도
　　　대신 본 <더 로드>가 괜찮아서 다행이었다. 필름포럼 극장
　　　이 별로 넓지는 않지만, 10명밖에 안 되는 인원이서 보려니
　　　많이 무섭더군...;;

　　ㄴ. 음... 나 같은 경우는 수시면접 때 서울대 15분, 아주대 10분,
　　　광운대 5분 한양대 10분, 연세대 15분 정도의 면접시간이 있
　　　<u>었네</u>.

　　ㄷ. 한시이분 잠이 안와서 들어왔다가 이 글을 <u>보네</u> 신성우하고
　　　일 이후로 많이 타격을 입은 듯 보여... 참 여린 사람이었나봐
　　　그게 뭐 대단한 일이라고 말이야.

(79)‴ ㄱ. 또, 씨네큐브에서 하는 배낭여행영화제도 볼 계획이었는데,
　　　금자씨가 생각보다 늦게 끝나서 아쉽게도 포기해<u>버렸군</u>. 그
　　　래도 대신 본 <더 로드>가 괜찮아서 다행이었다. 필름포럼
　　　극장이 별로 넓지는 않지만, 10명밖에 안 되는 인원이서 보
　　　려니 많이 무섭더군...;;

　　ㄴ. 음.. 나 같은 경우는 수시면접 때 서울대 15분, 아주대 10분,
　　　광운대 5분 한양대 10분, 연세대 15분 정도의 면접시간이
　　　<u>있었군</u>.

　　ㄷ. 한시이분 잠이 안와서 들어왔다가 이 글을 <u>보는군</u> 신성우하
　　　고 일 이후로 많이 타격을 입은 듯 보여... 참 여린 사람이었
　　　나봐 그게 뭐 대단한 일이라고 말이야

　(79)″는 다소 어색해 보인다. 하게체의 '-네'로 해석하게 되고 반말체
로 인식이 잘 되지 않는다. 반면 '-군'은 '-요'가 없으면 (79)′보다 자연
스럽게 느껴진다. 다만 '-군'이 쓰이면서 텍스트 전체가 화자 지향성이
높아진다.

3) 자신의 주장이나 추측, 감정 표현

기존 논의에서는 지적하지 않았던 용법이다. '새로 앎'의 인식 양태로 파악한 논의만으로는 설명하기가 어렵다. 자기 내면에 대한 인식이기 때문이다. 하지만 '현재 지각'으로 설명이 불가능한 것은 아니다.

(80) ㄱ. 제 속에 들어갔다 나오신 듯한. ^^;; 허나~! 과연 원더풀 라이프만의 문제일까 싶네요. 쩝.

ㄴ. 그래서 결국 IE로 다시 들어와서 덧글 남기는 중입니다.. 쩝.. 솔직히 멀쩡하게 잘 달리던 덧글을 못달리게 해놔서 엠파스에 짜증이 좀 나려고 하네요..;;;

ㄷ. 꼬깔님~ 새해 복 많이 많이 지으세요~~ _"_ 꼬깔님이 쓰신 이 글을 읽고 있다 보니 가슴이 저릿저릿하네요. 제가 번역한 책들이 몇 권 있는데, 마지막 교정을 볼 때까지도 틀린 게 꼭 나오더라구요. 하지만 대개 시간에 쫓겨 결국 책이 나온 뒤에도 틀린 걸 발견하곤 하죠.

ㄹ. 신성우랑 찍은 저 잡지 사진은 어떻게 구하셨어요..암튼 대단하십니다~ 옛날 추억 다시 돌아볼 기회 주셔서 고마워요..여명의 눈동자 중에서 최재성을 미워하는 님의 맘 충분히 공감합니다~~^^ 근데 신성우와 관계는 쇼였다는 생각도 드네용...

ㅁ. 와...그립네요. 진짜 채시라씨, 이상아씨, 김혜수씨 등이랑 하이틴 트로이카였는데...^^
그래... 예전에 아파트 찍을 때 목동에 사는 후배가 최진실하고 채시라를 봤는데... 채시라는 실제로 보니 완전 주변에 빤짝빤짝 빛이 나더라구하더만... 야튼... 항상 열심히 하시는 모습 보여주었으면 좋겠구요. 참!!! 아들의 여자는 1994년이구 모래시계는 1995년 인데... 왜 아냐면요^^ 제가 1994년에 고3이었는데 독서실가기전에 나오던 드라마라서 잠깐씩 봤던 기억이 나구요. 모래시계는 대학 들어가면서 봤던 거같네요.

ㅂ. 채시라 안좋아했는데 글 읽고 나니 좋아지네요..^^ 이래서 스타에겐 팬이 중요한가 봅니다...

이 역시 선행 발화와 크게 관계가 없다고 보이지만 실제로는 선행 발화에 대한 자신의 반응 상태를 표현하는 것이라 볼 수 있다. 따라서 화자의 심리나 감정을 나타내는 서술어와 통합한 모습을 보인다. (80ㄱ)의 '싫다', (80ㄴ)의 '짜증나다', (80ㄷ)의 '가슴이 저릿저릿하다' 등이 있다. 부담 줄이기의 관점으로 해석한다면, 화자의 주관적인 심리나 감정을 적극적으로 청자에게 표출하는 것에 대한 부담을 줄이기 위해 '-네(요)'를 사용했다고 할 수 있다. 특히 아래와 같이 청자의 체면(face)을 위협할 수 있는 발화에서 분명히 나타난다.

(81) ㄱ. 그 말 들으니 기분이 좀 <u>그렇네요</u>.
ㄴ. 별 건 아니지만 마음에 <u>걸리네</u>.

이러한 용법은 '-군(요)'와도 상통한다. 따라서 '-군(요)'로 대치해도 그 의미에는 거의 변함이 없다.

(81)′ ㄱ. 그 말 들으니 기분이 좀 <u>그렇군요</u>.
ㄴ. 별 건 아니지만 마음에 <u>걸리는군</u>.

이해영(1996 : 132~134)의 주장을 받아들이자면 '-군'이 정보성이 두드러지므로 부담 줄이기 면에서 '-네'보다 크지 않다고 했는데 이러한 경우에 적합한 설명으로 보이지 않는다. 오히려 '-네'가 청자에게 어떠한 반응을 촉구하는 청자 지향성이 더 강하게 느껴지기 때문에 부담 줄이기가 약화되는 느낌을 준다.

4) 자신의 태도, 발화 상황 서술

이것은 앞의 용법들과는 다소 이질적인 용법이다. 화자가 자신의 행동,

어떤 상황에 대한 반응과 태도, 주변 상황에 대한 인식을 드러낼 때 쓴
다. 이때 선행 발화와의 관계는 거의 나타나지 않고 도입 발화로서 사용
되기도 한다.

(82) ㄱ. 애인님 내조도 슬슬 끝에 접어드<u>네요</u>. 앞으로 내조를 하지 않
겠다는 건 아니지만 어쨌든 (애인님이나 저나 매양 말하듯이)
앞으로 지난 반 년 동안처럼 그렇게 열성적으로 옆에 달라붙
어서 물심양면으로 내조할 수는 없겠죠. 또 연애의 한 시기가
저물고 있습니다.

ㄴ. 아, 게다가 영화적 관심사도 변하고 있죠. 아니, 변했다기보다
는 순환하면서 부피가 두꺼워지고 있다는 표현이 더 어울릴
것 같습니다만. <형사 Duelist(2005)>에서 다시 시작한 '영화
란 무엇인가?'라는 고민이 잉마르 베리만의 <가을 소나타
(Hostsonaten, 1978)>와 마틴 스콜세지의 <비열한 거리(Mean
Streets, 1973)>, 클린트 이스트우드의 <밀리언 달러 베이비
(Million Dollar Baby, 2004)>를 경유하면서 저를 그간 열중해
왔던 고전기 할리우드 장르 영화의 바깥으로 또 한 번 밀어내
고 <u>있네요</u>. 마침 필름포럼이 도와주고 있고.

ㄷ. 간혹 혼동하는 경우가 있습니다. 읽지 않은 책을 읽었다고 착
각하는 것 말입니다. 순전히 착각만은 아닐 테지요 슬쩍 알은
체, 읽은 체하면서 우쭐대고 싶었던 때가 있었던 게지요. "어,
그거? 당연히 읽었지."하는 식으로 말입니다. 그게 어디 한 두
권이랍니까.『닥터 지바고』,『부활』,『죄와 벌』... 참나 막 쏟아
<u>지네요</u>. 주워들은 건 많아가지고『바람과 함께 사라지다』,『양
철북』등등.

(83) ㄱ. P.S.) 지난 일요일에 써놓았던 글인데 이제서야 올리<u>네요</u>^^ 모
두들 새해에는 좋은 일만 함께 하시길 기원합니다.

ㄴ. 흠... 군당국에 대해선 할 말이 없<u>네요</u>... 고인의 명복을 빕니다.

ㄷ. 첫편... 그런데 리뉴얼 버전의 경우 어떤 부분이 바뀌었는지 모

르겠네요. 암튼 전 요즘 새롭게 다시 보고 있습니다. 한 3편정
도 봤나 지금...^^

ㄹ. 늦게서야 건담에 바람이 들어서 (퍼스트와 제타 같은 "진짜 건
담"입니다... 건담윙이나 시드, 시대가 아니라 ^^;;;) 한동안 마
구 몰아서 봤던게 생각나네요. 그러고보니 아직 에반게리온을
안봤는데, 기회가 되면 이것도 한번 몰아서(!) 봐야겠군요. ^^;

ㅁ. …그리고 Schiefer면 아마도 영어의 Schist로 생각되는데 이는
편암이 맞습니다. 그러나 버제스 등산로의 이름을 따서 명명한
이 곳은 점토로 이루어진 셰일이 맞는 것 같습니다. 슬레이트
의 경우는 셰일이 저변성된 암석인데 일반적으로 연체동물의
화석이 가장 완벽하게 보존될 수 있는 환경은 셰일이라 생각
되네요~^^ 버제스 셰일이 맞다고 사료되옵니다.^^

ㅂ. 이 작품은 굉장히 유명하고 뛰어나다고 들었지만 읽고나서도
잘 기억이 나지 않는 작품입니다. (기억력과 이해력이 부족한
건가 ㅡㅡa) 최근 다시 읽어봐야겠다고 생각하는 작품 중 하나
네요 ^^

ㅅ. 지스카읍 그러고보니 같이 늙어가고 있었네... 가나 초콜렛 지
금도 생생한데...바람에 나부끼는 그녀의 생머리...둘이 아니어
도 좋다...라는 멘트

ㅇ. 저두 시라언니 진짜 좋아했는데..시라언니 나온 드라마는 거의
봤어요...샴푸의 요정 그거 진짜 잼 있게 봤었는데 진짜 같이
늙어가네요. 지금두 정말 이쁘구 연기 잘하구 정말 멋있는 거
같아요

ㅈ. 신성우씨 사건 있기 전까지는 좋아했었죠. 순진한 성우 형만
이용당하고 아직까지 솔로로 살고 있는걸 보면 연기력과 사생
활은 정말 별개이구나 싶네요.

ㅊ. 아들과 딸에서 묘~한 중성적인 느낌은 줬었던 배우가 누구였
는지 정말정말 궁금했었는데 여기에 나왔네요 ㅎㅎ

이러한 예들을 보면 '-네(요)'가 현재 지각의 새로 앎을 의미한다기보

다는 발화나 상황을 거리를 두고 평가하는 것이라고 해석할 수 있다.[85] 이것이 '-네(요)'라는 어미의 의미라고 단정하지는 못하더라도 '-네(요)' 가 평가하는 텍스트에 잘 쓰인다는 사실은 설명되어야 한다.

(83ㅅ~ㅊ)은 '-ㅂ니다/-요' 체로 교체하면 뭔가 부자연스러워진다.

> (83)′ ㅅ. ?음 그러고보니 같이 늙어가고 있었다. 가나 초콜렛 지금도 생
>   생한데...바람에 나부끼는 그녀의 생머리...둘이 아니어도 좋다
>   라는 멘트
>
> ㅇ. ?저두 시라언니 진짜 좋아했는데..시라언니 나온 드라마는 거
>   의 봤어요...샴푸의 요정 그거 진짜 잼 있게 봤었는데 진짜 같
>   이 늙어갑니다. 지금두 정말 이쁘구 연기 잘하구 정말 멋있는
>   거 같아요
>
> ㅈ. 신성우씨 사건 있기 전까지는 좋아했었죠.. 순진한 성우 형만
>   이용당하고 아직까지 솔로로 살고 있는걸 보면 연기력과 사생
>   활은 정말 별개이구나 싶어요. 2005 / 12 / 27 10 : 14
>
> ㅊ. ?아들과 딸에서 묘~한 중성적인 느낌은 줬었던 배우가 누구
>   였는지 정말정말 궁금했었는데 여기에 나왔습니다 ㅎㅎ

(83′ㅈ)은 별 문제가 없으나 나머지는 부자연스러움을 느낄 수 있다. (83′ㅈ)은 '싶다'라는 심리 형용사가 쓰여 상황 판단과 평가라는 문맥에서 어미가 바뀌어도 그 자체의 어휘 의미만으로 제 구실을 하지만 다른 것

---

85) 이해영(1996 : 31)에서도 부담 줄이기 책략으로, 화자가 직접적인 거절을 하는 대신 자신의 입장이나 상황을 객관적으로 제시함으로써 청자 스스로 화자의 뜻을 추론해 내도록 만들어 화자의 의도가 강하게 드러나는 것을 막는 데 '-네(요)'를 사용한다고 하였다. 인터넷에서 '-네(요)', '-군(요)' 등이 많이 쓰이는 이유에 대해서 이런 관점을 채택할 수 있다. 인터넷은 매체상 화자와 청자가 단절되어 있는 동시에 직접적인 반응이 가능하여 청자 지향적 발화를 할 수 있는 속성이 있다. 따라서 대화에 가까운 텍스트 교환이 빈번하게 이루어지는데, 그 과정에서 표정과 억양 등의 비음성 기호가 배제된 탓에 오해가 생기기 쉽다. 그러므로 청자의 부담을 줄일 수 있는 반말체의 어미를 선택하는 일이 많다.

들은 '그러고 보니', '진짜', '궁금하다'와 같이 화자의 지각과 태도를 지시하는 요소들이 있어 어미에 의미 제약을 가하는 것이다. 따라서 이러한 어미 선택은 문맥 의미의 영향을 강하게 받는다는 사실을 확인할 수 있다.

아래의 예와 같이 이어지는 덧글에 모두 '-네(요)'가 나타나기도 한다.

(84) Commented by A at 2006-02-13 01:35
비공개/ 저도 쓰고 나서 아차, 싶어서 다시 고치고 있는데, 이미 보셨네요. 수정했습니다. 지적해 주셔서 감사합니다.
Commented by B at 2006-02-13 04:29
애완동물 공동묘지가 스티븐킹의 'Pet Cemetery'인가요? 영화는 봤는데 책으로는 접해보지 <u>못했네요</u>. 제게는 평범한 작품이었어요.
Commented by C at 2006-02-13 08:45
모님은 혹 물XX님이 아닌가 싶기도 <u>하네요</u>. 저에게도 좋은 정보 주셔서 감사합니다. (구입했습니다)^^
Commented by D at 2006-02-13 09:17
추리소설 수집계의 유명한 분이라니 누굴까요? <u>궁금하네요</u>. ㅋㅋ 몇 분 떠오르는 이름이 있긴 한데...^^;;

이상 살펴본 바와 같이 '-네(요)'도 블로그 문체에서 사용 빈도가 매우 높으며 특히 덧글에서 활발하게 사용되는 어미이다. '-네(요)'는 '-지(요)'와 달리 선행 발화와 관련성이 약한 편이지만 대개는 선행 발화 내지 발화 맥락과 연계되어 있다. 화자에게 제시된 발화나 상황에 대한 화자의 인식과 태도를 드러내는 양태의미를 갖고 있기 때문이다. 그래서 인터넷에서는 '-ㅂ니다' 체로 일방적인 발화를 하다가도 중간중간에 이러한 반말체의 어미를 써서 문장 간의 연결성을 높이는 경향이 있다.

이것은 양태의미나 부담 줄이기 책략 그 자체보다는 문장의 결속구조과 리듬감을 추구하는 문체적 측면이라 할 수 있다.

4.1.2.3. '-군(요)'

'-군'은 형태소 자체에 대해 논란의 여지가 있다. 국어사전에서는 보통 '-구먼'과 '-구나'의 준말로 풀이하고 있다.

(85) ㄱ. -군09 :
「어미」 「1」 ('이다'의 어간, 형용사 어간 또는 어미 '-으시-', '-었-', '-겠-' 뒤에 붙어) 해할 자리나 혼잣말에 쓰여, 화자가 새롭게 알게 된 사실에 주목함을 나타내는 종결어미. 흔히 감탄의 뜻이 수반된다. 뒤에는 보조사 '요17'가 오기도 한다.
¶학교가 참 크군. / 그것 참 그럴듯한 생각이군그래. / 가지가 실하니 열매도 많이 열리겠군요. §「2」 '-구나03'의 준말.
¶꽃이 참 예쁘군. / 날씨가 참 좋군.§「본」 <1>-구먼.

ㄴ. -구나03 :
「어미」 ('이다'의 어간, 형용사 어간 또는 어미 '-으시-', '-었-', '-겠-' 뒤에 붙어) 해라할 자리나 혼잣말에 쓰여, 화자가 새롭게 알게 된 사실에 주목함을 나타내는 종결어미. 흔히 감탄의 뜻이 수반된다.
¶경치가 참 아름답구나! / 네가 벌써 대학생이구나! / 너의 아버지가 우리 아버지와 동갑이시구나. / 네가 이렇게 장성한 줄을 나는 몰랐구나. / 너도 엄마가 미웠겠구나.§「준」-군09 〔2〕.

ㄷ. -구먼 :
「어미」 '-군09①'의 본말.
¶학교가 참 크구먼. / 그것 참 그럴듯한 생각이구먼그래. / 가지가 실하니 열매도 많이 열리겠구먼. / 20년이 지났으니 그 아이가 벌써 대학생이 되었겠구먼.

ㄹ. -더군 :

「어미」 ① 『'이다'의 어간, 용언의 어간 또는 어미 '-으시-', '-었-', '-겠-' 뒤에 붙어』 해할 자리나 혼잣말에 쓰여, 과거 어느 때에 직접 경험하여 새로이 알게 된 사실을 현재의 말하는 장면에 그대로 옮겨 와서 전달하며, 그 알게 된 사실에 주목함을 나타내는 종결어미. 흔히 감탄의 뜻이 수반된다. 뒤에는 보조사 '요17'가 오기도 한다.

¶남편이 그동안에 많이 말랐더군. / 주위에서 오해도 많이 받았겠더군요. ② '-더구나02'의 준말.

¶너희 과장 참 좋은 사람이더군. / 오월인데 날이 꽤 덥더군. / 할머니께서 건강이 좋으시더군. / 여자가 많이 말랐더군.

ㅁ. -로군 :

「어미」 ① 『'이다', '아니다'의 어간이나 어미 '-으시-' 뒤에 붙어』 해할 자리나 혼잣말에 쓰여, 화자가 새롭게 알게 된 사실에 주목함을 나타내는 종결어미. 흔히 감탄의 뜻이 수반된다. 뒤에는 보조사 '요17'가 오기도 한다. 어미 '-군09'보다 더 예스러운 표현이며, 더 분명한 표현이다.

¶자네가 벌써 대학생이로군. / 이 사람은 보통이 아니로군. / 어쩜 아저씨 듣던 것하고는 딴판이시로군요. ② '-로구나'의 준말.

¶바로 네가 그 사람이로군.

—『표준국어대사전』86)

얼핏 보기에는 문제가 없어 보이나 실제로 두 개의 뜻을 구별하기는 매우 어렵다. '-군'의 자리에 '-구먼'과 '-구나'를 넣어보더라도 매우 미묘한 차이만을 보일 뿐이다. 사전에 제시된 용례를 보더라도 구별이 전혀 가지 않는다. '-구나'의 뜻풀이는 '-군'과 거의 차이가 없다. 다만

---

86) 이유기(2000 : 155)는 '-구나', '-구먼' 등의 어미가 감탄의 뜻을 수반하기는 하나, 감탄은 단순히 이러한 종결어미만이 가지는 서법이 아니라 양태이므로 다른 어미에서도 나타나야 한다고 지적하였다.

'해라할 자리'만 다를 뿐이다. 이것은 모호한 차이지만 우리가 주목해야 하는 어떤 사실을 드러내고 있다. 첫째, '-구먼'은 반말인 데 반해 '-구나'는 반말이 아니라는 점이다. 전자는 반말 식별에 있어 중요한 기준인 '-요' 통합이 가능하나 '-구나'는 불가능하다. 둘째, 전자보다 후자 쪽이 청자 지향성이 강하다는 점이다. 온전한 대우법으로서 기능하는 해라체의 '-구나'가 '구먼'보다는 청자 지향성이 강하다고 볼 수 있다. 그렇지만 이것을 가시적으로 판별하기는 쉽지 않다.[87]

이 논의의 목적은 '-군'의 형태적인 측면을 관찰하려는 것이 아니므로 이에 대하여 더 이상 깊이 들어가지는 않을 것이다. 다만, '-군'이 '-구나', '-구먼'과 기원적인 연관을 맺고 있는 것이 사실이라 해도 문체적인 면에서는 쉽게 교체되지 않는 차별성을 보인다는 점을 지적하려 한다. 의미는 장경희(1985)의 [처음 앎] 또는 박재연(1998)의 [새로 앎]으로 세 어미에 일관되게 적용할 수 있을 것이나 실제 쓰임에 있어서는 다소 다르다.[88]

박재연(1998 : 122~125)은 '-군'의 미묘한 의미에 대해 '다소 남성적인 단호함'이 있으며 '너 지금 무섭군?'과 같은 문장은 '무섭구나 / 무섭구먼'

---

87) 박재연(1998 : 88)에서도 이러한 불분명함을 지적하고 있다.
88) 이러한 기존의 의미 분석들은 상당히 치밀하게 이루어졌으나 그 논의 과정에서 '-군/ -구나/ -구먼'의 차이를 정밀하게 구별하지 못한 아쉬움이 있다. 한길(1986 : 61)은 '-군'과 '-구먼'의 의미 차이가 없이 둘 다 동일 문맥에서 자유롭게 교체가 가능하다고 하였다. 그러나 실제 쓰임에 있어서 문맥의 차이가 없이 쓰인다고 하기는 어렵다. 또한 '-구먼'의 경우 표준어형이 '-구먼'이나 현실 발화에서는 '-구만'으로 더 많이 나타나며 '-구먼'이 언중에게 다소 연령층이 높거나 방언을 사용하는 화자의 언어라는 인상을 주기 때문에 정확한 의미를 파악하는 데 어려움이 있다. 이러한 인식과 더불어 '-하더니만'과의 음성적 유사성에서 비롯되는 중첩되는 부분도 의미 파악에 난점이 된다. '잘 썼구만 왜 그래 / 이상하게 했다더니 나쁘지 않구만'과 같은 발화는 상대의 평가 발화와의 연계성을 유지하고 있는데 비해 이를 '잘 썼구먼 왜 그래 / 나쁘지 않구먼'으로 고치면 이러한 연계성이 없어진다. 따라서 '-구만'을 단순히 '-구먼'의 이형태로 보는 것은 문제가 있을 수 있다.

에 비해 어색한 느낌을 준다고 하여 '-군'의 독특한 문체 특성을 의식하고 있음을 볼 수 있다. '-네(요)'가 다소 여성적인 느낌을 주는 반면 '-군(요)'가 다소 남성적인 느낌을 주는 것은 '-군(요)'가 '-네(요)'보다 화자 지향성이 강하기 때문으로 생각된다. 문체의 관점에서 볼 때, '-군요'는 화자의 사고가 화자의 내면으로 향하고 있다는 태도를 표현하여 화자 지향성이 강하다. '-네(요)'와 조건과 의미는 거의 비슷하나 지향성의 방향, 그리고 내포되어 있는 시상에서 차이가 난다.

(86) ㄱ. 참 아프겠<u>구나</u>.
ㄴ. 참 아프겠<u>군</u>.
ㄷ. 참 아프겠<u>네</u>.

몸을 다친 친구한테 ㄱ과 같이 말한다면 위로가 되지만 ㄴ과 같이 말하면 다소 야속하게 들릴 것이다. 친밀감의 차이와 같은 것이 존재한다. 이것은 역시 '-군'이 '-구나'보다 화자 지향성이 강하기 때문이라고 본다. 만약 단순히 준말과 본딧말 관계라면 이러한 뉘앙스 차이가 생길 수 없을 것이다. 이 경우 '-군'이 '-구먼'의 준말이라고 해석할 수도 있다. 그러나 사전에서 '-구나'의 준말인 '-군'의 뜻풀이를 제시했으므로 단순히 형태만으로는 두 가지로 모두 해석할 수가 있어야 한다. (86ㄱ)보다는 (86ㄴ)과 (86ㄷ)이 정감이 덜한데 (86ㄴ)보다는 (86ㄷ)이 더 부드러운 표현이다. 역시 '-네'가 청자 지향성이 강하기 때문에 나타나는 차이라 본다.

(87) ㄱ. 메리제인님도 '거울포함'이 젤 맘에드셨(?)나<u>보군요</u>. 프립선생님께서 세일즈에도 재주가 있으신 모양입니다 ^^

ㄴ. 메리제인님도 '거울포함'이 젤 맘에드셨(?)나보네요. 프립선생
　님께서 세일즈에도 재주가 있으신 모양입니다 ^^

(87)는 블로그의 덧글인데 원래 (84ㄱ)으로 나타난 것을 '-네요'로 교
체하여 (87ㄴ)으로 만들어 본 것이다. 텍스트 내에서도 두 종결 형식의 분
포에 차이가 거의 나지 않음을 볼 수 있다. 의미에서도 그 차이를 구별하
기가 쉽지 않으나, (87ㄱ)은 발화가 닫혀 청자의 반응을 받아들이지 않는
반면 (87ㄴ)은 발화가 열려 있어 청자의 반응을 받아들이는 태도가 나타
나 있다고 할 수 있다. '-네'와의 차이는 다음 예에서도 볼 수 있다.

(88) ㄱ. 해가 일찍 <u>떴네요</u>.
　　 ㄴ. 값이 참 <u>싸네요</u>.
　　 ㄷ. 기억이 잘 안 <u>나네요</u>.
　　 ㄹ. 몸이 안 좋아서 어제 못 <u>왔네요</u>.

(88)′ ㄱ. 해가 일찍 <u>떴군요</u>.
　　 ㄴ. 값이 참 <u>싸군요</u>.
　　 ㄷ. 기억이 잘 안 <u>나는군요</u>.
　　 ㄹ. ?몸이 안 좋아서 어제 못 <u>왔군요</u>.

(88′ㄹ)은 '-군요'로 교체했을 때 어색해진다. 화자 자신이 행동주인
경우 '-군요'를 쓰는 것이 어렵다.[89] 그러나 (88′ㄷ)은 가능하다. 문장의
주어가 '기억이'라서 가능하다고 하여도 '기억을 잘 못 하겠군'과 같이
화자가 주어인 경우에도 역시 가능하다. 이것은 '-군(요)'가, 정보가 화
자에게 내면화되었음을 나타내는 데서 비롯된 결과라 할 수 있다.
　'-군(요)'의 용법을 다섯 가지로 분류하였다.

---

89) 앞의 '-네(요)' 논의 참조.

1) 독백

화자 지향성이 매우 강하므로 전달하는 정보 자체가 화자에게 완전히 새로운 것이라고 할 수는 없다. 더구나 선어말어미 '-더-'가 통합한 문장은 사건시가 과거이므로 [현재 지각]이나 [새로 앎]의 의미에 초점을 두고 있다고 하기에는 뭔가 부족한 느낌이 있다. 박재연(1998)의 [새로 앎]은 물론 이런 점을 고려하여 이미 알고 있던 사실에 대하여 새롭게 인식하는 경우라고 해석한 것이나, 이러한 독백에서는 그런 의미가 다소 엷어진다.

(89) ㄱ. 갈수록 조회수가 떨어지는군.. 모.. 조회수에 목 맨 것은 아니니까... ^^
밑에 앨리는 지금까지 세편을 봤다고 하더군... 난 요즘 하루에 세편씩 영화를 보고 있다. 백수가 할 일이 모가 있겠어... 매일 자고... 먹고... 책보고... 비디오 보는 일뿐... 2000원이면 신프로 1개에 구프로 2개를 빌릴 수 있다. 덕분에 하루에 세편씩 보면서... 사실 잘해야 한 두개정도가 처음 보는 것이고... 어떨 때는 세편 다 봤던 것을 또 보면서... 똑같이 낄낄 대고 똑같이 감명받아 한다...

ㄴ. 비디오를 뒤지는 것은 어떤 류의 기호학적 쾌감마저 준다. 며칠 전에... 레이디 호크를 먼지 낀 구석틈 사이에서 찾았을 때는... 정말 감격의 외마딧소리가 나오더군. "심봤다!!!" ˙˙

ㄷ. 피를 마시는 새는 6권정도 완결을 예상하고 "이번 외박 때 7만 원 정도만 가져가면 다 살 수 있겠군" 했더니. 무려무려~ 8권에~ 권당 1만3천5백 원. ...결국 용기 있게 점심, 저녁 밥 먹을 돈 투자해서 싸지른 다음 지금 쫄쫄 굶으며 그 결정을 후회하는 중. 나중에 살 걸ㅡ!

ㄹ. 해황기와 20세기소년이 신간이 나왔더군. 그거나 읽고 가야겠다.90)

독백에서는 주로 '-더군'의 형식으로 나타난다. (89ㄴ)의 예에서는 화자 자신의 행위를 서술하며 '-더군'을 쓰고 있다. 이때 감격의 외마디 소리가 나오는 것은 자신의 행위나 '-더군'을 통합시킴으로써 자신의 의지와 무관함을 표현하고 있다. 이것은 '-군'보다는 선어말어미 '-더-'의 의미에서 기인한 결과이다. 이것을 다른 종결어미로 바꾼다면 '-라'만이 올 수 있다.91)

> (89)´ ㄴ. 비디오를 뒤지는 것은 어떤 류의 기호학적 쾌감마저 준다. 며칠 전에... 레디 호크를 먼지 낀 구석틈 사이에서 찾았을 때는... 정말 감격의 외마디소리가 <u>나오더라</u>. "심봤다!!!" ^^

그런데 중화된 태도를 표현하는 '-다' 체에서는 '-라'가 잘 어울리지 않는다. 이는 통시적으로 '-라' 체가 '-다' 체에 의해 밀려난 것으로, 두 문체가 경쟁적인 관계에 있다는 해석이 가능하며 또 한편으로 '-라' 체가 화자 지향적인 '-다' 체에 비해 청자 지향성이 강하다는 사실에 기인한 것이라고 볼 수 있다. 따라서 블로그와 같은 텍스트에서는 '-더-'와 결합할 수 있는 종결어미가 '-군(요)'로 제한된다.

독백은 근본적으로 화자 지향적인 발화이므로 덧글에서는 보이지 않는다.

---

90) 위의 예들을 살펴보면 '-요'가 결합하면 다른 용법으로 포섭될 수 있는 것들이다. 따라서 '독백' 유형만 발화의 지향성을 기준으로 삼고 나머지는 의미를 기준으로 삼는다는 불균형이 생긴다. 그러나 '-군(요)'의 특수한 의미와 문체 기능을 파악하기 위해서는 '독백'을 다른 유형과 분리하여 살펴볼 필요가 있다.

91) '-다', '-지', '-네' 등은 '-더-'와 결합할 수 없다. '-더-'와 결합할 수 있는 종결어미는 지극히 제한되어 있다. '-더라', '-더군', '-데', '-더냐', '-던가', '-던지' 정도이다. 합쇼체나 하오체는 가능한 형식이 없다. 경어법으로는 오로지 '-요'가 결합한 '-더군요', '-데요', '-던가요', '-던지요'만이 가능하다. 따라서 합쇼체로 대화를 할 때에도 '-더-' 구문을 발화하기 위해서는 '-더군요'를 쓸 수밖에 없다.

2) 상황 인식

'-네'의 용법 가운데 '자신의 태도, 발화 상황 서술'과 구별하기가 어려운 용법이다. 실제로 '-네'와 자유롭게 교체할 수 있다. 그러나 '-네(요)'가 화자 자신이 주어나 행동주인 문장에 통합할 수 있는 반면 '-군(요)'는 제약이 있다.

(90) ㄱ. 흠... 개미가 곤충이 아니라니... 이런 놀라운 일이... 날개가 있어야만 곤충이라면 벼룩도 곤충이 아니고 이도 곤충이 <u>아니군요</u>. 과연 비디오의 내용이 틀렸는지 전달하는 과정에서 그 엄마가 '창작'을 한 것인지는 모르겠습니다만.. 그래서 전화 통화를 하면서 곤충에 대한 설명을 해주고 한마디 해줬습니다.

ㄴ. 두 번째는 오늘부터 시작하는 필름포럼의 "여름밤의 클래식". 당연히, 오손 웰스의 <위대한 앰버슨가(The Magnificent Ambersons, 1942)>를 무척 보고 싶습니다(스콜세지 다큐멘터리에서 몇 장면 보고 반했더랬죠. 지금 보니까 음악을 버나드 허먼이 맡았군요!). 일요일에 보러 가려고요. 알프레드 히치콕의 <의혹(Suspicion, 1941)>과 연속으로 봐도 좋겠군요(다른 소리지만, 아니, 1941년에는 좋은 작품이 뭐 이렇게 많이 나왔답니까?).

ㄷ. 6개월 만에 백수를 벗어나<u>는군요</u>. 그동안 온갖 자질구레한 아르바이트로 연명해오다가 다시 고정적인 월급을 받는다니 왜 이리 감개부량한지.

(91) ㄱ. 제가 이곳을 알게된 후에 읽은 ○○○님의 포스트중에서 '비속어'가 가장 많이 등장한 포스트 였습니다...--; 한 문장에 개가 한 마리씩은 나오는 것 <u>같군요</u>...크힐~

ㄴ. 그나저나 답글란이 이상해졌다 생각했더니만 또 엠파스에서 소리소문 없이 뭔가 <u>바꿨군요</u>.

ㄷ. X 세대니 와인 세대니, 우리 나라에서도 제X기획같이 그런 경

향에 빠르게 일찍 깬 애들은 나서서 저런 용어들을 만들고 구
태여 설명하고 마치 모두가 그런 경향을 이미 따르고 있는 양
하면서 유행을 리드하려 하긴 <u>하더군요</u>.

ㄹ. 아, 제 오해였군요. 저는 보통 "라이센스"를 국내외를 막론하
고 정식 판권을 획득하여 출시한 상품을 가리킬 때 쓰거든요.
하지만 인터넷 쇼핑몰(특히 음반)에서 보면 국내 정식 판권 제
품만 라이센스라고 표기하는 일이 잦으니까, 이런 오해가 생길
수도 있겠네요.

ㅁ. 저는 지금 영화를 (보든 모으든) 좋아하는 사람이 거쳐 갈 종
착역 언저리를 보고 있는<u>거군요</u>;;

ㅂ. 애인님 없는 상황인데 할 일 없는 시간이 많으면 기분이 더욱
침울해지기 때문에 스스로에게 과업을 부여하는 데에 열중하
고 있습니다. 노동으로 정신을 분산시킨다고나 할까(좀비치곤
좀 지적인 이유 같긴 합니다만, 살아보니까 꼴은 좀비 같을 때
가 <u>있더군요</u>). 그 첫 번째로, 과외를 시작했습니다. 제가 생각
해도 의외긴 합니다. 어쩌면 그만큼 정신적으로 공황 상태였던
건지도 <u>모르겠군요</u>. 저는 2년 반 동안 과외는 절대 안 한다며
살아왔던 인간이거든요.

ㅅ. 글고 보니 또 <u>있군요</u>. 일양지는 중신통 왕중양이 처음 만든 무
공이라고 하더니 역시 천룡팔부로 건너가면 대리국 황실에 전
해내려오는 무술로 둔갑합니다.

ㅇ. '평생 가야 바람 절대 못 핀다'라는 말을 들은 저는…기뻐해야
하는 <u>거로군요</u>.

(90ㄱ)은 잘못된 지식에 대하여 비꼬는 태도를 취하고 있다. 그러면서
[새로 앎]의 의미가 나타난다. 이것은 (90ㅂ)에서도 볼 수 있는데, 괄호 속
문장에서 '살아보니까'라는 종속문이 들어가 화자 자신에 대한 평가에
'-더군요'가 쓰인 것을 정당화하고 있다. (90ㄴ)도 역시 '지금 보니까'라
는 종속문으로 사실에 대한 화자의 인식을 강조하고 있다. 반대로 이러한

종속문이 쓰였으므로 '-군요'를 선택했다고 할 수도 있다. (91ㄹ)은 '오해였군요'로, 앞서의 자신의 판단이 잘못되었다는 사실을 새롭게 깨달았음을 나타내고 있다. 이때 '오해였네요'로 바꾸면 '-네요'에 화자 자신의 주장이나 경험 등을 서술할 때 쓰이는 특수한 용법이 있으므로 자신의 잘못을 깨닫기보다는 단순히 청자에게 사실을 전달하려는 태도로 해석될 수 있다. (91ㅁ)은 '-ㄴ 것이다'와 결합하여 자신의 상황을 대상화하여 서술하는 용법인데 최근 블로그에서 종종 볼 수 있는 독특한 문체라 할 수 있다. (91ㅇ)도 이와 똑같은 예인데 여기서는 '-로-'가 결합되어 있다. 이러한 문체는 화자의 의지를 배제하고 자신의 상태나 행동, 상황을 객관적인 시점에서 새로이 인식함을 표현한다.

3) 논평

이것은 상황에 대한 단순한 인지가 아닌 화자의 주관적인 평가와 판단을 표현할 때 사용된 경우이다.

(92) ㄱ. 첫 번째는 현재 광화문 씨네큐브에서 하고 있는 "영화로 떠나는 유럽배낭여행"입니다. 촌스러운 제목과 달리 상영작은 쟁쟁하군요. 따비아니 형제의 <빠드레 빠드로네(Padre Padrone, 1977)>와 라이너 베르너 파스빈더의 <불안은 영혼을 잠식한다(Angst essen Seele auf, 1974)>, 아키 카우리스메키의 <성냥공장소녀(Tulitikkutehtaan Tytto, 1990)>에 특히 눈길이 갑니다.

ㄴ. 자취방 계약이 거의 끝나갑니다. 계약 연장을 하기에는 사정이 여의치 않으니 이제 곧 고향으로 돌아갑니다. 4월부터 9월까지, 그리고 10월초. 반 년 약간 더 되는 기간 동안 인생에서 드문 시간을 보냈군요. 오늘 같이 뒹굴 거리던 애인님이 어땠느냐고 묻던데, 어땠는지는 잘 모르겠습니다.

ㄷ. 저는 씨네큐브에서 봤습니다. 빨간 색을 참 깔끔하게도 뽑아냈

다는 감탄이 나올 정도로 발색도 곱고 깨끗하던데. 혹시 극장 상영 시스템의 문제는 아니었을지? 이미숙의 연기야 말할 것 없고, 전도연은 그냥 그랬고. 배용준의 연기가 <u>기대 이상이더 군요.</u>

ㄹ. 좀 과격<u>했군요.</u> 아무리 그래도 그렇지 책과 DVD를 보면서 미칠 지경일 것까지야.

(93) ㄱ. 개미가 곤충이 아니라니...정말 무신 귀신 씨나락 까먹는 '한솔이'인지 <u>모르겠군요.</u> =ㅂ=

ㄴ. 개미가 곤충이 아니라니... -_-;;; 어이가 우주여행을 떠나네요. 8, 90년대의 어린이용 과학책만도 못한 21세기 교육 비디오라니... 호환, 마마... 뭐, 그런 것들보다 훨씬 <u>무섭군요.</u> OTL

ㄷ. 꼼꼼하게 <u>읽으셨군요.</u> 전 휘리릭 하고 읽어서... 옥의 티 재미있게 잘 읽었습니다. :)

ㄹ. 홍학표도 이걸로 뜬 케이스고. 빛과소금의 노래도 리메이크가 되고 샴푸의 요정 언젠가 다시 봤는데 그래도 <u>잼있더군요.</u>

(92ㄷ)과 (92ㄹ)과 같이 '-더군'이 결합한 경우에는 '-군' 고유의 용법인지 아니면 '-더-'의 용법이라 할 수 있을지 불분명하다. '-더라'로 바꾸어도 크게 달라지지 않으므로 '-더-'의 영향이 더 강하다고 할 수 있을 것이다.

이러한 평가는 화자의 주관을 강하게 드러내는 것이므로 이해영(1998)의 부담 줄이기 책략이 필요하다. '-ㅂ니다'를 쓰면 화자의 주관을 청자에게도 강요하는 절대적인 가치 평가로 인식될 위험이 있다. '-네요'도 이는 마찬가지라 할 수 있으나 '-군요'는 그러한 평가·판단 인식을 먼저 화자에게 내면화한다는 차이가 있다. (93ㄹ)의 경우 화자가 자신의 잘못을 먼저 인식하여 자신의 내면에 일치시킨 다음 청자에게 그 사실을 알리는 것이다.

4) 자신의 경험 제시

이것은 그 의미상 '-더군(요)'로 나타난다.

(94) ㄱ. 요즘은 어쩌다 노래 한곡 들어보면 많이 들어본 듯한 <u>것이더군</u>
<u>요</u>. 그래서 확인해보면 리메이크... 개인적으로 리메이크 노래
를 그다지 좋아하지 않기에 고운 시선이 가지는 않습니다.

ㄴ. 제 경우 책을 고르는 방식이 있습니다. 그건 바로 관심있는
'저자'의 시리즈를 편식하는 것이지요.^^; 이 습관은 어릴적부
터 형성된 것이라 쉽게 고쳐지지 <u>않더군요</u>. 어릴 적에는 바스
콘셀로스의 나의 라임오렌지 나무에 감명받아 바스콘셀로스의
책을 한동안 찾아서 읽었던 적이 있었지요.^^ …

ㄷ. 또, 씨네큐브에서 하는 배낭여행영화제도 볼 계획이었는데, 금
자씨가 생각보다 늦게 끝나서 아쉽게도 포기해버렸네요. 그래
도 대신 본 <더 로드>가 괜찮아서 다행이었습니다. 필름포럼
극장이 별로 넓지는 않지만, 10명밖에 안 되는 인원이서 보려
니 많이 <u>무섭더군요</u>...;;

(95) ㄱ. 헉... 이 무신 귀신 씨나락 까먹는 소리... 자초지종을 들어보니
이렇습니다. 다현이가 일주일에 한번 공부하러 가는 곳에서
선생님이 개미는 곤충이고 거미는 곤충이 아니라는 것을 가르
쳐주고 있었답니다. 그런데 나서기 좋아하는 한 엄마가 '선생
님 틀렸습니다. 곤충은 다리가 6개에 날개가 있어야 하기때문
에 개미는 곤충이 아닙니다.'라고 얘기했<u>다더군요</u>.

ㄴ. 고를 수 있는 여유가 있다면 행복한일입니다만.;; 대개의 경우
제가 보는 책들은 국내에 나와있다는 것 자체로 의미가 있는
경우가 많아서 이것저것 고를 형편이 <u>안되더군요</u>.

ㄷ. 외래(?)문화가 정착하는 하나의 순서이겠죠. 제 경험에서 나오
는 이야기입니다만 우리나라사람들은 패러다임의 혁신과 변화
를 두려워하는 경향이 있어서 기존 게시판 시스템에 익숙해진
사람들에게 1인 미디어(블로그)/위키를 이해 시키는건 곤욕<u>의</u>

더군요.

ㄹ. 대략 이 네 가지만 지켜져도 어느 정도 성숙한 토론이 가능할
거라고 생각되네요... 이전에 '김완섭'에 대해 어느 일본인과
토론한 적이 있는데, 역시 이 네 가지를 지키면서 하는 편이
좀 더 편하고 효율적이더군요. ^^

앞서 각주에서 지적했듯 '−ㅂ니다' 체에서 '−더−'와 결합할 수 있는
어미가 제한되어 있으므로 선택된 '−군요'이다. 청자 지향성이 어느 정도
있으면서 그렇다고 직접적인 대화만큼 강하지는 않은 블로그 텍스트에서
는 '−더라'를 쓸 수 없으며 '−ㅂ니다' 체와 맞지 않으므로 선택의 여지
가 없다.

문체의 측면에서 본다면 '−더−' 구문을 선택한 것 자체가 부담 줄이
기와 관련이 있다고 하겠다. 화자의 경험담을 청자에게 일방적으로 들려
주면서도 청자가 이의를 제기하거나 개입할 여지를 남겨주는 것이다.

5) 자신의 태도 제시

(96) ㄱ. 자야겠군요. 아침엔 애인님을 깨워야합니다. 하필 헤어질 때가
다가오는데 시험기간이 시작되다니, 좀 가혹하네요.

ㄴ. …그러고보니 아직 에반게리온을 안봤는데, 기회가 되면 이것
도 한번 몰아서(!) 봐야겠군요. ^^;

ㄷ. 아, 그렇지 않아도 그와 유사한 우스운 실화를 전부터 올리려
고 하다가 미뤘는데 근간에 올려야겠군요. 아마 땅을 치며 통
탄할 내용일 겁네다.

이것은 '−네(요)'와 매우 흡사한 용법이다. 의지를 나타내는 '−야겠−'
과 통합하여 나타난다. '−네(요)'와 거의 차이가 없지만 역시 화자 지향
성이 좀 더 강하다.

'-네(요)'와 '-군(요)'는 거의 비슷한 의미와 분포를 보인다. 이 두 형태의 차이를 정밀하게 구별하기는 어려운 일이며 기존의 연구에서도 그런 점이 뚜렷이 나타난다. 다만 '-네(요)'는 여성적이고 '-군(요)'는 남성적이라는 뉘앙스 차이가 조심스럽게 제시된 적은 있다. 이것을 좀 더 자세히 들여다본다면, 남성과 여성의 대화 태도 차이와 결부시켜 어떠한 해석이 가능할 것이다.

대화를 할 때 남성은 경쟁적이고 여성은 협조적이라고 한다. 즉, 남성은 자기중심적인 태도를 취하는 반면 여성은 타인을 배려하는 태도를 취하는 경향이 있다는 것이다. 이것을 달리 표현하면 남성보다 여성이 청자 지향성이 강하다고 할 수 있다.

'-네(요)'는 청자를 향해 열린 태도를 나타내고 '-군(요)'는 화자를 향하는, 즉 외부에는 약간 닫혀 있는 태도를 나타낸다.

(97) ㄱ. 그 일을 제가 해야 한다는 거네요.
ㄴ. 그 일을 제가 해야 한다는 거군요.

발화 상황과 억양에 따라 (97)의 발화는 화자가 자신이 맡은 일을 별로 달가워하지 않는 태도를 보여주게 된다. 이때 (97ㄱ)의 경우 불쾌한 상황의 책임을 청자에게 전가하는 뉘앙스를 담고 있다. 그 상황을 화자 자신은 용인할 수 없는데 청자가 그렇게 말했다는 사실을 일깨워 주는 의도이다. 반면 (97ㄴ)은 (97ㄱ)과 비슷하나 (97ㄱ)보다는 화자가 사실을 받아들인다는 뉘앙스가 더 나타난다.

앞에서 잠깐 언급했듯이, '-군(요)'와 '-네(요)'는 발화시보다 앞서 화자가 습득한 정보가 아직 화자에게 내면화되지 않았음을 나타내는 표지로서 사용된다는 가설을 세워 보았다. 내면화되지 않았다는 것은, 그 지식 또는 평가나 판단을 화자가 자신의 것으로 인정하지 않고 자기 자신과 거리를 두고 있음을 의미한다. 이런 면에서 기존의 연구에서 제시된 [현재 지각], [새로 앎] 등의 의미와도 상통한다.

이것을 위에서 제시한 태도의 문제와 결부시켜 보자. 여성은 타인의 신정보 발화에 대하여 반응을 보이되 그 정보나 판단이 자신에게 내면화되지 않았으며 따라서 타인의 발화에 대하여 놀라움을 느끼고 있음을 알려주는 발화를 하려는 경향이 있고, 남성은 타인의 발화에 대하여 반응을 보이되 그 정보나 판단이 자신에게 내면화되지 않았으며 있는 그대로 받아들이지 않고 자신이 해석하고 내면화한 다음에야 그에 대한 평가 등의 반응을 보이겠다는 발화를 하려는 경향이 있다. 이러한 성향 때문에 '-군(요)'가 좀 더 남성적이고 '-네(요)'가 좀 더 여성적인 표현으로 생각된다.

'-군(요)'는 내면화의 정도가 '-네(요)'보다 높다. 화자의 내면 속에 정보가 들어가 저장이 되고 걸러진 다음 발화되는 것이다. 따라서 '-군(요)'가 나타내는 화자의 태도는 '-네(요)'보다 외부에 대해 닫혀 있어 반응을 별로 요구하지 않고 그 결과 내면적이고 신중하면서도 단정적인 느낌을 주게 된다. 그래서 이러한 성격을 드러내는 문체로서 활용된다.

4.1.2.4. '-거든(요)'

'-거든(요)'는 다른 종결 형식에 비하여 그 기능과 의미가 좁은 편이다. 다음은 국어사전의 뜻풀이다.

(98) -거든 :
　　① 해할 자리에 쓰여, 청자가 모르고 있을 내용을 가르쳐 줌을 나타내는 종결어미. 자랑이나 감탄의 느낌을 띨 때가 있다.

¶이 사진 좀 봐. 아무리 보아도 이상하거든. / 농사란 땅을 잘 다루어야만 많은 소출을 낼 수 있거든! / 난 다른 사람보다도 건강해. 매일 약수터에 올라가 운동을 하거든. ② 해할 자리에 쓰여, 앞으로 할 어떤 이야기의 전제로 베풀어 놓음을 나타내는 종결어미. ¶오늘 체육 시간에 씨름을 배웠거든. 그런데 수업이 끝나고 쉬는 시간에 아이들끼리 씨름판을 벌이다가 한 아이가 다쳤어. / 어려운 거 하다가 떨어져 다리라도 부러져 봐, 그놈은 밥 빌어먹을 거밖에 할 게 없거든. 위험에 대한 보상이 없는데 누가 목숨 걸고 미친 짓을 하겠어. ≪한수산, 부초≫

— 『표준국어대사전』

(99) ㄱ. -거든 :

[Ⅱ] ① 종결어미처럼 쓰임(앞에서 말한 내용에 대해 말하는 이가 나름대로 생각한 이유를 밝힐 때에 쓰이어). '-단 말이야'의 뜻.

¶왜 이런 생각을 하게 되었느냐 하면, 이 소설에 감춰진 아주 중대한 의문점이 하나 있거든. ② 이상해하거나 납득할 수 없어하는 자신의 행위를 해명이나 하려는 듯이 말함을 나타냄.

¶아무리 생각해도 알 수가 없거든. / 귀신이 곡할 노릇이거든. (1. 글이나 대화의 서두에 올 수 없음. 3. 문장 끝의 억양이 내려감 4. 입말투)

[Ⅲ] 종결어미처럼 쓰임(말끝을 올리는 등 일정한 억양과 함께 쓰이어). 어떤 사실의 전제로 기능하게 하며 이 다음 내용은 이를 조건으로 받아 전개됨. '-단 말이야, 그래서'의 뜻.

¶이 독사는 별로 크지도 않은 놈이 독은 지독하거든, 물리기만 하면 당장 죽거든요. / 내 등록금 훔쳐 가는 걸 붙잡았거든, 그랬더니 이게 내 코를 치잖아. (1. 글이나 대화의 서두에 올 수 있음)

ㄴ. -거든요 :

해요체의 종결어미. ① 어떤 일에 대해 까닭을 밝히거나 다짐하는 뜻을 나타냄. '-기 때문입니다'의 뜻.

¶그분들은 대개 낮에 할 일 하고 가거든요. / 전에도 가끔 그 음악을 묻는 사람은 있었고 그런 사람들은 예외 없이 그 음악을 좋아하게 되었거든요. ② (이상하거나 납득할 수 없다는 느낌을 나타내어) '―기는 하지만요'의 뜻.

¶흙에서 태어났으니 흙이나 파먹고 살다가 흙으로 돌아가겠다는 노인네들의 소박한 귀속주의도 일단 이해는 가거든요. ③ (말끝을 올리는 등 일정한 억양과 함께 쓰이어) 어떤 사실의 전제로 하여 그 다음 내용은 이를 조건으로 받아 전개됨을 나타냄. '―ㄴ다는 말입니다'의 뜻.

¶어젯밤엔 정말 좋은 꿈을 꾸었거든요. / 수습 기간이 이번 달에 끝나거든요.

―『연세 한국어 사전』

연세 사전은 '―요' 통합형을 독자적인 표제어로 올렸다는 점이 특이하다. 그러나 '―거든'과 '―거든요'의 의미 면에서의 차이는 보이지 않는다. 또한 '―거든'의 뜻풀이에 참고 사항으로 글이나 대화의 서두에 올 수 없다고 하였으나 이 역시 분명히 구분되는 것이 아니다. 물론 억양이 상행형일 때 후행 문장의 전제 역할을 하긴 하나 발화 단위로 생각하면 하행 억양의 '―거든(요)'도 발화의 서두에 올 가능성이 있다. 어떤 문장이 전제인지 이유인지 또는 근거인지 여부는 문장의 위치에 따라 결정되지 그 자체로 구분되기는 어렵다.

김정대(1983)에서는 '전제 없는 단순한 서술'을 뜻하는 종결어미로 전용되었다고 하며 '―이다'와 그 의미가 같다고 보았다. 그러나 두 형태의 의미가 같다고 할 수는 없다. 채영희(1998)에서도 지적했듯이 음성 발화를 문자 발화로 옮길 때 나타나는 일치일 뿐이다. 이것은 문자 발화에 '―거든(요)'에 대응하는 형태가 없기 때문에 발생한 결과이다. 서태룡(1988 : 192)은 서술된 조건의 결과가 미리 서술되었거나 전제되었을 경우에 종결

어미로서 기능을 한다고 하였는데, 이것은 대부분의 반말체 어미에 해당
이 될 수 있다. 박재연(2004 : 173)은 앞 문장이나 뒷문장의 전제나 이유를
나타내는 '-거든'이 연결어미의 기능을 갖고 있고 이것은 담화의 기능이
라 설명하였다. 한길(1986 : 75)도 종결어미 '-거든'이 뒤 발화에 대한 전
제를 나타내는 역할을 담당한다고 보았다. 이렇게 '-거든'이 앞뒤 발화
의 전제의 기능을 나타낸다는 주장이 많은데, 앞에서도 본 바와 같이 반
말체의 종결 형식은 대부분 앞뒤 문장 또는 발화와 의미적으로 연계된
모습을 보인다. 따라서 기본적으로 이 장에서 다루는 종결 형식은 모두
이러한 담화의 기능을 갖고 있다고 할 수 있다. 다만 '-거든'이 연결어
미와 형태가 같고 기능에서도 공통점이 보이므로 이러한 점이 다른 종결
형식보다 두드러지게 나타난다.

　박재연(2004 : 174)에서 제시한 '-거든'의 양태의미는 화자의 [이미 앎]
과 청자의 [미지가정]이다. 여기에는 그다지 이의를 제기할 만한 여지가
보이지 않는다. 다만 일상의 대화에서는 다소 모호한 용법이 보인다.

　(100)　ㄱ. 나 너 싫거든?↗
　　　　ㄴ. 난 네가 뭐라 말하든 상관없거든?↗
　　　　ㄷ. 됐거든?↗

　상행 억양으로 수행되는 이러한 발화에서는 양태의미가 다른 형태와
구별되는 변별적인 기능을 가진다고 하기는 어렵고 화자의 강한 선언을
표현하는 데 많이 쓰던 것이 관습적인 형태로 굳어졌다고 볼 수 있다. 특
히 (100ㄷ)은 최근 젊은 여성들의 언어 습관으로 자주 들을 수 있다. 하
지만이들은 뒤에 나올 발화의 전제로서의 역할이 남아 있고 뒤의 발화가
생략된 형식으로 많이 쓰인다고 해석할 수도 있다.

(100)′ ㄱ. 나 너 싫거든?↗ (더 이상 따라다니지 마.)

　　　ㄴ. 난 네가 뭐라 말하든 상관없거든?↗ (그러니 말하지 마)

　　　ㄷ. 됐거든?↗ (그만 하고 저리 가)

　이런 발화는 부정 표현과 함께 쓰여 화자의 강한 반발이나 불쾌감을 표시한다. '−거든'은 언제나 억양을 수반하는데 이것은 '−거든'의 구어체적 특성을 드러낸다. 특히 위와 같은 관습적인 용법은 음성 발화에 주로 나타난다. 문자 발화에서도 비슷한 용법이 보이긴 하지만 음성 발화보다는 관습적인 성격은 덜한 것으로 보인다.

　'−거든'은 연결어미가 종결어미로 전성되어 쓰인 예이다. 김태엽(2001 : 120)은, 연결어미 '−거든', '−니까' 등이 마침법까지 실현하게 된 것은 언중들이 새로운 문법 기능을 나타내고자 할 때, 그 기능과 호응하는 새로운 형태를 만들어 내기보다는 기존의 문법 형태를 이용하는 것이 정보의 증가에 부응하는 방법이 될 수 있기 때문이라고 하였다. 민경모(2000 : 89)에서는 계량적 접근을 하여 텍스트 장르별로 고유한 용법을 보이는 종결 형식을 제시했는데, '−거든'은 개인 편지, 대화, 상담, 토론에서 나타난다고 하였다. 이러한 텍스트들은 청자 지향성이 높으면서 발화 내에서 정보 전달과 근거 제시가 이루어지는 경향이 있다.

　이해영(1996 : 100~104)은 종결어미 '−거든(요)'가 청자로 하여금 자신의 발화에 참여하도록 하며 아울러 앞으로 전개될 자신의 발화나 행위에 대한 정당성과 공감을 얻기 위해 공유 정보를 쌓아가는 것이라고 보았다. 이것은 위의 견해들과는 다소 상치되는 주장인데, 국어사전들은 '−거든'이 다소 자랑의 뜻이 있다고 하였고 박재연(2004)은 청자가 정보를 모른다는 가정하에 발화한다고 하였다. 이해영(1996)은 오히려 화자가 '−거든'을 사용함으로써 발화문이 공유정보로 등록되고 발화내용이 담화 참

여자들이 공통적으로 갖는 생각이라는 전제를 갖게 하여 상대의 거부감
을 없앨 수 있다고 하였다.

> (101) ㄱ. 흔히 과학이 가치 중립적이라고 생각하고들 있지만 사실 과
> 학의 역사를 살펴보면 그렇지가 <u>않거든요</u>.
> ㄴ. 흔히 과학이 가치 중립적이라고 생각하고들 있지만 사실 과
> 학의 역사를 살펴보면 그렇지가 <u>않아요</u>.
> ─ 이해영, 1996 : 101∼102

(101ㄱ)이 (101ㄴ)보다 덜 단정적이라는 사실이 이러한 주장의 근거이
다. 단순히 상황을 설명적으로 제시하는 것이 아니라 청자의 부담이나 거
부감을 제거하여 마찰의 가능성을 줄인다는 것이다. 그러나 화자가 자신
의 내면화된 지식을 공유정보화한다고 보기에는 '-거든'이 담고 있는
정보의 방향이 일방적이다. (101ㄱ)이 (101ㄴ)보다 청자를 배려하는 것으
로 느껴지는 것은, 오히려 '-거든(요)'가 통합한 문장이 객관적인 사실로
서 제시되지 않고 화자의 지식에 따른 근거를 제시하여 청자를 설득하려
는 의도가 드러나기 때문이라고 해야 할 것이다. (101ㄴ)은 타협의 여지
를 주지 않으면서 있는 그대로의 사실을 통보하는 데 비해 (101ㄱ)은 화
자가 청자에게 자신이 그렇게 생각하는 근거를 전달하며 청자가 판단을
할 수 있는 여지를 남긴다. 이것은 억양에 따라 다르게 받아들여질 수 있
는데, 청자가 그 정보를 모를 것이라는 화자의 판단이 강하게 드러나 청
자에게 불쾌감을 줄 수도 있다.[92]
'-거든(요)'는 두 가지 용법을 갖고 있다.

---

[92] 이런 발화 또한 억양에 따라 의미 해석에 차이가 생길 수 있다. '-거든(요)'는 앞뒤
문맥과 억양을 모두 고려하지 않으면 의미를 파악하기가 어렵다. 발화의 시작 부분에
오느냐, 뒷 부분에 오느냐, 상행 억양이냐 하행 억양이냐 등을 정확히 기술할 필요가
있다.

1) 선행 발화의 근거

'선행 발화의 근거'라고 분류하였으나 더 정밀하게 명칭을 붙이자면 '선행 주장 및 판단의 근거'라고 해야 할 것이다. '-거든'이 뒤에 올 때 대개 인과 관계가 뚜렷하게 드러난다. 앞서 언급했듯이 '-거든'이 본래 연결어미에서 변용된 결과로 볼 수 있는데, 그렇다고 '-거든' 통합절을 연결어미가 통합된 종속절로 변형한다고 그 의미가 유지되지는 않는다.

> (102) ㄱ. 그런데 겉표지에 책 설명에는 '바이러스는 바이러스로 막는
> 다'란 식의 표현을 썼더군요. 박테리아와 바이러스는 다르지
> 요. 박테리아는 엄연한 학명이 있는 생물이고, 바이러스는
> 아니<u>거든요</u>... 흠... 그렇다면 Helicobacter pylori도 바이러스
> 인가요?^^
>
> ㄴ. 그런데 겉표지에 책 설명에는 '바이러스는 바이러스로 막는
> 다'란 식의 표현을 썼더군요. *박테리아는 엄연한 학명이
> 있는 생물이고, 바이러스는 아니<u>거든</u> 박테리아와 바이러스
> 는 다르지요. 흠... 그렇다면 Helicobacter pylori도 바이러스
> 인가요?^^

선행 연구들에서 이미 지적했듯이 '-거든(요)'는 완전히 독립된 종결어미로서 기능한다고 보아야 한다. 이렇게 본래 연결어미에서 기원했으나 종결어미로 쓰여 발화의 논리적 순서가 바뀐 예로는 '-ㄴ데(요)', '-고(요)' 등이 있다. 이들은 뒷 문장과의 연결을 나타내는 것이 아니라 선행 문장과의 연계성을 나타내는 특수한 기능을 담당한다.

> (103) ㄱ. 그런 스타일의 음악을 좋아하면 뭔가 변화가 온다기 보다는..
> 그 사람의 성격이나 그 사람의 환경탓이겠죠 뭐 착한 아이가
> 양아치들과 어울리다가 자기도 양아치가 되고 싶어한다던가..
> 제 친구 중에도 오늘 사건 일으킨 밴드의 음악과 비슷한 장

르를 좋아하는 아이가 있는데 성격은 완전 착하거든요 … 솔
직히 그짓한 밴드 세월 지나면 후회할겁니다.
ㄴ. 사실, 프리랜서를 가장한 백수 생활도 나쁘진 않았어요. 돈
있는 백수가 최고!! 라는 말처럼, 일거리만 많이 들어온다면
프리랜서도 할 만하죠. 번역 같은 것도, 대충 사나흘 삐질대
며 방구석에 처박혀 번역해내면 50만 원 정도 손에 쥐거든요.
와, 그럼 한 달에 그런 일거리 서너건만 물어도 그럭저럭 살
겠다.. 싶지만. 한 달에 한건 들어오기도 힘드니 이런 원. 오
죽하면 새벽 인력시장에도 다 나갔었다니까요?

(104) 아, 그런가요? 저도 이름이 똑같은 게 좀 신기해서 인터넷을 뒤져
볼까 하다가 귀찮아서 아니겠지… 했거든요. 음, 피나 콜라다를
듣기는 많이 들었는데, 가사에 반전 같은 게 있었던가요… 가물
가물…

(103ㄱ)은 '-거든요'가 통합한 문장과 처음의 주장이 제시된 문장 사
이에 다른 문장이 개입되어 있는 예이다. 텍스트 자체가 논리적 완성도가
떨어지므로 '-거든요'가 의도하는 바를 분명하게 파악하기가 다소 어려
운 편이나, 첫 문장 즉 음악 때문에 사람이 변하는 것이 아니라 원래 그
사람의 성격이 그런 것이라는 주장의 근거로 보인다. 이렇게 직접적인 주
장-근거의 발화들이 떨어져 있는 경우가 있다. 이런 경우 선행 발화의
근거라기보다 선행 발화와의 연관성을 유지하며 관련된 새로운 정보를
제시하는 것이라 볼 수도 있다.
(103ㄴ)은 전형적인 예라 할 수 있다. 각 문장들이 긴밀하게 연결되어
있으므로 그 논리적 관계를 파악하는 데도 별 문제가 없다. 그러나 (104)
는 뚜렷한 선행 발화가 없어서 판단이 쉽지 않다. 다만 주어 자리에 '저
도'가 나타나 선행 발화와의 연계성을 높이고 있으므로 이 부류에 넣을

수 있다. 여기서는 '아, 그런가요?'라는 다른 이의 발화에 대한 인식과 확인을 표현하는 발화의 의미를 살펴볼 필요가 있다. '그런가요'는 상대방이 제시한 정보를 화자가 내면화하면서 사실성 여부를 상대에게 재확인하는 의미를 담고 있다. 이때 상대방의 정보를 화자가 모르다가 처음 알게 되었다는 양태를 표현할 수가 있고 또 상대방의 정보에 대해 화자가 받아들이지 않고 의심한다는 양태를 표현할 수가 있다. 여기서는 간투사 '아'가 함께 쓰여 전자의 양태임을 확실하게 드러내었다. 따라서 '아, 그런가요?'가 나타내는 의미, 즉 화자가 상대의 발화를 긍정적으로 받아들이면서 자신은 그 사실을 몰랐었음에 대하여 '-거든요' 통합 문장으로 보충을 하고 있다.

2) 후행 발화의 배경

선행 발화의 근거와 달리 블로그에서는 별로 나타나지 않는 용법이다. 음성 발화에서는 많이 나타나지만 블로그에서는 의외로 보기가 어렵다.

(105) ㄱ. 꼬깔님~ 새해 복 많이 많이 지으세요~~ _"_ 꼬깔님이 쓰신 이 글을 읽고 있다 보니 가슴이 저릿저릿하네요. 제가 번역한 책들이 몇 권 있는데, 마지막 교정을 볼 때까지도 틀린 게 꼭 나오더라구요. 하지만 대개 시간에 쫓겨 결국 책이 나온 뒤에도 틀린 걸 발견하곤 하죠. 안 그래도 지금 지구과학 계열의 책 번역을 감수하고 있거든요. 제가 물리학 배경이라 몇몇 용어에서 좀 막히더라구요. (이 책은 독일어로 된 책인데, 제가 이 책 감수를 맡게 된 건 이공계 분야이면서 독일어가 되는 사람이 적은 편이라 그런 것 같습니다.) … 이 책에도 버제스 셰일이 나옵니다. 이게 독일어로는 Burgess-Schiefer인데, 독일어에서 Schiefer는 편암 내지 점판암이거든요. 저는 아무 생각 없이 역자의 생각대로 "버제스 점판암(粘板岩)"을 그냥 놔

두었죠.

ㄴ. 한스호터가 이렇게 잘생겼었군요. 전 처음 접한게 프리츠 분
  덜리히와 헤르만 프라이랑 같이 출연한 세빌리아의 이발사
  (무려 독일어!!!) 에서 돈 바질리오 역으로 나온 거였<u>거든요</u>
  (그 영상물은 워낙 나이가 있으실 때 찍으신거라 잘 몰랐는
  데, 우와~ 깍아 놓은 미남이네요). 그 후로 목소리에 반해서
  슈바넨게장을 들었었는데 빈터라이제는 아직이네요. 이케이
  님 덕에 좋은 정보 얻어가요^^

(105ㄱ)은 '―거든요'가 두 번 나타나는데 모두 같은 용법을 보인다.
앞의 '―거든요' 통합 문장은 후행 발화를 이끌어 내기 위한 도입부이다.
뒤에 나오는 자신의 주장이나 경험 등에 정당성을 부여하기 위한 배경으
로서 '―거든요'가 통합되었다.

그런데 여기서 '―거든요'의 의미에 대해 다시 논해 볼 필요가 있다.

(105)′ ㄱ. 이 책에도 버제스 셰일이 나옵니다. 이게 독일어로는 Burgess
    ―Schiefer인데, 독일어에서 Schiefer는 편암 내지 점판암<u>입니
    다</u>. 저는 아무 생각 없이 역자의 생각대로 "버제스 점판암(粘
    板岩)"을 그냥 놔두었죠.

선행 문장은 '―입니다'로 바꾸어도 의미가 거의 같다. '―ㅂ니다'나
'―어(요)'는 모두 객관적인 태도로 진술하는 의미를 가지지만 실제로는
청자가 알지 못하는 정보를 전달한다는 양태가 포함되어 있다. 따라서 이
들 어미와 '―거든(요)'의 양태의미를 구별하는 것이 쉽지 않은 일이다.
문체의 층위에서 '―거든(요)'의 주 기능은 역시 선후 발화와의 연관성을
강조하는 것이라 볼 수 있다. 이것은 다른 반말체 종결 형식과 구별되는
특성이다.[93)]

(105′ㄱ)는 '점판암'이라는 어휘가 두 문장에 반복하여 나타나서 후행 발화와의 연관성을 분명히 보여주고 있다. (89ㅁ)에서도 '그 후'라는 지시 표현이 있어 같은 역할을 한다. 이렇게 후행 발화의 배경으로서의 '-거든(요)'는 의미뿐 아니라 형식에 있어서도 그 성격이 뚜렷이 나타나는 경향이 있다.

이러한 예들을 볼 때 한 가지 눈에 띄는 점은, '-거든(요)'가 다른 반말체 종결 형식들과 같이 나타난다는 사실이다. '-지(요)'나 '-군(요)'는 '-다' 체나 '-ㅂ니다' 체 속에서 나타나는 경우가 많은 반면 '-거든(요)'는 '-지(요)'나 '-군(요)', '-네(요)', '-어요' 등 가운데에서 나타난다. 이는 '-거든(요)'가 다른 반말체 종결 형식들보다 구어체적 성격이 강함을 보여주는 것이다. 다른 형식들보다 억양의 비중이 높다는 것도 그 증거이다.

또한 '-거든(요)'는 '-다' 체에서는 거의 쓰이지 않는다. '-거든(요)'는 청자 지향성이 강하므로 독백이나 이에 준하는 문자 텍스트에서 잘 나타나지 않는다.[94] 따라서 블로그 같은 매체의 '-ㅂ니다'나 '-어' 체

---

93) 앞서 언급한 '됐거든?'과 같은 경우에는 이런 면이 별로 적용되지 않는 듯하다. 이 경우에도 발화에 앞서 어떤 행동이나 상대방의 발화에 대한 반응이므로 해당한다고 할 수 있긴 하다. 그러나 이런 발화의 본래 목적이 상대방의 행동과 발화에 대한 반응이므로 '-거든'의 고유 의미가 차지하는 비중이 높지 않다고 하겠다. 다만 '됐거든' 다음에 '그러니까-' 하고 이어질 가능성이 높다는 사실을 고려할 때 이런 주장이 유효하다고 할 수 있다.

94) 채영희(1998 : 174)에서는 음성언어에 의한 담화는 상호작용적인 담화이기 때문에 화자가 자신이 말하는 내용에 청자의 주의를 계속해서 유지하기 위한 장치가 필요하며, '-거든'은 문장을 끝맺는 것 같으면서 사실상 청자의 반응을 기다리는 대인관계 구성 소로서 담화 서법 표지(discourse modality marker)라 하였다. 이것은 '-거든'이 거의 음성 발화에서만 나타난다는 사실에 근거하는데 인터넷의 보급으로 문자 발화에서의 '-거든'도 볼 수 있게 되었다. 인터넷 언어의 특성이 구어체와 매우 가까운 것은 사실이지만 그렇다고 구어체와 완전히 일치하는 것은 아니다. 특히 인터넷 홈페이지나 블로그 상의 발화는 단절성을 갖고 있으므로 음성 발화에서와 똑같은 담화 서법 표지로

에서 주로 볼 수 있는데 여기에서도 역시 '-ㅂ니다' 체의 빈 자리가 나타난다. '-거든요'에 해당하는 형식이 없으므로 단순한 '-ㅂ니다'를 쓰거나 '-ㄴ 때문입니다', '-다는 말입니다', '-ㄴ 것입니다' 등을 적절히 맞게 쓰게 된다. 그러나 이것들은 '-거든요'와 완전히 일치하지는 않는다. 이들은 '-거든요'의 의미를 대체한다기보다는 '-거든요'의 선후행 문장과의 연계성을 대신하기 위해 쓰인 것으로 보인다.[95] 결과적으로 '-거든'은 블로그에서 좀처럼 보기 어렵고 대개 '-거든요'의 형태로 나타난다.

연결어미에서 전용된 종결어미로는 이외에도 '-ㄴ데(요)'와 '-고(요)'가 있는데 이들 모두 부가 정보를 전달하는 기능을 갖고 있다는 것이 특징이다. 이 중 '-거든(요)'는 선행 발화와 후행 발화 양쪽에 관련된 정보 부가 기능을 갖고 있어 다른 두 형식과 차이를 보인다.

4.1.2.5. '-ㄴ데(요)'

'-거든'과 '-는데'는 일반적으로 연결어미가 종결어미로 기능이 전용된 것이라고 보아 후행절이 탈락하여 선행절만으로 독립된 문장이 성립된 경우라고 설명해 왔다. 이러한 견해로는 허웅(1995)과 김태엽(1998) 등이 대표적이며, 김태엽(2000)에서는 이렇게 기능이 전용된 종결어미에는 형태론적 문장종결소가 관여하지 않고 음운론적 문장종결소가 관여하여 종결 기능을 가진다고 하였다. 즉 억양으로 문장 유형이 결정된다

서의 기능을 한다고 하기는 어렵다. 하지만 본래의 구어 담화 표지에서 발전된 기능이라고 보는 것이 맞을 듯하다.

95) 본서의 목적과는 다른 연구이지만 전영옥(1999)의 실제 음성 발화 자료에는 '-거든(요)'가 빈번하게 나타난다. 이때 흥미로운 것은, 담화 상 나타나는 반복 표현의 기능 가운데 '화제와 화제 사이의 의미[결속]'에서 제시한 자료에서 대부분의 종결이 '-거든(요)'로 나타난다는 사실이다. 이것을 보더라도 '-거든(요)'의 연계성이 무척 강하다는 것을 확인할 수 있다.

는 것이다.96)

국어사전의 뜻풀이는 다음과 같다.

> (106) -ㄴ데 :
> 「어미」『'이다'의 어간, 받침 없는 형용사 어간, 'ㄹ' 받침인 형용
> 사 어간 또는 어미 '-으시-', '-사오-' 따위 뒤에 붙어』 ① 뒤
> 절에서 어떤 일을 설명하거나 묻거나 시키거나 제안하기 위하여
> 그 대상과 상관되는 상황을 미리 말할 때에 쓰는 연결어미.
> ¶여기가 우리 고향인데 인심 좋고 경치 좋은 곳이지. / 날씨가 추
> 운데 외투를 입고 나가거라. / 그 사람이 정직하기는 한데 이번
> 일에는 적합치 않다. / 저분이 그럴 분이 아니신데 큰 실수를 하
> 셨다. / 제가 알아보았사온데 사실은 그와 다르옵니다. ② 해할 자
> 리에 쓰여, 어떤 일을 감탄하는 뜻을 넣어 서술함으로써 그에 대
> 한 청자의 반응을 기다리는 태도를 나타내는 종결어미.
> ¶나무가 정말 큰데. / 어머님이 정말 미인이신데.
>
> ―『표준국어대사전』

국어사전의 종결어미 뜻풀이에서는, '-ㄴ데'가 반말체에서 감탄의 뜻
을 나타내며 청자의 반응을 기다리는 태도를 표현한다고 하였다. 다음과
같은 경우는 완전한 종결어미로 인정하지 않은 것으로 보인다.

> (107) ㄱ. 저게 좋아요? 난 이것도 좋은데.
> ㄴ. 잘 모르겠는데요.

---

96) '됐거든'과 같이 음성 발화에서 고정된 형식에 가깝게 쓰이는 예로 다음과 같은 것들이
있다.
ㄱ. 너 나한테 왜 이러는데?
ㄴ. 지가 뭔데?
이러한 예들은 특정 억양과 함께 쓰여 불쾌감을 표시할 때 나타난다. 이것은 음성 발화
에서만 나타나므로 여기서의 논의 대상은 아니다.

(107ㄱ)은 연결어미의 의미가 어느 정도 남아있다고 볼 수도 있지만 (107
ㄴ)은 연결어미로서의 의미는 찾아볼 수 없다. 이러한 용법도 청자의 반응을
기다리는 태도를 표현하고 있다. 이들도 종결어미로 인정을 해야 할 것이다.
이러한 용법들을 보면 감탄 서술이라는 사전의 뜻은 매우 제한적임을 알 수
있다. 더구나 사전에 제시된 용례는 모두 수행 억양이 필수적으로 수반되는
것들이다. 반면 (107)의 예들은 이러한 수행 억양이 나타나지 않는다.97)

　김태엽(2001)에서는 '-거든', '-ㄴ데', '-니까'를 종속 연결어미가 종
결어미화된 예로 들고 있는데, 주목해야 할 점은 이들의 종결어미로서의
양상이 각기 다르다는 사실이다.

(108) ㄱ. 언제 가? -날이 밝<u>거든</u>.
　　　ㄴ. 지금 가라고? 이렇게 비가 많이 오<u>는데</u>?
　　　ㄷ. 다음에 가자. 사람이 너무 많<u>으니까</u>.

이들 예는 모두 선행절과 후행절이 도치 관계에 있다. '-니까'는 후
행절만 생략된 형태로 선행절의 의미를 그대로 담고 있다. '-거든'과
'-는데'는 연결어미의 성격을 갖고 있다. 이 경우에는 음운론적 문장 종
결소에 따라 종결의 형태가 달라진다. 그러나 다음 예들은 다르다.

(109) ㄱ. 이거 내가 이미 샀<u>거든</u>. 그러니까 딴 거 사자./ 지가 하기 싫
　　　　 <u>거든</u>. 그러니 찬성하겠어?
　　　ㄴ. 아이디어 좋<u>은데</u>? 언제 생각한 <u>거지</u>?/ 난 싫<u>은데</u>. 다른 데 가자.
　　　ㄷ. 이해할 수는 있지만 받아들이긴 힘<u>든데요</u>.
　　　ㄹ. 너 지금 어디 가<u>는데</u>?

---

97) 수행 억양 자체가 나타나지 않는 것이 아니라 다른 형태의 억양이 나타나는 것이다. 그
　러나 본서에서는 엄밀한 억양 형태를 서술하지 않는다. 단언할 수는 없으나 '-ㄴ데'에
　는 몇 가지 다른 종류의 억양이 수반하는 것으로 보인다.

위의 예들은 후행 발화가 선행 발화와 연속성을 갖고 있음을 보여준다. 이 연속성은 후행 발화에 의해 나타나는 것이 아니라 선행 발화의 종결부에 의해 나타난 것이다. 그러나 (109ㄱ)에서 볼 수 있듯이 '-거든'의 본래의 연결어미적 기능에 따라 후행 발화가 연속성을 가지는 것은 아니다. 뒤에 '그러니까'라는 접속어가 직접 연결되는 것이 그 증거이다. 연결어미 '-거든'은 조건의 의미를 갖고 있으나 '그러니까'는 인과 관계의 의미를 가진다. 따라서 종결부의 '-거든'은 연결어미와는 다른 독자적인 의미를 가지며 이것이 후행 발화와의 연속성을 담당한다고 할 수 있다. 이들 어미에는 후행 발화가 수반된다는 것이 주목할 점이다.

'-ㄴ데'의 의미는, 고영근(1976)은 화자 자신이 감탄하면서 상대방의 의견을 듣고 싶어하는 것으로, 한길(1991)은 상대방의 의향을 듣고자 하는 반말 서술로 보았고 이해영(1996 : 87~97)에서는 '-는데'를 부담 줄이기의 관점에서 보아 '사태에 대한 단순 제시' 가운데 '상황 설명'의 의미로 보았다. '그건 곤란한데요'와 같이 거절이나 부정의 뜻을 표시할 때 '-ㄴ데'를 씀으로써 단정적인 태도를 숨기고 상대가 자신의 의사를 추론하도록 맡긴다는 견해로, 이에 대해 이의를 제기할 필요를 느끼지 않는다. 여기에 한 가지 덧붙이자면, '단순 제시' 외에 상대의 반응을 기대하는 열린 종결임을 들 수 있다.98) 원래 연결어미에서 온 것이므로 후행 발화가 자연스럽게 기대된다.

다음은 '-ㄴ데'의 용법이다.

---

98) 상급자에게 하급자가 '여기 있는데요'와 같이 대답할 경우 상급자가 불쾌해하는 경우가 간혹 있다. 그것은 '-데요' 자체의 의미에서 비롯된 결과라기보다는 '-ㄴ데요'가 반말체의 하나이므로 대우법에 어긋난다는 의식 때문이라고 볼 수 있다. '-ㄴ데요'가 다른 반말체 어미보다 좀 더 건방지게 들릴 수도 있는데 그것은 청자의 반응을 기대하는 열린 종결이므로 상급자의 질문에 필요한 대답만 하기를 바라는 상급자의 기대에 어긋나기 때문이라는 설명이 가능하다.

1) 연결어미적 용법

연결어미의 뜻을 그대로 갖고 있고 후행 발화를 추정할 수 있는 경우이다. 그 뜻은 국어사전에 나온 대로 '뒤 절에서 어떤 일을 설명하거나 묻거나 시키거나 제안하기 위하여 그 대상과 상관되는 상황을 미리 말할 때에 쓰는 연결어미'라고 할 수 있다.

(110) ㄱ. 나는... 대한민국 국민인가... 요즘 이 생각 자주 해요. 내가 대한민국이랑 무얼 주고받을 건지... 주고받을 수 있을지... 그래도 여기 살고는 있는데... 한국인이 바깥에서 나쁜 짓이라도 하면 부끄러운데... 달리 어디 갈 데도 없는데... 사회보험 분담에 대해서 그 어떤 유감도 없는데... 국민경제에서 농업보호는 당연하다고 생각하는데... 세금 체납한 적 없고... 육군 병장 출신 장삼이사인데... 하아... 터진 말의 기원이 답답함이네요.
　　 ㄴ. 너무나 웃긴 건... 지금 내 처지가... 이런 타이틀 짓는 것 따위에 신경 쓸 상황이 아니라는 것이다. 지금 작업이 산더미처럼 밀려있는데...

(111) ㄱ. 와...그립네요. 진짜 채시라씨, 이상아씨, 김혜수씨 등이랑 하이틴 트로이카였는데...^^
　　 ㄴ. 저두 시라언니 진짜 좋아했는데..시라언니 나온 드라마는 거의 봤어요..샴푸의 요정 그거 진짜 잼 있게 봤었는데 진짜 같이 늙어가네요. 지금두 정말 이쁘구 연기 잘하구 정말 멋있는 거 같아요.

(110ㄱ)은 뒤에 연결될 문장이 무엇인지 확실하지 않다. '내가 대한민국이랑~주고 받을 수 있을지'인 것으로 보인다. 이때 '-요'가 통합하기 어려우므로 '-ㄴ데'가 통합한 문장들이 완전한 종결이 아니라 도치문

내지는 생략된 문장으로 보일 수도 있다. 그러나 연결어미라고 보기에는 후행 문장이 뚜렷하지 않다.

블로그의 텍스트는 아니지만 요즘 TV 뉴스 보도 가운데는 반말체를 섞어 구성한 텍스트가 종종 보인다. 특히 연성(軟性) 보도일 때 좀 더 구어체에 가까운 부드러운 어체를 사용하는데, 인터넷에서는 이러한 구어체 텍스트를 그대로 뉴스 기사로 옮기는 일이 많다. 다음은 인터넷에서 가져온 TV 방송사의 기사 텍스트들이다.

(112) ㄱ. 팔레스타인 가자지구입니다. 한 나라라고 하지만 왕래조차 자유롭지 않은 곳인데요. 이곳에서 자동차 정비소를 하는 자이드와 할레드 20대의 혈기왕성한 두 사람은 미래에 대한 희망조차도 꿈꿀 수 없는 현실에 답답해하며, 일상을 살아갑니다. 그러던 어느 날, 팔레스타인 저항세력으로부터 '자살테러' 명령이 내려지는데요. 대답은 쉽게 했지만 정작 고민은 이제부터입니다. 사랑하는 가족들, 미처 해 보지 못한 숱한 일들. 무엇보다 이념이나 정의라는 명분으로 살인이 정당화 될 수 있을까요? 어쨌든 이제는 순교자가 되거나 조국의 배신자가 되는 두 가지 길밖에 없습니다. 두 사람은 천국으로 간다는 순교자의 길을 선택했는데요. 드디어 오늘입니다. 가슴에 폭탄을 감고, 말쑥한 신사복으로 단장한 두 사람. 끝나지 않은 고민을 안고, 마지막 여행을 나서는데요. 버스정류장. 이제 버스만 타면 이들의 여정은 끝납니다. 하지만, 어린 아이의 얼굴을 보고 말았습니다. 결국, 이번 버스를 타지 못했는데 이들은 과연, 자살테러를 감행할 수 있을까요? 영화 '천국을 향하여'는 지난 해, 베를린 국제영화제에서 최우수 유럽영화상을 올해는 '골든 글러브 외국어 영화상'을 수상했습니다. 팔레스타인의 눈으로 본 팔레스타인의 고민을 객관적인 시선으로 잘 그려냈다는 평을 받았는데요, 하지만 정작 팔레스타인과 이스라엘 양국으로부터 비난과 심지어는 생명의 위협까지

겪어야 했습니다.

ㄴ. 네, 쇼핑하시다가 가방이나 소지품을 무심코 쇼핑카트 위에 올려놓는 분들 많으실 <u>텐데요</u>. 잠깐 한 눈 파는 사이에 이렇게 당할 수도 있습니다. 한 대형 할인매장의 폐쇄회로 화면입니다. 한 여성이 좁은 통로에 놓인 쇼핑 카트를 한쪽으로 슬쩍 밉니다. 그런 다음에 왔다갔다, 카트 주변을 맴돌더니 왼손에 든 방석으로 가리고 손가방을 슬쩍 <u>빼냅니다</u>. 잠시 후 다시 나타나 현금을 빼낸 가방을 쇼핑카트에 원위치시키고 사라집니다. 화면에 찍힌 이 여성은 49살의 평범한 가정주부 <u>인데요</u>. 지난 3년 동안 대형 할인점을 돌며 무려 25차례나 쇼핑 카트나 유모차에 놓인 가방이나 진열된 물건들을 훔쳐왔습니다. 특히 보안이 비교적 허술하고 자신에게 익숙한 한 할인매장을 집중적으로 노렸습니다. 이 주부는 절도 전과가 7차례나 <u>있었는데요</u>. 자신의 도벽을 스스로 주체할 수 없었다고 말했습니다. 백화점이나 할인매장에서 이런 도난의 위험은 항상 도사리고 <u>있는데요</u>. 번거롭더라도 귀중품은 직접 몸에 지니고 다니는 게 좋겠습니다.

ㄷ. 오렌지는 모두 수입산? 흔히 그렇게 생각하기 <u>쉬운데요</u>. 국산 오렌지의 대표선수 청견 오렌지가 있습니다. 오렌지는 지방질과 콜레스테롤이 전혀 없고 섬유질이 매우 풍부합니다. 오렌지 하나면 하루 필요량의 비타민C를 충분히 섭취할 수 있고, 일교차가 큰 요즘에는 감기 예방과 피로 회복, 피부 미용에도 많은 도움이 됩니다. 상큼한 오렌지와 담백한 닭고기가 만나 새콤달콤하면서도 포만감을 느낄 수 있는 '오렌지 소스 닭구이'를 만들어 볼 <u>텐데요</u>. 저칼로리 음식으로 나른한 봄, 쌓여가는 피로를 훌훌 날려버리세요.

이 텍스트들에서 '—ㄴ데요'는 연결어미와 구별하기가 어렵다. 중간중간의 몇 가지는 연결어미로 보아도 무리가 없으나 몇 가지는 후행 발화와의 논리적 연결이 모호하다. (112ㄱ)의 예들은 연결어미와 거의 같은 형태를 띠고 있으면서도 후행 발화와 직접 연결해 보면 연결어미로서의 기능이 아주 약해진다.

이러한 뉴스 텍스트는 청자 지향성이 높지만 단절성이 강하여 블로그와 달리 단독적 장면에 해당한다. 따라서 청자의 반응을 기다리는 열린 발화 표지로서의 '-ㄴ데요'는 아니다. '-ㄴ데요'가 본래 연결어미에서 나왔기 때문에 후행 발화와의 매끄러운 연결을 위하여 사용하는 종결부로 보는 것이 바람직하다.

2) 선행 발화에 대한 이견 제시

앞서 다른 화자가 발화한 선행 발화에 대하여 동의하지 않거나 그 내용이 틀렸음을 지적하는 경우 '-ㄴ데요'가 나타난다. 이것은 부담 줄이기의 맥락에서 생각해 볼 수 있다.

(113) 확실히 스캔들은 그런 면에서 본다면 지금까지 수차례 영화화될 정도 검증된 원작을 우리나라에 맞게 제대로 각색했다는 점이 제대로 들어맞은 셈입니다. 게다가 화질도 나쁘지 않던데요? 저는 시네큐브에서 봤습니다. 빨간 색을 참 깔끔하게도 뽑아냈다는 감탄이 나올 정도로 발색도 곱고 깨끗하던데. 혹시 극장 상영 시 스템의 문제는 아니었을지? 이미숙의 연기야 말할 것 없고, 전도연은 그냥 그랬고. 배용준의 연기가 기대 이상이더군요.

(114) ㄱ. 블로그는 모양이 다른 미니홈피다. 블로그는 사적이고 비밀스러운 공간이 아닌데.
ㄴ. 블로그가 사적이고 비밀스러운 공간이라고 생각하는 듯 보인다고 걱정된다고 하신 것 같은데 제 생각은 틀린데요. ^^ 몇 해 전 홈페이지가 한창 유행 할 때도 전문적이 홈페이지가 있던 반면 개인적인 홈페이지도 많았습니다. 블로그 역시 마찬가지 아닐까요?? 전문적인 부분을 다루는 것이 있는 반면

개인적인 글이나 일기 등 개인적인 비밀스런 공간으로도 충
분히 블로그를 활용할 수 있는 거라 생각하는데요. ^^ 모양이
다른 미니홈피라는 건 좀 틀렸을 수도 있겠지만….

ㄷ. 블로그는 모양이 다른 '홈피'죠. 미니홈피가 아니라요. 뭐가
다른지 모르겠는데요. 게시판에 글 쓰고, 댓글 기다리고, 비
밀스러운 내용을 쓰지 않는 건 홈피나 블로그나 마찬가지고.
하나 차이가 있다면 블로그에서는 글(post)을 나만 쓸 수 있
다는 것.

ㄹ. 사랑을 그대품안에. 그거면 신애라 맞는데…;

ㅁ. 신애라와 사랑은 그대품안에 찍고 차인표가 스타가 된 이후
아들의 여자라는 드라마를 찍었을 때 채시라와 함께 연기했
습니다. 띠리리로 뜬 애가 다음 작품을 채시라와 함께 했단
뜻으로 쓰신 거 <u>같은데요.</u>

이것은 선행 발화를 전제로 하여 화자의 발화 내용이 선행 발화의 내
용과 상반될 때 쓴다. 이렇게 상대와 다른 의견이나 주장을 제시할 때 필
연적으로 상대의 체면을 위협하게 된다. 따라서 완전한 종결보다는 후행
발화가 생략된 듯 느껴지는 다소 불완전한 종결의 '-ㄴ데(요)'를 쓰는 것이
다. '-요'가 통합되면 이러한 불완전한 느낌이 없어지는데 (114ㄴ, ㄷ)
같은 경우에는 오히려 체면을 위협하는 인상을 주기도 한다. 이것은 청자
의 반응을 요구하는 '-ㄴ데요'의 특성상 '너의 주장이 틀렸는데 어떻게
할 것이냐' 정도의 의미가 내포되어 있기 때문이라고 볼 수 있다.

3) 자신의 생각 제시

이것은 부담 줄이기에 해당하는 용법이다. 화자의 생각, 주장, 해석 등
을 제시하면서 단정적으로 표현하지 않고 다른 견해를 받아들일 가능성
을 남겨 놓는다.

(115) ㄱ. 그리고 한가인은 극중에서 너무 매력이 없<u>던데요</u>. 연기를 못
　　　해서 그런지 몰라도 멍청하지, 답답하지, 별로 착한 것 같지
　　　도 않지, 얼굴 이쁜 것 말고는 주인공 비중이라고 할 만한 인
　　　물이 아니에요. 남자주인공은 21세기 인재형인데 여자주인공
　　　은 조선시대도 아니고. 실제론 착한데 싸가지 없는 척 하지만
　　　은근히 귀여운 이소연이 백배 매력적입니다.

　　ㄴ. 자기들은 이런 생각하고 있겠죠, 자기들이 뭐 꽉 막힌 세상에
　　　일침을 가하고 우리는 우리하고 싶은 대로 하고 산다. ㅡ_ㅡ
　　　솔직히 좀 골비어 보이<u>던데요</u>.

　　ㄷ. 전 LG팬이 되어 본 적이 한 번도 없지만, 이건 진짜 너무하
　　　는군요. 저런 감독은 퇴진이 아니라 아예 야구계에 발을 못
　　　붙이게 제명을 해야 마땅하지 않을까요. 프로야구 감독을 못
　　　하면 어디 리틀야구나 고교야구 팀에 가서 저런 짓을 계속할
　　　수도 있으니까요. 다시는 이런 일이 일어나지 않게 하기 위해
　　　서라도 일벌백계가 좋을 듯<u>한데</u>...

　(115ㄱ)은 화자의 소망을 표현할 때 나타나는 형태이다. 따로 독립된
용법으로 제시할 수도 있으나 범위를 다소 넓게 잡아 같이 넣었다. 'ㅡ하
면 좋을 텐데', 'ㅡ해야 할 텐데'의 형태로 나타난다.

　블로그의 예는 찾지 못했지만, 일반적으로 '그거 좋은데요', '정말 맛
있는데요'와 같은 발화가 많이 쓰인다.

4) 자신의 경험 제시

　화자가 경험한 바를 제시하는 것이므로 'ㅡ더ㅡ'와 결합하여 'ㅡ던데
(요)'의 꼴로 나타난다.

　(116) ㄱ. 승부차기에서 골 넣고 세레모니할때 출렁거리던 머릿결..다들
　　　엘라스틴 광고라고 부르<u>던데요</u>.

ㄴ. 이웃 블로거의 성별이 궁금한 적은 있었지만 그걸 대놓고 물
   어본 적은 없습니다. 정 궁금하면 포스트를 처음부터 끝까지
   디벼서 어느 정도 짐작이 갈만한 내용을 짚어내거나 하면 알
   만하<u>던</u>데... 그 사이 다섯 번이나 질문을 받으셨나이까.

이것은 화자가 자신의 경험을 완전히 내면화하지 않고 다소 거리를 두
어 제시하여 다른 사람의 해석을 받아들일 여지를 남기는 것이다. 위의
예들은 모두 덧글로서 상대의 발화 내용이 자신의 예상과 다소 다를 때
조심스럽게 자신의 경험을 제시하며 상대의 반응을 살피고 있다.

이상과 같이 '-ㄴ데'의 용법 네 가지를 살펴보았는데, (1) 완결되지
않은 종결, (2) 선행 발화와의 연속성을 공통된 특성으로 들 수 있다. 이
두 가지 특성은 연결어미의 특성을 이어받아 나타난 것이라 할 수 있다.
그리고 이러한 특성 때문에 부담 줄이기와 무례함이라는 상반되는 양상
이 모두 나타난다.

4.1.2.6. '-고(요)'

'-고(요)'는 연결어미가 종결부에서 쓰여 반말체의 종결어미화된 예이
다. 그러나 '-거든(요)', '-ㄴ데(요)'와 마찬가지로 발화가 담는 의미의
순서는 순차적이라기보다는 부가적이다. 연결어미로서의 성격이 뚜렷해
서인지 기존의 종결어미 연구는 '-고(요)'를 포함하고 있는 것이 별로
없다. 이해영(1995)에서는 '-고'의 후행 접속절을 복원하는 것이 불가능
하므로 독립된 종결어미로 보아야 한다고 하였다. 부담 줄이기의 예로서
'어제처럼 너무 늦지 말고'와 같이 잔소리처럼 들릴 만한 말을 할 때 단
지 덧붙이는 것처럼 발화함으로써 청자의 거부감을 줄인다고 하였고 상
황 전체에서 추론되거나 가정될 수 있는 무언가와 연결되는 듯한 심리적

가능성이나 화자의 인식세계 내에서 공유된 정보라고 믿어지는 어느 부분과의 연결을 가정하는 것으로 설명하였다.

'−고(요)'는 '−ㄴ데(요)', '−거든(요)'와 같은 연결어미에서 기원한 반말체 어미 가운데 가장 연결어미의 성격을 많이 보존하고 있다. 또한 표준형이 '−고(요)'이지만 언어 현실에서는 '−구(요)'가 일반화되어 있어 미묘한 뉘앙스 차이가 존재한다. 본서에서는 이러한 차이는 논하지 않고 동일한 형태로 간주하여 논의를 전개하기로 한다.

블로그에 나타나는 '−고(요)'의 예는 다른 어미들에 비해 단순한 편이다.

(117) ㄱ. 그 밖에도 많이 있습니다만, 생략하지요. 그래서 요즘은 원서 쪽에 눈을 돌리고 있긴 합니다만, 구입 루트와 '가독성'의 문제로 어려움이 있긴 합니다.^^ 그래도 조금 더 신경을 써서 원작자의 글을 직접 읽어보고 싶은 것이 현재의 바람<u>이고요</u>. 번역된 굴드의 저서를 다 읽으면 실행해보려고 책을 고르고 있습니다.

ㄴ. 대체로 영화나 드라마를 통해 접했던 것들입니다. 그래, 간혹 읽은 것으로 착각하거나 은근슬쩍 읽은 것처럼 행세했던 것들이기도 <u>하고요</u>. 이만교의 『결혼은, 미친 짓이다』 역시 영화로는 족히 너댓 번 이상이나 봤으니 그런 착각을 할만도 하지요. 그러고 보니 영화조차 극장에서 본 게 아니네요. 비디오, 케이블TV 등등.

(118) ㄱ. 전 초등학교 6학년 자연시간에 곤충의 정의를 배운 기억히 확실합니다. 문−강−목−과−속−종 같은 분류 단계 역시 그때 <u>배웠고요</u>. 그나저나, 개미는 곤충이 아니고 두더지도 포유류가 아닙니다.

ㄴ. 오역의 문제, 심각하지요. 조금 다른 문제이지만 번역하면서

외국어 표현을 그대로 옮기는 것도 문제<u>이고요</u>. 일본책을 내리 베끼면서 표현까지도 그냥 옮겨온 것, 대표적인 예가 "~~에 다름아니다"라는 표현. 그냥 "똑같다"라고 하면 될 것을 성의 없이 그대로 옮겨서 말이죠.

 ↳^^ 실제 제 전공 서적도 일본어 내지는 영어 원서가 대부분입니다. 단순히 관심을 가지고 보는 서적들이 최근 들어 번역서가 나온 것이지요. 그런데 안타깝게도 그 번역서가 원서를 보는 것만 못하다는 것을 절실히 느끼고 있는 <u>것이고요</u>.^^ 새해 복 많이 받으셨나요?^^

 ↳앗 ○○님~!^^ 그러시군요~^^ 예 개인적인 생각으로는 '버제스 셰일'이 가장 적당한 번역이라 생각됩니다. (…중략…) 슬레이트의 경우는 셰일이 저변성된 암석인데 일반적으로 연체 동물의 화석이 가장 완벽하게 보존될 수 있는 환경은 셰일이라 생각되네요~^^ 버제스 셰일이 맞다고 사료되옵니다.^^ 게다가 영어로는 Burgess shale로 나와 <u>있고요</u>. Burgess slate나 Burgess schist는 아닌 거 같습니다.^^

ㄷ. 음...여러모로 생각중입니다. 변변찮은 글 100개 쓰고 우화등선한다는건 좀 민구스러우니까요, 걍 미션수행 기념 삼아 블로그 통째로 날려버리고 새로운 컨셉으로 개편하게 될지도 <u>모르고요</u>;; 후훗 :-)

ㄹ. ㅎㅎ~ 성별이야기가 나오니 무지 찔립니다.... ○○○님~ 제가 ○○○님 포스팅을 꼼꼼히 읽지를 못해서 그렇게 <u>된거구요</u>~ 편견을 가지고 있어서 그런건 아닙니다(아냐~ 그럴지도... ─.─;)

ㅁ. 현재 블로그 설명서라는 것들은 대부분 전문용어가 남발돼서 초보자는 이해가 안갑니다. 그렇다고 너무 심하게 간략화 되면 네이버의 블로그 도움말처럼 의미가 와전될 수도 <u>있고요</u>. 매뉴얼 하나 제대로 만들어서 아예 각 포털의 블로그 서비스와도 공유하고 그랬으면 좋겠습니다─_─;

모두 선행 발화에 부가 정보를 추가하는 용법이다. 대개는 '－ㅂ니다'
로 교체해도 별로 어색하지 않다. 다만 '－ㅂ니다'를 썼을 때 텍스트를
구성하는 문장 사이의 위계가 동등해져 부가 정보에 필요 이상의 초점이
맞춰질 수 있다. 따라서 중심 발화와 부가 발화를 구별하여 그 위계를 확
실히 해 주는 역할을 '－고(요)'가 하고 있다.

부가적인 문체 효과로, 중심 발화로 화자의 주장을 제시한 다음 '－고
(요)' 통합 문장을 추가함으로써 텍스트의 논리성을 더 높이는 효과가 있
다. 따라서 논리 전개나 설명을 하는 텍스트에서 많이 나타난다.

4.1.2.7. '－어(요)'

'－어(요)'는 인터넷 블로그 문체 가운데에서는 상대적으로 유표적인
양상을 보인다. 3장에서 '－어(요)'를 반말 종결체의 대표 종결형으로 두
기는 했으나 '－다' 체나 '－ㅂ니다' 체에 비해 문자 텍스트에서는 기본
문체로 쓰이는 일이 적다고 했다. 왜냐하면 '－지(요)', '－네(요)', '－군
(요)' 등의 다른 반말체 어미들이 빈번하게 나타나 '－어(요)'와 동등할
정도의 위상을 갖기 때문이다. 또한 '－어(요)'는 청자 지향성이 다른 종
결 문체보다 강하여 쓰임이 한정되는 반면에 다른 반말체 어미들은 '어
(요)'가 쓰이기 어려운 텍스트에서도 나타난다.

인터넷에서는 텍스트에 따라 기본 문체로 쓰이기도 한다. 인터넷 텍스
트는 채팅이나 쪽지, 메일, 덧글과 같이 청자 지향성이 매우 높은 것이
있어 그런 텍스트에서는 '－어(요)'가 빈번하게 나타난다. 그렇더라도 그
런 텍스트들보다 화자 지향성이 강한 블로그 텍스트에서는 '－어(요)'가
나타나는 빈도가 낮은 편인데, 이는 블로그 문체도 전통적인 문자 텍스트
문체의 영향을 받고 있기 때문으로 보인다. '－어(요)'는 다른 형태들과
달리 대우법에서의 해 / 해요체 개념에 근접한 형식이다. 그래서 '－어

(요)', 특히 '-요'가 통합하지 않은 '-어'는 특정 청자를 대상으로 삼지 않는 한 잘 나타나지 않는다. '-지'나 '-군' 등이 화자 지향성이 강한 텍스트에서도 자주 쓰이는 것과 대조가 된다. 기본 문체로서 쓰일 때의 '-어(요)'는 '-다'나 '-ㅂ니다'와 마찬가지로 무표적이라고 할 수 있지만 '-다' 체나 '-ㅂ니다' 체가 대부분인 문자 텍스트에서 쓰일 때는 유표적인 양상을 보인다.

(119) ㄱ. 열의만 있다고 좋은 직장인인가, 머리통 텅텅 빈 놈이 무슨 놈의 21세기 인재형입니까. 뭐 똑똑한데 학벌이 안좋다, 장애인이다 이런 이유로 차별 받으면 억울한 거지만 0점에서 드러나듯 머리가 꼴통 아닙니까. 짤려도 썩 억울할 것도 <u>없어요</u>. 이건 자라나는 청소년들에게 "공부 안해도 좋다. 너희는 모두 인재다!" 이런 식으로 홀리는 꼴이 아닐 수 없습니다. … 그리고 한가인은 극중에서 너무 매력이 없던데요. 연기를 못해서 그런지 몰라도 멍청하지, 답답하지, 별로 착한 것 같지도 않지, 얼굴 이쁜 것 말고는 주인공 비중이라고 할 만한 인물이 아<u>니에요</u>. 남자주인공은 21세기 인재형인데 여자주인공은 조선시대도 아니고. 실제론 착한데 싸가지 없는 척 하지만 은근히 귀여운 이소연이 백배 매력적입니다. 부잣집 악녀 - 착한 가난뱅이 여주인공 이 구도 이제 <u>지겨워요</u>. 게다가 맨날 끝에 낙동강 오리알들끼리 엮어주는 건 동정심도 아니고 또 뭔지.

ㄴ. 망할 소식 10선에 포함되어야 마땅할 소식을 들은지라 제정신이 아니다. 내가 올해 상반기에 극장에서 본 영화 중 가장 가슴 떨렸던 이 영화를 너희들이 이렇게 대접할 순 없는 거야! 대한민국 DVD 시장에서는 2005년에도 멀쩡한 부록 잘라 먹는 꼴을 봐야한다는 말이냐! 빌어먹을. "인기 없는 영화 애호가 감상권 보호 위원회"라도 만들어야할까 보다. 아니 마틴 스콜세지가 태평양 건너 날아와서 대체 무슨 꼴을 당하고

있는 거야.

ㄷ. 지워버린 고향에 대해 일말의 동정심을 발휘한 여진 사람. 이 사람 이 가족이 조선 사람으로 죽어야 할 까닭이 별로 보이지 않습니다. 허턱 쉽게 드리는 말씀이 아닙니다. 착잡해서 드리는 말씀입니다.
조위한도 이른바 호란, 겪었어요. 이만한 문장을 직필할 적에 그 또한 착잡했을 겁니다. 하지만 지주소작 관계가 애초에 불가능하고, 중앙집권정부의 징세가 없다시피 한 저쪽을 넘겨다보던 압록강, 두만강 어름의 조선 사람들 진심에서 이런 말했을 거예요.

(120) ㄱ. 오홋! 정말 대단한 감상문이네요!! 저도 말도 안된다면서도 깔깔대며 봤었는데..직장인+백수백조의 판타지가 아닌가 싶어요. ㅎ 좀 더 기발하면 좋았을텐데.. 아쉬움.. ㅎ

ㄴ. 우리나라 젊은이들은 아직도.... 호감이 가는 이성에게 다가서는 데 참 서툴러요. 여자들에겐 겁주지 않고 부드럽게, 자연스럽게, 가만가만 다가가야 성공 확률이 높답니다. 우연을 가장해 자주 마주칠 기회를 만들고, 처음부터 고백을 하고 dash 하기 보다는, "..씨와 함께 있으니 참 기분이 좋아지네요." 등 에둘러 호감을 표현하는 법을 쓰는 게 좋지요.

ㄷ. 오역에서 오는 문제... −_−;;; 정말 골치 아프죠... 오역에 심히 질색한 나머지 돈 더 주고 원서를 산적도 있죠... 재미로 읽는 소설책인데도 말이에요... −_−;;; 그러니 전문서적의 경우는 오죽하겠어요? OTL 그렇다고 세상 모든 사람들에게 한 가지 언어만 쓰라고 할 수도 없고... ^^;;; 참... 떡국은 맛있게 드셨나요? ^^

ㄹ. "이쪽" 영화라고 다를 거 없어요(실은 있다고 생각하곤 하지만, 이 맥락에서 이야기할 건 아니니까). 100년 묵은 소설을 읽는 건 쉬운 일인데 50년 묵은 영화를 보는 건 어려운 일이라고 인식되는 거야말로 영화라는 이름의 예술이 지닌 비극 : −/

'-어(요)'가 유표적인 이유는 아무래도 '-다 / -ㅂ니다'가 일반적인 맥락 속에서 섞여 나오기 때문이다. 덧글 텍스트는 청자 지향성이 강하여 좀 더 비격식적이고 구어체에 가까우므로 '-어(요)'가 자연스럽지만 '-ㅂ니다' 체로 쓰인 게시물 텍스트에서 '-어(요)'가 나오면 일탈된 느낌을 준다. 또한, 3장에서 본 바와 같이 여성 화자의 특징을 나타내는 도구로 많이 사용되어 왔기 때문에 여성적인 느낌을 주어 개인 정보를 자세히 파악하기 어려운 인터넷에서는 종종 오해를 불러일으킨다. (119ㄱ, ㄷ)의 필자는 모두 남성인데 이러한 '-어요' 때문에 여성으로 오해받을 소지를 남긴다.

(119ㄱ~ㄷ)의 게시물의 예를 살펴보면 함부로 일반화하기는 어렵지만 '-ㅂ니다' 체를 쓰다가 개인적인 감정이 집중되는 부분에서 '-어요'를 쓰는 모습을 어느 정도 발견할 수 있다. 무표적인 '-ㅂ니다' 체의 중간에 일탈적인 '-어요'를 써서 강조의 효과를 얻고 있다고 해석할 수 있다.

4.2. 문체 기능을 가지는 어미 통합형

문체 기능을 가지는 어미 통합형은 복수의 어미와 기타 형태소가 통합하여 개별 어미가 아닌 통합형 전체가 문체 기능을 하는 것을 이른다. '-ㄴ 것이다'는 어느 하나의 형태소도 빠지지 않아야 본래의 기능을 할 수 있다. 그리고 '-ㄴ 것이다'가 나타내는 의미는 형태소 자체의 의미와 직접적인 연관이 없다. 그 의미는 해당 문장에만 작용하는 것이 아니라 앞뒤 문장, 나아가 하나의 단락에까지 작용한다.

이렇게 담화 층위의 기능을 담당하지만 일반적인 종결형으로 바꾸어도 의미적으로나 화용적으로나 큰 차이를 보이지 않는 형식은 화자의 문체 선택 과정을 거쳐 선택된 것이다. 즉 선택적인 언어 형식이지 필수적인 언어 형식은 아니라는 것이다. 또한 개인차나 텍스트 유형에 따른 차이도 어느 정도 보인다. 그러므로 이러한 어미 통합형은 문체로서의 특성을 보인다고 간주할 수 있다.

여기서는 '-ㄴ 것이다', '-고 말다', '-게 되다', '아닐 수 없다'의 네 가지 형식만을 제시하는데, 비슷해 보이는 보조 용언 통합형이나 부정형도 모두 논의에 포함시켜야 하지 않는가 하는 의문이 제기될 수 있다. '나는 그만 손을 놓아 버렸다'와 같이 '-어 버리다' 통합형도 '-고 말다'와 똑같은 유형이라고 볼 수도 있다. 그러나 '-어 버리다'는 강조하는 초점의 범위가 '-고 말다'보다 좁고, 나타내는 의미가 문장 단위까지만 적용되어 담화 단위까지 확대하기 어렵다는 차이가 있다.

그러므로 담화 단위까지 영향을 미치며 수의적인 선택 형식인 어미 통합형은 매우 제한될 수밖에 없고, 그 가운데에서 문체적 특성이 강하다고 생각되는 '-ㄴ 것이다', '-고 말다', '-게 되다', '아닐 수 없다'를 대표적으로 선택하여 논의를 전개하고자 한다.

4.2.1. '-ㄴ 것이다'

'-ㄴ 것이다'는 소설, 수필, 논문 등 주로 청자 지향성이 낮고 단절성이 강한 텍스트에서 나타나며 논리 전개의 결과나 전지적 시점의 상황 설명의 문장에 쓰인다. 이것은 순수한 문체 효과를 가진 종결 형식으로, 그 기원을 파악하기는 쉽지 않으나 국한문 혼용체의 '한자어+동명사형+이라'로 거슬러 올라갈 수 있지 않나 한다.99)

(121) ㄱ. 此난 學者의 層級으로 其 厚薄롤 定하난 故로 萬兩以上에 至ᄒ
난 者도 <u>有홈이라</u>.

—『대한자강회월보』 10호, 1907

ㄴ. 然則減亡도 其國人에 自取오 富强도 其國人에 自求<u>홈니로다</u>.

—『대한자강회월보』 10호, 1907[100)

물론 여기 제시한 예들은 현재의 '-ㄴ 것이다'에 정확히 대응하는 형
식이라 할 수 없다. 하지만 문장 구조가 유사하며 문체 효과도 크게 다르
지 않다고 판단하여 '-ㄴ 것이다'의 기원이 아닐까 한다.[101) 19세기 말
의 『독립신문』에는 다음과 같은 예가 보인다.

(122) ㄱ. 죠션셔ᄂᆞᆫ 죠션국문은 아니 빅오드리도 한문만 공부ᄒᆞᄂᆞᆫ ᄭᆞᆰᆰ
에 국문을 잘 아는 사롬이 드물미라.
ㄴ. 국문으로 쓴 편지 ᄒᆞᆫ 쟝을 보쟈ᄒᆞ면 한문으로 쓴 것보다 더
듸 보고 ᄯᅩ 그나마 국문을 자조 아니 쓰는 고로 셔툴어서 잘
못 <u>봄이라</u>.[102)

—『독립신문』, 1896. 4. 7.

---

99) 현대 소설로는 이미 이광수의 『무정』(1917)에서 '형식의 속사람도 남보다 풍부한 신사
회의 경험과 종교와 문학이라는 수분으로 흠뻑 불었다가 선형이라는 처녀와 영채라는
처녀의 봄바람 봄비에 갑자기 껍질을 깨뜨리고 퓌어난 것이다'와 같은 예가 보인다. 이
광수는 당시 신문학의 조건의 하나로 '순수한 시문체'를 들던 사람이므로 현대의 문장
과 다름이 없다고 간주할 수 있을 것이다.
100) 이 예들은 심재기(1978)의 '제1 중간문체'에 해당한다고 볼 수 있다. 한문의 문장 구조
를 거의 그대로 갖고 있는 구결에 가까운 형식이다. 이의 영향인지, 현대 역사 소설에
서 '-함이다' 형식이 가끔 나타난다.
101) 김태엽(1992)에서는 포항 지역어 의문형 종결어미 '-ㄴ교'를 '-ㄴ+것+이+이+오'
로 분석하였다. 문헌에는 '-ㄴ 게오'의 형태로 나타나기도 하는데 형태의 측면에서
본다면 이에서 기원했다고 할 수 있으나 여기서는 의미만을 논의 대상으로 삼기 때문
에 이 이상 들어가지는 않겠다.
102) 역사소설에서는 '-ㅁ이다'라는 표현을 종종 볼 수 있다. 언중들에게 의고체로서 인식
되고 있음을 알 수 있다.

이런 '-ㅁ+이라' 종결은 '-이라'에 선행하는 주어가 없다는 점에서 '-ㄴ 것이다'와 비슷한 문장 구조와 의미구조를 가진다. 또한 문체 효과에서도 유표적인 문체라는 점에서 통하는 면이 있다.

> (123) ㄱ. 헤레나－그러나 당신도 사람을 만드실 줄 아시겠지요.
> 떠민－그것은 엇지햇든 롯섬氏는 참으로 훌륭한 사람을 만들엇습니다. 그는 신의 과학적 대용물이 되려고 하엿든 것임니다. 그리고 氏는 극단에 물질주의자이엿서요. 그래서 그런 일을 한 것임니다. 그가 목적한 것은 신이라는 것은 인제는 불필요하다는 것의 증거를 세우려고 한 것에 불과한 것이지요. 부인은 해부학의 지식이 게심니까?
> 헤레나－그저 조금쯤은 잇습니다.
> ㄴ. 1막은 한 서극이나 다름이 업고 2막으로 시작해서 3幕 4막에는 참으로 인조인의 반항적 대활동과 인류의 풍자가 잇는 것이다.

(123)은 1925년 『개벽』 56호에 실린, 카렐 차펙의 「Rossom's Universal Robots」를 박영희가 번역한 텍스트의 일부이다. (124ㄱ)은 대사이고 (124 ㄴ)은 번역자의 설명으로 메타텍스트에 속하는 것이다. 이와 같이 20년대의 문헌에서도 '-ㄴ 것이다'가 현대와 똑같은 용법을 보임을 알 수 있다.

'-ㄴ 것이다'는 단순한 '의존명사+이다'의 통합이 아닌 재구조화된 독특한 서술부라는 주장이 예전부터 제기되어 왔다. 통사론적 연구에서는 대체로 '-ㄴ 것이다' 구문이 명사문으로서 발화 내용을 대상화하고 강조하는 특수한 기능을 가진 것으로 설명하였다.

남기심·고영근(1985 : 72)에서는 필자의 주장이 강조된 것이며 관형어와 조사와의 통합에서 많은 제약을 보이고 있다고 하였고, 남기심(1996 : 129~132)에서는 '-ㄴ 것이다'의 문장을 명사문으로 간주하였으며 '-ㄹ

작정이다', '-ㄴ 모양이다', '-ㄹ 지경이다' 등의 '이다' 구문과 명사형 종결문까지 모두 명사문으로 포함시켰다. 또한 '-ㄴ 것이다'는 단순히 서술 형식에 불과한 것이 아니라 의미 차이가 있다고 하여, '어른 앞에서는 무릎을 꿇고 앉는 것이다'와 같은 규범적 사실 서술을 들었다.

신선경(1993)은 '-ㄴ 것이다'의 두 가지 성격을 통사 구조 분석을 통해 구분하였다. '것이다'가 하나의 단위로 재구조화되어 화자에 의해 이미 대상화되어 기정의 사실로 받아들여지고 있는 내용을 강조하는 보조 용언의 역할을 담당한다고 하였다. 또한 임홍빈(1987)에서 국어는 주제부각형 언어(topic prominent language)라는 주장에 따라 국어의 주제부각형 특징이 정언문 성격이 강한 '것이다' 구문의 의미론적 특성과 밀접한 관계를 갖는다 하였다. 안효경(2001)에서는 안주호(1997)의 주장을 받아들여 발화 내용이 단순한 객관적인 사실 이상의 현상으로 화자에게 인식되고 있음을 나타내는데, '문제의식의 제기'를 통한 '강조, 환언, 단정'이라는 주관적 판단이 개입된다고 하였다. 또한 '이럴 때는 가만히 있는 것이다'와 같은 문장에서는 당위적 표현으로 미완료, 지속의 '-는'만이 올 수 있다고 하였다. 박소영(2001)은 '-ㄴ 것이다'의 텍스트의 응결성 표지로서 기능을 주목하여 '-ㄴ것이다'가 이유, 요약, 부연, 결과, 전환, 역접의 구성을 가지며 응결성과 초점화 장치로 기능한다고 설명하였다.

문학의 문체론에서도 '-ㄴ 것이다'에 눈길을 돌린 연구가 있다. 이경수(2004)가 그것이다. 여기서는 시인 백석의 시와 수필에 '-ㄴ 것이다'가 빈번하게 나타남을 주목하여 그 특수한 효과를 설명했다. 1) 논평의 기능과 발화의 주체와 언표의 주체 분리, 2) 통합적 기능과 연대감의 형성, 3) 부연적 기능과 동격 구문의 활용 등인데 1)의 경우 1인칭 주어와 결합할 때 독특한 효과가 나타남을 설명하고 있다. '-ㄴ 것이다'가 1인칭 주어와 통합하는 데 제약이 있음을 지적하여 일탈 문체론적 논의를

한 것으로, 1인칭 주어와의 통합 제약은 이론의 여지가 있으나 '-ㄴ 것
이다'를 문체의 범주에서 분석한 논의로서 주목할 만하다.

　이러한 기존 논의에 있어 아쉬운 부분은, '-ㄴ 것이다' 결합문을 문맥
내에서 관찰하여 텍스트 속에서의 기능을 정밀하게 논한 연구가 박소영
(2001)밖에 없다는 데 있다. 기존 연구가 독립된 문장으로서 나타내는 '강
조, 단정'과 같은 의미를 공통적으로 언급하지만 '-ㄴ 것이다'는 실제로
앞뒤의 연속된 문장, 또는 더 큰 단위인 발화와 긴밀한 연관을 갖고 있기
때문에 주변 텍스트 전체를 살피지 않으면 안 된다. '-ㄴ 것이다'로 종
결되는 문장은 대개 앞 문장의 근거나 이유를 설명하는 기능을 수행한다.
따라서 단독 문장만을 살펴서는 그 의미를 충분히 파악할 수 없다. 다음
은 외국 소설을 번역한 문장과 원문이다.

> (124) ㄱ. 여자는 주차원의 등에서 적어도 10센티는 꿰뚫고 나갈 만한
> 표정으로 그를 노려보았다. 주차원은 눈 하나 깜짝하지 않았
> 다. 더 댄서즈에서는 골프할 돈이 넘치면 인격도 좋아질 거라
> 는 환상을 산산이 깨주는 사람들을 <u>받는 것이다.</u>
> ―박현주 역, 『기나긴 이별』
>
> ㄴ. 여자는 주차원의 등에서 적어도 10센티는 꿰뚫고 나갈 만한
> 표정으로 그를 노려보았다. 주차원은 눈 하나 깜짝하지 않았
> 다. 더 댄서즈에서는 골프할 돈이 넘치면 인격도 좋아질 거라
> 는 환상을 산산이 깨주는 사람들을 <u>받는다.</u>
>
> ㄷ. 그녀는 그의 등 뒤를 찌르며 눈동자가 적어도 4인치는 밖으
> 로 튀어나올 것같이 눈짓했다. 그러나 주차계원은 그를 흔들
> 어 깨우려 하지 않았다. <댄서즈>에서는 돈으로 큰소리를
> 치려 해도 잘 되지 않을 <u>때가 있는 것이다.</u>
> ―이경식 역, 『기나긴 이별』
>
> ㄹ. The girl gave him a look which ought to have struck at least

four inches out of his back. It didn't bother him enough to
give him the shakes. At the Dancers they <u>get</u> the sort of
people that disillusion you about what a lot of golfing money
can do for the personality.

—R. Chandler, 『The Long goodbye』

‘-ㄴ 것이다’를 ‘-는다’로 바꾼 (124ㄴ)은 문장들의 앞뒤 관계가 명
확히 연결되지 않아 마지막 문장이 어떤 의미를 가지는지 알기가 어렵다.
그러나 마지막 문장의 종결부를 ‘-ㄴ 것이다’로 바꾸면 두 문장에 인과
관계가 생기며 독자의 적극적인 해석을 유도하게 된다. 이를 다시 바꾸어
말한다면, ‘-ㄴ 것이다’는 문장의 성격을 결정지어 앞 문장과의 관계를
새로 만드는 데 쓰인다. 이것은 텍스트 생산의 관점에서 나온 설명이지
‘-ㄴ 것이다’ 자체의 기능적 의미에 대한 설명이 아니다. 본래 이러한
연어 구성이 어떤 상황에서도 같은 의미를 나타내는 게 아니라, 이러한
기능을 텍스트 생산자가 텍스트 생산 과정에서 필요로 할 때 이러한 연
어 구성을 쓸 수 있다는 것이다. (124ㄷ)은 같은 텍스트의 오래된 일본어
중역으로 (124ㄱ)과 다른 해석 또는 오역이 있으나 마지막 문장은 똑같
이 ‘-ㄴ 것이다’를 썼다.

그런데 (124ㄹ)의 원문을 보면 소설 전체의 과거형 문체와 달리 해당
부분은 현재형으로 되어 있다. 이것은 보편적인 진리나 지속되는 습관을
진술할 때 쓰는 방법이다. 이렇게 외국어 원문 텍스트와 번역 텍스트를
비교하면 ‘-ㄴ 것이다’로 번역된 부분이 원문에서도 유표적인 부분임을
알 수 있다.

(125) ㄱ. They are living in England <u>or</u> they are spending a vacation
there.

ㄴ. 그들은 지금 영국에 있<u>는데</u>, (다시 말해) 그곳에서 휴가를 보
내고 있다.[103]

ㄴ'. 그들은 지금 영국에 있다. 그곳에서 휴가를 보내고 <u>있는 것
이다</u>.

위의 예는 접속사 번역에서의 주의점을 보여주기 위해 예시된 것으로, 원문에서 'or'의 용법이 일반적으로 국어 화자가 알고 있는 것과 다르므로 번역문 선행절의 종결부에 연결어미 '-는데'를 사용한 형태로 제시하였다. 그런데 이 경우 원문에서 두 개의 문장이던 것이 하나의 문장으로 바뀌었다. 물론 전달하고자 하는 의미는 변하지 않지만 번역 행위에 있어서는 원문과 번역문의 문장 구조가 되도록 달라지지 않게 하는 것이 좋다. 이 문장은 (125'ㄴ)과 같이 바꿀 수 있다. 그 결과 의미의 손실이나 변질을 초래하지 않고 문장의 분리가 이루어졌다. 물론 'or'와 '-ㄴ 것이다'의 관계가 항상 일대일 대응이 되지는 않는다. 다만 이렇게 이어지는 두 개의 문장이 같은 지시 대상을 가질 때 접속어를 사용하는 대신 '-ㄴ 것이다'를 사용할 수 있다는 사실이 중요하다. 이 말은 곧 '-ㄴ 것이다'의 기능 또는 의미가 독자적으로 존재하기보다는 다른 문장들과의 관계 속에서 찾을 수 있음을 의미한다. 이번에는 구체적인 소설 자료를 통해 그 특징을 살펴보도록 하겠다.

'-ㄴ 것이다'는 특히 역사소설에서 발생 빈도가 높다. 역사소설『원균 그리고 원균』을 자료로 살펴보도록 하겠다. 이 자료에서 '-ㄴ 것이다'는 주로 선행 문장과 연결됨을 알 수 있다.

(126) ㄱ. 입에서 입으로 떠돌던 이 소문은 곧 사실로 확인되었다. 나무
하러 삼청동에 들어갔던 사람 몇이 노인네의 사냥 솜씨를 직

---

103) 이석규 외(2002 : 165)에서 인용.

접 구경했던 것이다.

ㄴ. 학동들이 노인의 몸에 칠했다는 흙물은 놀랍게도 모두 노인의
손바닥과 발바닥에만 묻어 있었다. 손발을 제외하고는 몸 어
느 곳에도 흙물 한 방울 튄 흔적이 없었다. 노인은 학동들의
붓 끝을 모두 날렵하게 손바닥과 발바닥만으로 다 막아낸 것
이었다.

ㄷ. 그제서야 화근인 여진족들을 뿌리 뽑을 작전을 면밀하게 짜
기 시작하는 부사, 그는 바로 원균이었다. 그는 무과에 급제
한 후 선전관이 되어 조산(造山) 만호(萬戶)로 봉직하다가 여
진족을 용감하게 토벌하여 그 이름이 세상에 알려졌다. 이에
조정에서는 그의 등급을 파격적으로 올려 부령 부사로 임명
해 여진족을 막게 한 것이었다.

(126)의 예들은 모두 선행 문장과 연결된다. 여기서의 예들은 선행 발
화를 설명하는 역할을 한다. 이 경우 '했다'로 교체하면 그러한 관계가 사
라진다.

(126)´ ㄱ. 입에서 입으로 떠돌던 이 소문은 곧 사실로 확인되었다. 나
무하러 삼청동에 들어갔던 사람 몇이 노인네의 사냥 솜씨를
직접 구경했다.

ㄴ. 학동들이 노인의 몸에 칠했다는 흙물은 놀랍게도 모두 노인의
손바닥과 발바닥에만 묻어 있었나. 손발을 세외하고는 몸 어느
곳에도 흙물 한 방울 튄 흔적이 없었다. 노인은 학동들의 붓
끝을 모두 날렵하게 손바닥과 발바닥만으로 다 막아내었다.

ㄷ. 그제서야 화근인 여진족들을 뿌리뽑을 작전을 면밀하게 짜기
시작하는 부사, 그는 바로 원균이었다. 그는 무과에 급제한
후 선전관이 되어 조산(造山) 만호(萬戶)로 봉직하다가 여진족
을 용감하게 토벌하여 그 이름이 세상에 알려졌다. 이에 조정
에서는 그의 등급을 파격적으로 올려 부령 부사로 임명해 여
진족을 막게 하였다.

자료에서는 이 경우 '-ㄴ 것이다'가 대부분 단락의 가장 마지막에 위치한다. 그 다음에는 새로운 주제가 나타나고 새로운 맥락이 형성된다. 따라서 이러한 '-ㄴ 것이다'는 선행 발화에 대한 설명 외에 발화 완료의 역할을 한다고 볼 수 있다.

> (127) ㄱ. "지금 남으로는 왜구들이, 북으로는 북방 오랑캐가 조선 땅을 수시로 침략해 민심을 흉흉케 하는데 어찌 선생 같은 뛰어난 분이 나가서 나라를 구하지 않으십니까?"
> 그러자 무사는 말하<u>는 것이었다</u>.
> "나보다 열 배나 나은 사람들이 지금 세상에 많아 왜와 오랑캐는 절대로 우리를 이길 수 없다. 그러니 너도 얕은 재주를 뽐내려 하지 말고 나와 같이 이 산속에 있는 것이 좋을 것이다."
> ㄴ. "모두들 저 말의 뒤를 따라가라."
> 영문을 알 수 없다는 표정으로 부하들은 적토마의 뒤를 따랐다. 말은 점점 더 깊은 숲 속으로 들어<u>가는 것이었다</u>.
> "아니 더 깊은 곳으로 들어가잖아?"
> ㄷ. "아니, 이런 발칙한..."
> 대감은 분기가 일었지만 참았다. 이일은 마당에 내려서자마자 종놈에게 격앙된 목소리로 이르<u>는 것이었다</u>.
> "이봐라. 나는 지금 집으로 돌아가야겠다. 너 들어가서 내가 떠난다고 대감께 아뢰고 지난번 까투리 값도 좀 말씀드려라. 내가 받아가야겠다."

(127)의 예들은 (126)과 달리 '-ㄴ 것이다'가 후행 발화와 연결된다. 그런데 이때 '-는 것이다'로 나타나는 것이 특징이다. 이를 일반적인 직설법 평서형 문장으로 바꾸면 다음과 같이 된다.

> (127)′ ㄱ. "지금 남으로는 왜구들이, 북으로는 북방 오랑캐가 조선 땅

을 수시로 침략해 민심을 흉흉케 하는데 어찌 선생 같은 뛰
어난 분이 나가서 나라를 구하지 않으십니까?"
그러자 무사는 말하였다.
"나보다 열 배나 나은 사람들이 지금 세상에 많아 왜와 오랑
캐는 절대로 우리를 이길 수 없다. 그러니 너도 얕은 재주를
뽐내려 하지 말고 나와 같이 이 산속에 있는 것이 좋을 것이
다."

ㄴ. "모두들 저 말의 뒤를 따라가라."
영문을 알 수 없다는 표정으로 부하들은 적토마의 뒤를 따랐
다. 말은 점점 더 깊은 숲 속으로 들어갔다.
"아니 더 깊은 곳으로 들어가잖아?"

ㄷ. "아니, 이런 발칙한..."
대감은 분기가 일었지만 참았다. 이 일은 마당에 내려서자마
자 종놈에게 격앙된 목소리로 일렀다.
"이봐라. 나는 지금 집으로 돌아가야겠다. 너 들어가서 내가
떠난다고 대감께 아뢰고 지난번 까투리 값도 좀 말씀드려라.
내가 받아가야겠다."

'-는 것이다'를 일반적인 직설법 평서형 문장으로 바꾸었을 때 (126)′
과 같이 텍스트 구조가 바뀌는 일은 일어나지 않는다. 또한 시상 선어말
어미는 전체 시제를 따라 '-았/었-'도 가능하고 또한 현재형의 '말한
다/들어간다/이른다'도 가능하다. 반대로, 후행 발화와 이어지는 신행
발화의 종결부를 '-는 것이다'가 아닌 '-ㄴ 것이다'로 교체할 수 없다
는 사실도 주목해야 한다.

(127)″ ㄱ. "지금 남으로는 왜구들이, 북으로는 북방 오랑캐가 조선 땅
을 수시로 침략해 민심을 흉흉케 하는데 어찌 선생 같은 뛰
어난분이 나가서 나라를 구하지 않으십니까?"
그러자 무사는 ?말한 것이었다.

　　　"나보다 열 배나 나은 사람들이 지금 세상에 많아 왜와 오랑
　　　캐는 절대로 우리를 이길 수 없다. 그러니 너도 얕은 재주를
　　　뽐내려 하지 말고 나와 같이 이 산 속에 있는 것이 좋을 것
　　　이다."
　　ㄴ. "모두들 저 말의 뒤를 따라가라."
　　　영문을 알 수 없다는 표정으로 부하들은 적토마의 뒤를 따
　　　랐다. 말은 점점 더 깊은 숲 속으로 ?들어간 것이다.
　　　"아니 더 깊은 곳으로 들어가잖아?"
　　ㄷ. "아니, 이런 발칙한…"
　　　대감은 분기가 일었지만 참았다. 이일은 마당에 내려서자마
　　　자 종놈에게 격앙된 목소리로 ?이른 것이었다.
　　　"이봐라. 나는 지금 집으로 돌아가야겠다. 너 들어가서 내가
　　　떠난다고 대감께 아뢰고 지난번까투리 값도 좀 말씀드려라.
　　　내가 받아가야겠다."

　이것으로 볼 때 '-는 것이다'는 선행 발화 종결부에서 선행 발화를
후행 발화와 연결하는 기능을 한다고 할 수 있으며 '-ㄴ 것이다'와 그
분포에 차이가 있음을 알 수 있다. 그러나 '-는 것이다'가 후행 발화와
연결하는 기능만을 하는 것은 아니다.

　　(128) ㄱ. "그러니 우리는 이때 적의 허를 찌르는 게요. 즉, 우리가 추워
　　　　　서 웅크리고 있을 거라는 그들의 생각을 역으로 치고 들어가
　　　　　는 거요."
　　　　ㄴ. "지피지기면 백전백승이라 했소. 우리는 적의 현재 상태를 어
　　　　　느 정도 소상히 파악하고 있소. 어디에 모이는지도 알고 있
　　　　　소. 무슨 생각을 하고 있는지도 알고 있소. 모든 싸움은 항상
　　　　　적의 허를 찔러야 하는 법이오. 그런데 그 허는 야인 같은 경
　　　　　우에는 의외로 한가운데 있는 것이오. 이는 내 경험에 의한
　　　　　것이오. 지금 우리가 출병하기 어렵다는 사실은 야인들도 알

고 있소. 그렇기에 역으로 우리가 지금 출병해야 이 가을 걷
은 곡식을 지키고 이주민들을 지키고 여러 부사들이 한겨울
편안히 날 수 있는 <u>것이오</u>."
ㄷ. 엉규이라는 이름 석 자는 대포보다도 더 위력적이었다. 칼과
창을 들어보려던 야인들조차도 스르르 사지에서 힘이 <u>빠지는</u>
<u>것이었다.</u>

(128)의 예들은 앞서의 용법과는 또 다른 모습을 보여준다. (128ㄱ)은
미래의 계획을 나타내고 (128ㄴ)은 보편성과 당위성을 강조한다. 이때 모
두 '−는 것이다'만 쓰이는데 이것은 명제 문장의 시제에 의해 결정된 것
이다. (128ㄴ)에 나타나는 '−는 법이다'는 '법'의 어휘 의미에 따라 당위
성을 강조하는 기능을 가지는데 '−는 것이다'와 비슷한 기능이라 하겠
다. (128ㄷ)은 예외적으로 선행 발화와의 연결성이 강하다. 이것으로 볼
때 '−는 것이다'는 '−ㄴ 것이다'와 달리 선행 발화와 후행 발화에 모두
쓰이는 것을 알 수 있다. 이는 '것이다' 앞에 오는 관형형 어미의 시상과
발화 순서가 관련있음을 보여준다.
　'−ㄴ 것이다'가 쓰인 예를 바탕으로 그 의미 기능을 분류했을 때 다
음과 같이 나눌 수 있다. 선행 행위 설명, 선행 발화 설명, 상황 설명, 원
칙 설명, 발화 완료, 선행 발화 요약인데, 기존의 논의에서 주로 언급한
'단정'은 이 가운데 '원칙 설명'에 해당한다.

1) 선행 행위 설명
앞에 제시된 행위의 이유, 근거를 설명하는 기능이다. 대개 구체적인
행위가 제시된다. '−ㄴ 것이다'는 대부분 이 기능을 담당한다.

(129) ㄱ. 관수는 오늘 그 좋은 기회에 조합 간부인 재창이를 폭로하지

도 못한 것이 몹시도 분했다. 원통하도록 후회가 났다.

재창이를 폭로하려면 조합도 글렀다고 해야만 한다. 그러나 지금 조합까지 글렀다고 선전하는 것은 옳은 일일까?— 이런 생각이 마음에 걸려서 그는 항상 재창이를 폭로하기를 <u>주저한 것이었다</u>. 조합!… 아무리 노동자의 이익을 대표한다 하여도 이제는 그것을 폭로하여야 될 것이라는 것을 그는 지금 생각하고 있었다.

어쨌든 오늘 일은 생각만 해도 우울해졌다.

— 김남천, 「공장신문」

창선에게 끌려서 여덟 시 정각에 어떤 집을 찾아갔을 때 관수는 놀랐다.

거기에서는 벌써 길섭이, 동찬이, 선녀, 창호, 보무에미 등등의 사오 인의 얼굴이 등불을 둘러싸고 <u>있었던 것이다</u>. 그는 성큼 방안에 들어서서 문을 닫았다.—

기역자로 지은 넓은 '하리바' 안에서 이백오십 명이나 되는 직공들이 고무신을 붙이고 있었다. 가을 햇발이 유리창을 가로 비추고 햇득햇득하게 떠도는 먼지를 나타낸다.

— 김남천, 「공장신문」

ㄴ. 나의 손에서는 만신의 힘이 맺혔던 몽둥이가 힘없이 굴러떨어졌다 — 유령 장군이 금시에 미치광이광대새끼로 <u>변하여 버렸던 것이다</u>.

—원 이런 놈의…

틀림없던 도깨비가 순식간에 두 모자의 거지로 변하다니! 이런 기막힌 일이 어디 있단 말인가.

— 이효석, 「도시의 유령」

ㄷ. 한 등성이를 넘었을 때다. 갑자기 도무의 이악스럽게 짖는 소리가 났다. 늙은 포수가 아뿔싸! 하며 혀를 찼다.

개가 너무 멀리 앞질러 가 퉁긴 <u>것이었다</u>. 송아지 같은데 목과 다리만 날씬한 것이 벌써 꺼불거리고 다음 산비탈을 뛰고

있었다. 늙은 포수는 큰 사냥터에 꿩 사냥개를 데리고 왔다고
찡찡거렸다. 개는 임자가 불러도 자꾸만 짐승만 다우쳤다.

—이태준, 「사냥」

(129)의 예들에서 볼 수 있듯이, 앞에서 서술한 행위의 이유를 뒤에서
제시하는 역할을 한다. 따라서 인과 관계에 가깝다. '것'이 가지는 부정
형적인 대용 특성에 대해서는 남기심(1996)에서 지적한 바 있는데, 앞에서
서술한 행위 전체를 대용한다고 할 수 있다. 많은 예들에서 '-ㄴ 것이
다'는 단락의 후반에 위치하고 그 뒤에 새로운 정보가 제시된다. (129ㄷ)
은 단락의 처음에 나오나 맥락으로 볼 때는 앞 단락의 끝으로 이동해도
상관이 없다.

선어말어미 '-더-'가 결합하여 '원인'의 의미를 강조하는 일이 많다.
'-더-'가 선행 문장보다 앞선 시점임을 드러낸다.

(130) ㄱ. 다음날, 종성 부성에서 열린 잔치에서 백성들은 오랜만에 마
음껏 먹고 마시고 취할 수 있었다. 향후 몇 년간 여진족들로
인해 고민할 필요가 없게 되었던 것이다.
ㄴ. 왜에서 사신이 오면 조선에서는 그가 지나는 군읍마다 장정
들을 동원해 한길가에 창을 잡고 도열해 있게 하였다. 말하자
면 예우를 가장한 은연중의 시위인 셈이었다. 그러나 귤강광
은 이런 시위에 아랑곳하지 않았다. 조선의 실상을 너무도 잘
알고 있는 그에게는 억지춘향으로밖에 비치지 않았던 것이다.

—고정욱, 『원균 그리고 원균』

2) 선행 문장 부연 설명

구체적인 행위가 아닌 선행하는 하나 또는 복수의 문장에 대하여 정보
의 양을 늘려 설명하는 기능이다.

(131) ㄱ. 최근 국민건강보험 운용과 관련된 불만이 일찍이 보기 힘들
었던 형태로 표출되고 있다. 환자들이 직접 거리로 나서고 있
<u>는 것이다.</u>
먼저 눈에 띄는 것은 백혈병 환자들의 시위다. 이들은 최근
서울 여의도 거리에서 새로운 백혈병 치료제 「글리벡」의 가
격을 낮추어 달라고 제약회사에 요구했다.

— 김철중 칼럼

ㄴ. 왜와 조선은 건국 초기부터 사신을 서로 보내면서 선린우호
관계를 다져왔다. 그러던 관계의 필요성은 신숙주가 서장관(書
狀官)으로 왜를 다녀오고 나서 더욱 강조되었다. 사세 판단이
빠른 신숙주는 대번에 왜라는 나라가 호락호락하지 않음을
<u>깨달은 것이다.</u>

— 고정욱, 『원균 그리고 원균』

ㄷ. 창밖으로는 어스름하게 여명이 물들고 있었다. 두 사람은 꼬박
밤을 새우며 이야기를 나눈 <u>것이었다.</u> 그러나 이선은 양반들
의 당쟁이라는 미묘한 문제가 화제에 오르자 관심을 끊을 수
가 없었다.

— 고정욱, 『원균 그리고 원균』

선행 발화는 단순한 서술이고 '-ㄴ 것이다' 구문은 그것의 구체적인
부가 정보 또는 상술이다. 선행 행위 설명과 선행 발화 설명의 경우
'-ㄴ 것이다'와 선행 문장은 응집성이 매우 강하다. (131ㄱ)은 선행 문
장의 '보기 힘들었던 형태=거리로 나서고 있는 것이다'의 관계를 보이고
있다. (131ㄴ)은 선행 문장에서 전달하지 않는 정보를 확대하여 제시하고
있다. (131ㄷ)은 단순한 사태를 표현하고 있는 선행 문장에 그 이전 상황
과 연관 지어 의미를 부여한다.

3) 상황 해석

선행 문장들과 직접적인 관계를 맺기보다는 화자가 전체 상황을 해석하여 설명하는 기능이다. 따라서 선행 문장에만 이어져 후행 문장과 단절되는 것이 아니라 후행 문장까지 이어질 수 있다.

(132) ㄱ. "지난 여름에 우리들의 파업을 팔아먹은 놈은 누구냐? 그건 김재창이 같은 타락한 조합 간부다! 우리들은 그런 놈에게 조금도 우리의 일을 맡기지 말자! 그는 우리들의 마음을 팔아서 자기 배를 채우는 놈이다. 어저께 일어난 일도 우리끼리 처리해야만 된다. 우리의 마음을 꺾고 고주에게 유리하게 하려는 재창이는 우리편인 체하고 나서는 <u>것이다</u>.
어저께 아무 일도 없게 무사히 한 덕택으로 재창이는 전무네 집에서 술 먹고 요리 먹고 돈 먹은 것을 왜 모르느냐? 벤또를 빨리 먹고 마당에 모이자! 그리하여 재창이를 내쫓고 우리끼리 지도부를 선거하자! 우리편인 체하고 나서는 몹쓸 간부를 내쫓아라!"
"얘! 건 굉장하구나!"

— 김남천, 「공장신문」

ㄴ. "우리 모래사장엔 말이야, 밀물이 들어오면 날치들이 팔딱팔딱 뛰어오른단다. 그 녀석들은 모두 청개구리처럼 두 다리가 날려 있어서..."
아아! 룬투의 가슴 속엔 그때까지 내 주변의 친구들이 전혀 알지 못하는 신기한 일들이 무궁무진하게 간직되어 있었<u>던 것이다.</u> 룬투가 바닷가에서 그렇게 신기한 것들을 만나고 있을 때, 그 애들은 아무것도 모르는 채 모두 나처럼 높은 담장으로 둘러싸인 안마당에서 네모진 하늘만 바라보고 있었<u>던 것이다.</u>
안타깝게도 정월은 다 지나가 버리고 룬투는 집으로 돌아가야 했다. 나는 그만 어쩔 줄 모르고 큰소리로 엉엉 울었다.

룬투도 부엌에 숨어서 울면서 밖으로 나오려 하지 않았다. 하지만 결국 룬투는 아버지 손에 이끌려 가버리고 말았다.

　　　　　　　　　　　　　　　　　　　　　—루쉰, 「고향」

　　ㄷ. "왜구가 저렇게 많이 밀려온 적이 있었단 말이냐?"
　　　　"그렇다면…"
　　　　사냥 나갔던 일행은 동시에 서로의 얼굴을 바라보았다.
　　　　"왜군이 우리 나라를 치러 <u>온 것이다</u>."

　　　　　　　　　　　　　　　　　—고정욱, 『원균 그리고 원균』

　　(132)의 예들은 인과 관계가 아닌 상황 자체에 대한 설명 또는 해석을 보여준다. 여기서는 화자의 주관이 개입될 여지가 많다. (132ㄴ)의 경우 화자의 상황 인식을 나타내고 있다. 그리고 그 인식을 단정적으로 표현한다. 이 때문에 상황 설명 기능은 발화 완료 기능과 함께 나타나는 일이 많다. (132ㄷ)은 극적인 효과를 낳으며 그 다음 단락이 완전히 다른 화제를 가진다.

4) 원칙 설명

　　기존 연구에서 주로 언급했던 기능이다. 일회성이 아닌 진리, 규범, 원칙 등을 전달하므로 '-는 것이다'의 형태로 많이 나타난다. 앞선 기능들과 달리 선행 문장이나 후행 문장과의 연결이 약하다.

　　(133) ㄱ. 나는 생각했다. 희망이란 것은 있다고도 할 수 없고, 없다고도 할 수 없다. 그것은 마치 땅위의 길이나 마찬가지다. 원래 땅 위에는 길이란 게 없었다. 걸어가는 사람이 많아지면 그게 곧 길이 <u>되는 것이다</u>.

　　　　　　　　　　　　　　　　　　　　—루쉰, 「고향」

ㄴ. 첫째 정신상으로 받는 고통과 둘째 물질로 받는 고통입니다.
모든 고통은 밖으로부터 들어오는 것이니, 이것을 받은 때에,
받아서 느낀 때에 비로소 고통이 생기는 <u>것이외다</u>. 만일, 그
고통을 받지 않고 느끼지 아니하면 고통이란 없을 것이외다.
다시 말하면, 고통을 고통으로 알고, 고통을 고통으로 느끼는
그 느낌이 고통이외다.

—한용운, 「번뇌와 고통」

이것은 앞서 예문 (124)의 번역문에서 볼 수 있었던 기능이다. 시간을
초월하는 명제를 전달하는 것이다. 따라서 현재 시제로 바꾸어도 의미에
전혀 변화가 없다.

(133)′ ㄱ. 나는 생각했다. 희망이란 것은 있다고도 할 수 없고, 없다고
도 할 수 없다. 그것은 마치 땅위의 길이나 마찬가지다. 원래
땅 위에는 길이란 게 없었다. 걸어가는 사람이 많아지면 그
게 곧 길이 <u>된다</u>.

—루쉰, 「고향」

ㄴ. 첫째 정신상으로 받는 고통과 둘째 물질로 받는 고통입
니다.
모든 고통은 밖으로부터 들어오는 것이니, 이것을 받은 때에,
받아서 느낀 때에 비로소 고통이 <u>생긴다</u>. 만일, 그 고통을 받
지 않고 느끼지 아니하면 고통이란 없을 것이외다. 다시 말하
면, 고통을 고통으로 알고, 고통을 고통으로 느끼는 그 느낌
이 고통이외다.

—한용운, 「번뇌와 고통」

5) 담화 완결

단락으로 표시되는 발화의 단위를 완결하고 새로운 담화를 시작하는
기능을 한다. 앞서 선행 행위와 선행 문장 부연 설명 기능도 단락의 끝에

서 나타나는 일이 많았으나 담화 완료의 경우에는 선행 발화와의 연계성이 매우 낮다. 후행 발화 역시 신정보를 제시하여 단락의 구분이 뚜렷해진다. 이렇게 다음 단락과의 구별 기능 외에는 별 다른 의미 기능을 하지 않는다. 그런데 주로 행위의 서술에 나타난다.

> (134) ㄱ. 젊은 포수는 총을 바로 잡고 바짝 따라 선다. 일행은 길 위에 서서들 바라보았다. 불과 오륙십 보 안에서다. 아무것도 보이지 않던 밭고랑에서 푸드득 하더니 수염랑 같은 장끼 한 마리가 뜬다. 날개도 제대로 펴기 전에 총부리에서 흰 연기가 찍 뻗더니 탕 소리와 함께 꿩은 그 순간 물체가 되어 밭둑에 툭 <u>떨어지는 것이었다.</u>
> 한은 꿩을 주으러 뛰어갔으나 개가 먼저 와 물었다. 한이 달래 보았으나 개는 쏜살같이 저의 주인에게로 달아났다. 주인이 꿩을 받으나 개는 주인의 다리에 제 등허리를 부대끼며 끙끙대며 기고 뛰고 하였다. 주인에게 충실하기만 한 것이 아니라 제 공을 되도록 크게 알리려는 공리욕도 개의 강렬한 근성인 듯하였다.
> — 이태준, 「사냥」
>
> ㄴ. 아낙네들은 깡마르고 꼿꼿한 허리통에 폭이 좁은 옷감을 감고, 밋밋한 젖가슴에는 핀을 꽂고 머리에는 흰 수건을 둘러 머리카락 위로 여미고 있었다. 그리고 그 위에 모자를 덮어쓰는 <u>것이다.</u>
> 짐마차가 흔들리며 지나갔다. 마차 앞자리에는 두 사내가 나란히 걸터앉아 있었다. 마차 안쪽 깊숙이 들어앉은 여자는 마차가 흔들리는 것을 견디느라고 마차 모서리를 꼭 붙잡고 있었다.
> — 모파상, 「노끈」
>
> ㄷ. 한참 더울 때 도착해서는 찬바람이 불자 도요토미가 돌아왔다는 소문이 들려왔다. 이제나 저제나 궁에 들어갈까 기다리

는데 이번에는 사신이 나와 다음과 같이 말하는 <u>것이었다.</u>
"왕께서 돌아오셨는데 사신을 맞기에 궁이 너무 누추하다고
수리한 뒤에 뵙겠다 하옵니다."

—고정욱, 『원균 그리고 원균』

위의 예들을 보면 시간적으로 순차적인 행위나 사건이 이어지는데 후
행 행위·사건에 '-는 것이다'가 나타난 것을 알 수 있다. 그리고 각 단
락의 끝에 오는데, (134ㄱ)에서는 현재 시제로 서술되는 역동적인 사건이
'-는 것이다'로 완결됨을 볼 수 있다. 그 다음 단락에서는 화제가 완전
히 바뀐다. 이들 예는 단순한 과거 시제 '하였다'로 교체해도 그 의미에
전혀 변동이 없다. 위에서 이미 말했듯이 이 경우 '-ㄴ 것이다'는 나타나
지 않는다. '-ㄴ 것이다'가 쓰이면 완결된 시점이 더 앞당겨지게 되어
행위가 아닌 상황이 되어 버리기 때문이 아닌가 한다. 그러나 '-ㄴ 것이
다'가 강조하는 초점이 행위 자체의 완료에 있지는 않다. 그 행위를 서술
하는 담화의 완결에 초점이 온다.

6) 요약·인용

이것은 앞에 제시된 주장, 이야기 등의 내용을 요약하고 인용하는 기
능이다.

(135) ㄱ. 전에는 황무지였으나 수리조합 덕에 개간되어 한 십 리 들어가
혹은 뫼초리 한 마리 일지 않는 탄탄대로였다. 여기를 걷는 동
안, 한은 윤에게서 대서업자로서 본 인생관이라고 할까 세계관
이라 할까 단편적이나마 솔직하긴 한 이야기를 심심치 않게 들
었다. 결국, 민중이란 어리석은 것이란 것, 이 어리석은 무리들
에게 도의를 베푸는 손은 너무 먼 데 있는데 그렇지 않은 손들
은 그들의 주위에 너무 가까이 너무 많이 있<u>다는 것이다.</u>

<u>그래 그들은 행복하기가 쉽지 못하다는 것이다</u>. 학창을 처음 나와서는 그들을 위해 의분도 느꼈었으나 자기 하나의 의분쯤은 이른바 홍로점설(紅爐點雪)에 불과하였고, 그런 모리배들만의 촌읍 사회에 끼어 일이 년 생계를 세우는 동안 어느 틈엔지 현실에 영리해졌<u>다는 것이요</u>, 그 덕에 오늘에 이르런 사무실 문을 닫고 이렇게 삼사 일씩 나와 놀아도 집에선 조석 걱정은 않게끔 되었노라 실토하였다. 그리고 읍 사람들은 너무 겉약고 촌사람들은 너무 무지몽매하다는 것을 몇 번이나 한탄하였다.

— 이태준, 「사냥」

ㄴ. 이튿날 오후 한 시쯤이었다. 브르통 씨네 농장에서 일꾼으로 있는 농부 마리우스 포멜이 그 지갑과 그 속에 든 물건을 만느빌 울브레크 씨에게 돌려주었다. 그 농부는 자기가 길에서 그 지갑을 주웠다고 했다. 그러나 글을 읽을 줄 몰라서 그냥 집에 갖고 가 주인에게 주었<u>다는 것이다</u>.
이 소문은 곧 근방에 퍼졌다. 오슈꼬른 영감도 그 소식을 들었다. 그는 즉각 동네를 한바퀴 돌면서 이제 그 문제는 완전히 해결을 본 것이라고 떠들었다. 그는 승리감으로 인해 의기양양해졌다. 그는 떠들었다.

— 모파상, 「노끈」

ㄷ. 게다가 말이야, 이 여자가 파는 말린 생선은 맛이 좋다고 갈 때마다 다데와끼들이 다투어서 찬거리로 사갔<u>다는 거야</u>. 나는 이 여자가 한 일을 나쁘다고 생각하지는 않아. 그렇게 하지 않으면 굶어죽게 생겼으니 어떻게 안 할 도리가 있느냐 말이야.

— 아쿠다가와 류노스케, 「나생문」

이 기능은 앞뒤 발화와 별 다른 연결성이 없다. 그러나 대개는 앞에 이미 타인에게서 전해 들었다는 인용의 표지나 설명이 온다. 또한 타인의 발화 내용을 화자와 거리를 두어 전달한다. 화자의 주관이 개입할 여지가 적다.

이상과 같이 전체 발화 맥락에서 '-ㄴ 것이다'의 의미 기능을 살펴보았는데, 담화 완결은 다른 기능과 함께 나타날 수 있다. '-ㄴ 것이다'는 보통 단락의 앞 부분이나 뒷부분에 나타나는 일이 많다. 특히 단락의 끝에 오는 일이 많은데, 선행 문장과의 연결성이 강하여 앞에서 이어지는 발화 맥락을 더 이상 뒤로 전달하지 않는 경우가 많기 때문으로 보인다. 그러나 구어체의 '-ㄴ 거야' 등의 형태로 나타날 때는 또 다른 모습을 보인다.

> (136) 봄철의 들판을 네가 혼자 거닐고 있으면 말이지, 저쪽에서 벨벳 같이 털이 부드럽고 눈이 똘망똘망한 새끼곰이 다가오<u>는 거야</u>. 그리고 네게 이러<u>는 거야</u>. '안녕하세요, 아가씨. 나와 함께 뒹굴기 안 하겠어요?' 하고. 그래서 너와 새끼곰은 부둥켜안고 클로버가 무성한 언덕을 데굴데굴 구르면서 온종일 노<u>는 거야</u>. 그거 참 멋지지?
>
> —무라카미 하루키, 『상실의 시대』

(136)과 같은 '-ㄴ 거야'는 '-ㄴ 것이다'의 형태로는 쓰이지 않는다. '거야/거다'로만 이러한 뜻이 나타나는데, '거다'는 '거야'보다 덜 나타난다. 화자와 청자가 함께 가정에 참여하는 상황이다. 현재의 상황이 아닌 미래나 가상의 상황을 구체적으로 제시하는데 화자는 청자가 동일한 인식을 하도록 유도한다.

'-ㄴ 것이다'가 '-ㄴ 거야'처럼 쓰이지 않는 이유로는 청자가 불확실하다는 것을 들 수 있다. 이런 '-ㄴ 거야'는 방향성이 뚜렷하여 특정 청자에게 전달하려는 목적이 분명히 드러난다.

또한 '-ㄴ 것이다'는 의문문에서는 다른 기능을 나타낸다.

(137) ㄱ. "네놈이 네 형놈과 더불어 조선의 녹을 받아 먹어보더니 지
　　　 금 여기서 조선을 싸고 도는 <u>게냐</u>?"
　　　ㄴ. "도대체 우리 왕에 대한 답서는 언제나 되는 <u>거요</u>?"
　　　　　　　　　　　　　　　　　　　　　 ―고정욱, 『원균 그리고 원균』

　이 역시 일반적인 의문문으로 바꾸어도 의미에 별 차이가 없다. 다만
의문의 초점이 되는 상황을 하나의 대상으로 묶어주는 기능을 하는 것으
로 보인다. 이는 박소영(2001)의 초점화 장치에 해당한다고 볼 수 있다.
　지금까지의 유형들을 볼 때 '-ㄴ 것이다'에는 1인칭 주어가 잘 쓰이
지 않는다는 사실을 알 수 있다. 이는 이경수(2004)에서 지적한 것과 같이
1인칭 주어와 '-ㄴ 것이다'가 결합하면 화자와 주어가 분리되는 효과를
낳는다는 점으로 설명이 가능하다. '-ㄴ 것이다'는 소설 등의 서사 텍스
트에서 화자가 자신의 주관적인 관점을 실어 사건을 재해석하는 전지적
시점에서 나타난다.
　'-ㄴ 것이다'는 역사 소설 외에도 논문이나 논설문 등 논리적인 텍스
트에서 많이 나타난다. 이는 개념을 중시하는 텍스트에서 명사문의 형식
이 많이 쓰인다는 사실과 관련이 있다. '-ㄴ 것이다'는 동적으로 표현할
사실을 정적으로 대상화하여 나타내려는 의도가 들어가며 발화의 흐름을
완결하는 기능을 한다. 논리 전개를 목적으로 하는 텍스트에서는 하나의
단락 또는 두 개 이상의 단락이 모여 이루어진 하위 텍스트의 마무리 부
분에 나타난다.

4.2.2. '-고 말다'

　'-고 말다'는 서사적인 사건 서술 텍스트에서 주로 쓰여 서술하는 사
건에 대한 화자의 주관적인 평가를 반영한다. 화자의 주관을 배제한 텍스

트에서는 쓰이지 않는다.

김영태(1992)에서는 보조 동사 '말다'의 의미를 '종결의 강조'라 하였다. 이 논문에서는 '철수는 숙제를 하고 말았다'라는 문장에는 '철수가 숙제를 하기에는 사정이 좋지 못했다→그러나 철수는 숙제를 끝냈다 →그래서 결국 철수는 숙제를 종결 지었다'의 뜻이 포함되어 있다고 보았다.

(138) ㄱ. 성균관에 입학한 유생이 화재로 인해 죽은 채 발견된다. 화재로 가장된 살인이라면 입 속에 재가 없어야 할 것인데 이 서생은 입 속에 재가 발견된다. 하지만 화재로 인한 죽음이라고 하기엔 석연치 않은 구석이 많다. 목이 졸렸을 때 생겼을 혀 깨문 흔적이 발견된 것이다. 범인은 첫 번째 용의자로 지목되었지만 곧 혐의가 풀렸던 죽은 이의 친구. 성균관 유생을 살해한 뒤 화재로 가장하기 위해 불을 질렀으나 후에 다시 현장으로 돌아와 입속에 재를 넣은 것이었다. 예전에 부유하게 살았으나 몰락한 이 사람은 돈을 꾸러 왔다가 자신을 심하게 모욕하는 그를 목을 졸라 <u>살해하고 만 것</u>. 하지만 강순검과 김순검이 더 궁금한 것이 있다. 이 범인을 두둔했던 그러니까 이 범인의 거짓 알리바이에 맞짱구를 쳤던 유생집의 하인. 평소 자신을 인간 취급도 하지 않았던 성균관 유생과 그의 어미. 하지만 자신은 어쩔 수 없다 해도 주인이 자신의 아이들까지 짐승보다 못한 취급 하는 것은 참기 어려웠다. 그래서인지 하인은 사건이 일어난 날 범인이 자신의 주인을 죽이고 불을 지르려 하는 것을 목격했음에도 주인에게 쌓였던 분노 때문이었는지 입을 <u>다물고 만다</u>. 인간 이하의 대우를 받아왔던 하지만 지체 높은 주인이라 감히 죽일 생각은 꿈도 꾸지 못했을 이 하인은 주인에 대한 미움과 원망 때문에서인지 살인의 방관자가 되기로 한 것이다.

　　　　　　　　　　　　　　　—〈별순검〉 제3화, 개인 블로그 게시물

ㄴ. 애인을 구하려든 위대한 그의 희생은 드듸어 영희의 오해를 사고 말엇다. 자포자기가 되고, 성격적으로 파산까지 당한 영희는 애경이를 원망하며 정처업시 도라다니다가 맛참 어늬 카페-에서 영희는 친구 한 사람을 만나 그의 입으로부터 춘화의 계략과 자기의 무죄한 것을 알고, 겸하야 그 후의 애경의 희생에 관한 이야기까지 듯게 되엇다.

— 김영무 편저, 『유명변사 해설 모음집』

ㄷ. 당시는 태평양 전쟁으로 인하여 식량난이 극도에 달한 탓으로, 개돼지도 안 먹을 것을 주는 까닭에, 먹기도 어려웠지마는 그보다는 대소변 문제가 더 곤란하였다. 복도에는 똥통이 없었기 때문에, 소변이라도 한번 보려면 그 거만스러운 간수에게 손이 발이 되도록 빌어서, 족쇄를 열고, 항상 잠겨 있는 감방문을 열고, 남의 방에 들어가서 일을 보는 것이었다. 일을 마친 다음에는 이 절차를 역으로 밟아서, 다시 족쇄에 물린 몸이 되곤 하였다. 처음 가서, 사람을 위시하여 모든 일에 눈 설고, 매사에 서투른 터에, 속은 속대로 거칠고 부패한 식사재료로 인하여 탈이 나서 설사가 나는 판이라, 그대로 쌀 수도 없고, 일일이 청을 하여 똥통에 왕래하기란, 죽기보다 더하였다고는 할 수 없으나, 거의 같을 정도로 막막한 사정이었다.

나의 좌우편에는 고 이윤재, 한징 두 친구가 있어서, 나와 똑같은 고초를 당하다가, 함흥형무소로 송국된 후에, 억울하게도 옥중 원혼이 되<u>고 말았다</u>.

— 이희승, 「칠불당」

ㄹ. 인어가 있다. 우리에게 익숙한 인어 이야기는 사람이 되고 싶어하는 인어공주 이야기. 인어는 육지의 왕자를 사랑한다. 바다 마녀를 찾아가 목소리를 내어주고 사람이 된다. 그러나 약속한 시간 안에 왕자의 사랑을 얻어야만 사람으로 살 수 있다. 만약 그렇지 못하면 인어는 물거품이 되어버<u>리고 만다</u>.

육지로 올라가 왕자를 만나지만 왕자는 결국 다른 사람과 결
혼하고 인어는 물거품이 되어 사라진다. 이 비극은 디즈니의
각색으로 결국 사랑을 얻는 해피엔딩이 되기도 했다. 아무튼
인어는 아름다운 공주의 현현이다. 거기에는 어떤 추악함도
개입하지 못한다.

―박인하, 『아니메 미학에세이』

ㅁ. 현대의 과학자들은 '방가드'니 '스프트니크'니 하여, 월세계
에 도달할 것은 금명년의 일이요, 얼마 안 가서 화성·목성
등을 무난히 왕래하리라 한다. 몇 십 년 후에는 북극성에라도
도달할 수 있게 되는지 알 수 없다. 이러한 계량은 그들의 마
음속의 별이다. 그러나, 이 계획이 성공되어 실현하고 보면,
그것은 벌써 별이 아니다. 이 지구와 같은 것이 되고 말 것이
다. 아무 꿈도 없는 메마른 현실이 <u>되고 말 것이다</u>.
별은 곧 꿈이다. 마음속에 별을 품고 산다는 것은 곧 화려한
꿈을 꾸면서 산다는 것이다. 취생몽사의 북데기 같은 꿈이 아
니라, 칠채가 영롱한 무지개와 같은 꿈이다.
어릴 적 오성(鰲城)의 꿈은 너무도 고상하고 화려하였기 때문
에 말할 수 없었고 을지로 거리의 어린 갱스터의 꿈은 과연
어떠한 것인지, 그 역시 말할 수 있을는지? 어떤 사람이든지
그 꿈이 없었을 리 만무하고, 보통 사람은 그 꿈이 깨어지기
가 십상팔구다. 십상팔구라느니보다 의례 그렇게 <u>되고 만다</u>.

―이희승, 「별을 그리는 시절」

기본적인 보조 용언 '말다'의 의미는 종결의 강조라고 할 수 있다.[104]

---

104) 국립국어원 편 『표준국어대사전』이나 『금성판 국어대사전』에는 이런 뜻이 나와 있지
않다. 『연세 한국어사전』에는 '어떠한 일이 실현되어 버렸음을 나타냄'으로 뜻풀이가
되어 있다. 이 뜻풀이는 단순히 '행동이나 사건의 실현 또는 완료'가 아니라 상황이
변하기 이전으로 돌아가기 어렵다는 뉘앙스를 갖고 있다. 보통 사전에서 부정 명령의
'말다'와 이러한 완료를 나타내는 '말다'를 다의어로 처리하고 있는데 사건의 실현 또
는 완료를 나타내는 '-고 말다'의 '말다'도 부정적인 의미에서 비롯된 것이라는 의심

그러나 여기서의 종결은 단순히 통합된 동사의 종결이 아니라 앞에 제시된 상황의 종결에 가깝다. (138ㄱ, ㄴ)은 어떤 이야기를 서술하며 '−고 말다'를 사용했는데, '−고 말다'가 쓰이기 전과 후의 상황이 크게 달라져 있다. 이렇게 '−고 말다'는 서사 텍스트에서 사건의 국면이 전환되는 지점을 표시하는 역할을 한다. 전환된 국면은 부정적인 상황이 많다. 주로 죽음 등 복원할 수 없는 상태로 종결된 상황을 강조하는 기능을 하는 것을 볼 수 있다.[105] 그런데 예들을 살펴보면 공기하는 어휘들이 '드디어, 억울하게도, 물거품'과 같이 극적이고 정서적인 고조를 일으키는 어휘들임을 알 수 있다.

즉 '−고 말다'는 단순한 종결이 아니라 서사 텍스트에서 화자가 정서적인 고조를 강조하고 설화(narrative)의 과정을 청자에게 일깨워 주기 위한 문체 표지로 사용되는 것이다. (138ㅁ)에 나타나는 예를 보아도 종결보다는 사건 전개가 일방향적으로 진행되어 복원되지 않고 어떤 상태로 머물게 됨을 나타내고 있다.

또한 텍스트 내에서의 위치를 보면 '−고 말다' 통합 문장은 텍스트의 뒷부분에 주로 위치한다. (138ㅁ)과 같이 시간의 흐름에 따라 서술된 텍스트가 아닌 경우에도 이런 양상을 볼 수 있는데, 이것은, 텍스트의 도입부에 감정이 상승하다가 '−고 말다'로 그 정점을 표시하기 때문이라고 할 수 있다. '되고 말 것이다'와 같은 형식을 보면 사건이나 문장의 종결보다는 정서적인 문체 효과의 비중이 높다고 하겠다. 이렇게 '−고 말다'

을 할 수 있다.

105) 그러나 '결국 그는 대학에 합격하고 말았다'와 같이 긍정적인 결과를 나타낼 때도 '−고 말다'가 쓰이므로 위의 논의는 성급한 일반화가 아닌가 하는 의심이 들 수 있다. 그렇지만 이때는 '−고야 말다'로 쓰이는 경우가 많은 것 같다. 이것은 국어사전에서 화자의 의지 표현으로 뜻풀이 한 것에 가까워 보인다. '−야'가 통합하지 않은 '−고 말다'는 이렇게 어려운 상황을 이기고 어떤 일을 이루었다는 의미보다는 바꾸기 어려운 부정적인 상황으로 변했다는 의미를 나타내는 것으로 보인다.

가 나온 다음에는 새로운 화제가 제시되어 텍스트의 경계가 갈린다. (138ㄱ)의 경우 뒤에 바로 문장들이 이어지지만 그 내용을 살펴보면 일단 '-고 말다'에서 선행 텍스트가 일단락되고 새로운 화제가 시작됨을 알 수 있다.

(138ㄴ)은 일제 때 변사의 해설인데 시작 부분에 '-고 말다'가 나오지만 역시 그 다음에 주인공의 행적에 대한 새로운 정보가 제시된다. 그리고 '-고 말다' 통합문 앞에는 인물들의 대사가 있어 앞의 흐름을 일단락 짓는 역할을 하고 있다.

> (139) 그날 밤 30년 수도승 지족 선사를 함락시킨 진이는 암자를 내려오며 쓴웃음을 지었다. 30년의 수도가 황진이의 아름다움 앞에서 여지없이 허물어져 스님은 하룻밤 사이에 파계승이 되어 <u>버리고 만 것이다</u>.
>
> ― 구석봉, 『한국사를 뒤흔든 여인들』

(139)에는 '-고 말다'와 '-ㄴ 것이다'가 통합하여 쓰였다. 둘 다 완료의 뜻을 강조하고 있는데 '-고 말다' 앞에 '-어 버리다'가 통합된 것을 볼 수 있다. '-고 말다'와 '-어 버리다'는 위상이 같아 보이지만 '-어 버리다'는 통합된 동사의 완료만을 나타낸다. 따라서 담화·문체적 기능을 한나고 볼 수 없다.

'-고 말다'는 단절적이고 화자 지향적인 텍스트에서 쓰이면서 설화의 국면이 부정적인 방향으로 바뀌었음을 주관적인 해석을 투영하여 청자에게 전달함으로써 사건 서술 텍스트에서는 설화자의 존재를 강하게 드러낸다. 이를 확대 해석하면, 사건의 주체와 화자가 분리된 텍스트 내에서 화자의 관점을 투영하는 메타텍스트적인 용법으로 쓰인다고 할 수 있다.

4.2.3. '-게 되다'

'-게 되다'도 '-고 말다'와 다소 유사한 모습을 보인다. 그러나 '-고 말다'보다는 작용하는 범위가 좁고 화자의 정서적인 시각을 반영하지 않는다는 차이가 있다. '-게 되다'는 주로 이미 일어난 사건을, 화자가 가지는 전반적인 맥락에 대한 판단을 섞어 기술할 때 나타난다.

(140) ㄱ. 그로부터 2년 후인 79년 가을, 대전 최초로 고고 클럽이 탄생
했다. '사모니'라는 이름의 그 클럽에서의 활동을 시작으로
그 당시 중앙관광호텔 6층 미드나이트, 9층 킹덤나이트클럽,
유성관광호텔 속리산관광호텔, 청주, 부산의 몇몇 클럽 등등
에서 2년여 동안 음악활동을 하다가 입영통지를 받고 군에
입대하게 됐다.
그때는 별로 이름이 없었지만 지금은 독자들도 알 만한 연예인
들과의 에피소드, 그리고 밤무대의 크고 작은 이야기 등 재미
있고 흥미로운 이야기가 많지만 그 이야기를 다 하기엔 이 책
의 정해진 지면이 허락하지 않고, 무엇보다도 필자가 글을 쓰
게 된 취지에 혼선이 올 것 같아 그냥 지나침이 못내 아쉽다.
—강석우, 『먹는 장사로 성공하는 열두 가지 전략』

ㄴ. 큰 도가 사라지니 인의가 나오고 지혜가 생겨 큰 거짓말이 있
게 되었다. 가까운 친척이 서로 화목하지 않자 효도니 사랑이
니 하는 말이 생기고, 국가가 혼란하니 충신이 나오게 되었다.
—김교빈·이현구, 『동양철학에세이』

ㄷ. 이렇게 된 가장 큰 이유는 앞서도 말했듯이 학교 음악 교육
에서 우리 음악이 다루어지지 않고 있기 때문이다. 학교에서
배우지 않으니까 우리 음악의 팬이 될 소양을 가진 사람도
자꾸만 멀어지게 된다.
—김준호, 『우리 소리를 우습게 보지 말라』

ㄹ. 이리하여 양민 사또는 삼 년 전에 아침 한 끼 얻어먹은 소녀
를 첩으로 들어앉혔다. 얼마 뒤 양민의 정실은 죽고 첩이 정
실처럼 들어앉아 크낙한 살림을 맡게 되었다. 소녀는, 아니
이제는 사언, 사기 두 형제의 어머니가 된 부인은 전처 소생
의 사준까지를 돌보면서 대소사를 다 주장<u>하게 된 것이다.</u>
— 구석봉, 『한국사를 뒤흔든 여인들』

　(140)의 예들을 보면 사건의 결과를 서술하는 기능을 담당하지만 나아
가 담화의 완결 기능까지 나타남을 알 수 있다. (140ㄱ)은 화자가 클럽에
서 음악 활동을 하다가 군에 입대하였다는 서술을 일단락하고 다음 부분
에서 흐름이 달라질 것을 예고하고 있다. 이때, '-게 되다'가 담화 층위
의 기능을 하는 것이 아니라 단순히 '주어가 의지에 상관없이 이끌려 감'
을 뜻하는 의미 층위의 기능을 하는 것이 아닌가 의심할 수 있다. 이것은
타당한 의심이고 인정할 수 있는 사실이다. 그렇지만 단순하게 종결부를
바꾸어도 그 기본 의미에는 별 변화가 없다.

　(140)′ ㄱ. 그로부터 2년 후인 79년 가을, 대전 최초로 고고 클럽이 탄
생했다. '사모니'라는 이름의 그 클럽에서의 활동을 시작으로
그 당시 중앙관광호텔 6층 미드나이트, 9층 킹돔나이트클럽,
유성관광호텔 속리산관광호텔, 청주, 부산의 몇몇 클럽 등등
에서 2년여 동인 음악활동을 하다가 입영통지를 빋고 군에
<u>입대하였다.</u>
그때는 별로 이름이 없었지만 지금은 독자들도 알 만한 연예
인들과의 에피소드, 그리고 밤무대의 크고 작은 이야기 등
재미있고 흥미로운 이야기가 많지만 그 이야기를 다 하기엔
이 책의 정해진 지면이 허락하지 않고, 무엇보다도 필자가
글을 쓰게 된 취지에 혼선이 올 것 같아 그냥 지나침이 못내
아쉽다.

　　ㄷ. 이렇게 된 가장 큰 이유는 앞서도 말했듯이 학교 음악 교육
　　　에서 우리 음악이 다루어지지 않고 있기 때문이다. 학교에서
　　　배우지 않으니까 우리 음악의 팬이 될 소양을 가진 사람도
　　　자꾸만 멀어<u>진다</u>.

　'-게 되다'가 단순히 사건의 결과만 서술하는 것이 아님은 소설 등
서사 텍스트의 줄거리 요약에서 볼 수 있다.

　　(141) 가장 인상 깊은 카메라 워킹은 작품의 엔딩에 등장한다. 비행기
　　　를 타고 오며 고교 시절 그리고 그 시절에 만난 무토우에 대한
　　　기억을 하나하나 떠올리던 모리사키는 동창회에 나가<u>게 된다</u>.
　　　　　　　　　　　　　　　　　　　—박인하, 『아니메 미학에세이』

　(141ㄱ)은 애니메이션의 줄거리를 요약·소개한 부분으로, 사건의 결
과를 서술하기보다는 극적인 사건이 일어날 것임을 화자가 암시하고 강
조하기 위해 '-게 되다'가 쓰였다. '-고 말다'와 달리 후향성이 드러난
다고 할 수 있다.106)

　　(142) 그래서 나는 예술은 감동과 감정에 근거할 때 제 빛을 낼 수 있
　　　다고 믿는 것이다. 그리고 그 감정은 깊고 오랜 것일수록 좋다고.
　　　나는 미술대학에서 학생들을 가르치다 보니 이따금 실기실을 둘
　　　러보<u>게 되는데</u> ① 어느 날 갑자기 그림이 좋아지는 학생이 간혹
　　　있는 것을 발견하<u>게 된다</u>. ② 그런 경우 열 중 아홉은 실연당한
　　　학생이었다.
　　　　　　　　　　　　　　　　　　　—유홍준, 『나의 문화 유산 답사기』

---

106) 이런 경우도 설화 속의 인물이 의지와 상관없이 어떤 변화를 입는다는 것을 강조하여
　　예상치 못한 운명적인 사건과 맞부딪침을 부각시키는 결과를 낳은 것이라고 설명할
　　수도 있을 것이다. 그러나 이것만으로 후행 텍스트와의 관계를 뚜렷이 설명하는 것은
　　어렵다 그리고 다소 비약적인 해석이 되고 만다.

(142)은 한 문장에 두 개의 '-게 되다'가 쓰였지만 그 기능은 약간 다르다. ①은 앞의 '가르치다 보니'와 함께 주어의 의지와 상관없이 불가항력적으로 사건이 일어남을 지시하는 반면 ②는 사건의 발생 자체에 초점을 두어 강조하는 기능을 한다. 이것도 '-ㄴ 것이다'와 비슷하게 초점 강조 장치로서 기능하는 예라 할 수 있다.

'-게 된다', '-게 되었다', '-게 될 것이다 / -게 되리라' 등으로 다양한 시상을 담는데 이때 '-게'와 결합하는 절은 완료 상태의 사건을 표상한다.

4.2.4. '아닐 수 없다'

어느 정도 구성 형태소의 의미와 연관지어 볼 수 있었던, 앞서 살펴본 어미 통합형들과 달리, 복잡한 이중부정 표현 '아닐 수 없다'는 긍정을 강조하는 기능 외에는 각 구성 성분들이 가지는 의미가 전혀 없다고도 할 수 있는 형식이다.

> (143) ㄱ. 그러나 대학 나온 사람들이 다 넥타이 매고 다 컴퓨터 앞에
> 앉으려 들면, 그 인텔리 직장인 점심은 누가 만들며, 오랜만
> 에 애인과 데이트 길에 나섰 때, 멋진 레스토랑이 근사한 시
> 사는 누가 다 준비하랴? 요즘 세상에 대학 나온 사람 다 빼
> 고, 집안 좋은 사람 다 빼고, 잘난 사람 다 빼면 남는 게 사람
> 이랴?
> 정말 우스운 사고가 <u>아닐 수 없다.</u>
> ─강석우, 『먹는 장사로 성공하는 열두 가지 전략』
>
> ㄴ. 백관들이 행렬을 지어 이자겸의 집 뜰에서 하례를 할 만큼
> 세도 당당한 이자겸의 귀에 비록 점쟁이의 점괘이기는 하나

> 국모가 될 낭자가 나타났다는 소문은 배알이 뒤틀리는 얘기
> 가 <u>아닐 수 없었다</u>.
>
> —구석봉, 『한국사를 뒤흔든 여인들』

ㄷ. 특히 이 작품은 탁일항이 홀로 천산타봉에 올라 지나간 시간
　을 후회하며 연예상에 대한 끓어오르는 연정의 마음을 석벽
　에 새기는 시로 묘사한 것이 일품이다. 시를 통해 인물의 감
　정을 표현하기를 좋아했던 양우생 작품의 특징을 엿볼 수 있
　는 대목이 <u>아닐 수 없다</u>.
　—김종철, 「중국적 색채가 뚜렷한 무협소설의 달인 양우생」, 씨네21 칼럼

　모두 '—이다'로 바꾸어도 의미에는 전혀 변화가 없다. 강조라는 것 외
에는 뉘앙스 차이도 크지 않고 다른 해석의 여지도 없다. 또한 담화의 전
환 등 텍스트 흐름의 변화를 강조하는 것도 아니다. '아닐 수 없다'는 순
수하게 잉여적인 문체 형식이라 할 수 있다. 이를 긍정을 강조하는 이중
부정으로 간주할 수 있긴 하지만 언제나 문장 종결부에 쓰여 선행 발화들
을 완결하는 역할을 하는 것은 문체 특성으로 보아야 한다. 비슷하게 쓰
이는 것으로 '—지 않을 수 없다'가 있으나 이것은 용언과 통합하여 행위
의 필연성을 강조하는 것이지 담화 차원의 기능을 하지는 않는다.
　'아닐 수 없다'를 선택하는 데는 화자의 특정 의도가 개입된다고 추측
할 수 있다. 그런데 앞서 살펴보았던 다른 형식들과는 달리 '아닐 수 없
다'는 긍정의 강조 외에 다른 기능이나 의미를 찾아보기가 어렵다. 다만
'—ㄴ 것이다', '—게 되다'처럼 이 역시 초점 강조 기능을 하는 것이 아
닌가 하는데, 단순히 문장의 일부에 초점을 부여하는 기능을 하는 것만이
아니라 '—이다'가 통합될 경우 초점의 범위가 '—이다' 앞에 몰려 상대
적으로 종결부가 약화되는 점을 막기 위해 종결부를 확대하는 것으로 보
인다.

'아닐 수 없다'가 나타나는 텍스트는 단절적이라든가 화자 지향적이라든가 하는 식으로 엄격하게 성격을 규정짓기가 어렵다. '아닐 수 없다'는 문어체적인 형식이지만 구어체에 가까운 인터넷 텍스트에서도 발견할 수 있다. 다음은 개인의 블로그 게시물이다.

> (144) ㄱ. 얼마 전에 절친한 친구 지랠이와 별 이유 없이 에피소드 2를 다시 한 번 관람하고, 3시간 분량의 영화 제작기마저 독파하면서 까댈 수 있는 수십 가지 소스를 발견하였습니다! (가령, R2D2를 수없이 외치던 오비완이 에피소드4에서 "응? 나는 로봇을 가진 적 없는데?" 라고 쌩깐다던가, 아나킨이 타투인에 방문했다가 오비완을 구출하러 가면서 아무런 양해도 없이 배다른 형제의 소유물 3PO를 데리고 떠난다는 점 등) 뭐 스타워즈의 이런 모순을 발견하는 것도 팬인 저에게는 참 즐거움이 <u>아닐 수 없습니다</u>. 그런 관점에서 오늘은 생각난 김에 제다이 제도에 대해 느낀 코멘트를 할까 합니다.
>
> ㄴ. 열의만 있다고 좋은 직장인인가, 머리통 텅텅 빈 놈이 무슨 놈의 21세기 인재형입니까. 뭐 똑똑한데 학벌이 안좋다, 장애인이다 이런 이유로 차별 받으면 억울한거지만 0점에서 드러나듯 머리가 꼴통 아닙니까. 짤려도 썩 억울할 것도 없어요. 이건 자라나는 청소년들에게 "공부 안해도 좋다. 너희는 모두 인재다!" 이런식으로 홀리는 꼴이 <u>아닐 수 없습니다</u>. 왜 그럼 MBC는, 싸움도 잘하고 리더쉽 경험도 있고 추진력도 있는 일진회출신 고졸들을 싸그리 다 뽑지 명문대출신 토익 만점 받은 놈들만 PD에 앉힌답니까.

이 예에서는 비속어라든지 구어적 표현이 많이 나온다. '-ㅂ니다'를 기본 문체로 쓰지만 '-어요'도 섞여서 나타나는 등 전반적으로 청자 지향적이고 구어체적인 텍스트이다. 이런 텍스트에도 '아닐 수 없다'가 쓰인 것은 '아닐 수 없다'가 텍스트의 제약을 별로 받지 않는다는 증거라

하겠다. 그러나 '아닐 수 없다'에는 대체로 '-어요' 등이 잘 통합하지 않고 그 자체가 정형화된 형식이라는 점은 고려해야 할 것이다.

장경현(1995)에서 격식성을 강화하려고 할 때, 일반적으로 생략되기 쉬운 잉여적 요소들을 최대한 복원하거나 추가하는 경향이 있음을 논한 바 있다. 문체 형식 역시 이러한 경향과 관계가 있다고 본다. 잉여 요소들이 생략되지 않은 형식은 그만큼 길이가 길고 그 자체의 정보성은 낮아진다. 구성 요소들이 가지는 의미가 전체 구성에서는 약화되는 경향이 있다. 따라서 일종의 언어 관습으로 사용된다.

(145) 제 작은 청을 들어주시기를 바라마지 않는 바이옵니다.

이러한 언어 관습은 학술 논문이나 연설문 등의 격식성이 강하고 논리적인 텍스트에서도 자주 볼 수 있다. '아닐 수 없다' 역시 이러한 언어 관습으로서 정형화되었고 '-이다'가 통합했을 때 문장 종결부가 길이와 초점 양쪽에서 약화되는 것을 방지하기 위해 선택되는 것이 아닌가 한다.[107]

'아닐 수 없다' 외의 다른 문체 형식들도 이런 기능을 가진다고 볼 수 있다. 그리고 이렇게 긴 통합체가 텍스트 내에서 담화 단위로서의 기능까지 하는 것은 문체 기능 통합체가 텍스트의 핵 표지로서 작용하기 때문이라는 해석도 가능하다.

---

107) 이것은 산문에서의 리듬과도 연관이 있지 않나 생각한다. 특히 담화 단위를 이루는 단락의 끝에 이러한 통합형이 쓰이는 것은 담화의 전환을 강조하는 기능 외에도, 문장뿐만 아니라 텍스트의 종결 부분을 길게 하여 안정적인 리듬을 부여하려는 의도가 있지 않을까 하는 추측이다.

5.1. 요약

본서는 현대 국어 문장의 종결부에 나타나는 문체적 특성에 주목하여 일반적인 종결부 문체 유형을 분류하고 특징적인 개별 종결부의 문체 기능을 분석해 보았다. 기존의 분석적 연구 방법에서 탈피하여 텍스트 맥락 내에서 해당 종결부가 선후행 발화와 어떤 관계를 가지며 문체 효과를 발휘하는가를 알이 보려 하였다. 문체의 본질직인 성격상 대상은 주로 분자 텍스트이지만 필요한 경우 음성 텍스트도 대상에 포함시켰다.

2.1.에서는 먼저 연구의 선행 작업으로 문체 선택에 영향을 미치는 문체 선택 요소를 제시하였다. 우선 크게 텍스트 외적 요소와 텍스트 내적 요소로 분류하여 텍스트 외적 요소로는 1) 단절성 / 연계성, 2) 화자 / 청자 지향성, 3) 매체 제약성, 4) 텍스트 장르의 관습을 제시하였고 텍스트 내적 요소로는 1) 구정보 / 신정보, 2) 전향성 / 후향성, 3) 텍스트의 특수 효

과, 4) 리듬, 5) 결속구조를 제시하였다.

단절성/연계성은 청자가 텍스트를 통해 화자에게 얼마나 접근할 수 있는가를 판단하는 것이다. 화자/청자 지향성은 생산된 텍스트가 화자를 향해 열려 있는가 아니면 청자를 향해 열려 있는가를 판단하는 것으로, 청자 지향성이 강할수록 대우법 등의 요소가 개입될 가능성이 높아진다. 단절성/연계성과 화자/청자 지향성은 기존의 상관적 장면/단독적 장면에서 좀 더 화맥과 텍스트 분석의 다양성을 꾀한 것이다. 매체 제약성은 텍스트를 청자에게 전달하는 매체의 특성에 따라 텍스트 내의 문장이나 문체가 영향을 입고 제약되는 정도를 나타내는 것이다. 텍스트 장르의 관습은 특정 장르 내에 정형화된 형식이나 문체가 있어 텍스트 생산에 영향을 주는 것을 말한다.

내적 요소 가운데 구정보/신정보, 전향성/후향성이 문체 선택에 미치는 영향은 많지 않으나 선후행 문장과의 연결성이 높은 '-ㄴ 것이다'나 반말체 어미들은 이러한 기능을 가지고 있다. 텍스트의 특수 효과는 텍스트 장르의 관습에서 벗어나 일탈적인 효과를 얻기 위해 문체를 선택하게 되는 동기가 된다. 리듬은 주로 시·노래 가사 등 운문 텍스트에서 운율을 강조하기 위해 특정 형식을 선택하게 하는 요소이다. 종결부의 각운이 리듬을 나타내는 기능을 하며 어미 가운데는 주로 '-네'가 이런 역할을 한다. 산문에서도 약간의 동기가 되나 산문에서는 리듬이 가시적으로 드러나는 일이 적다. 또한 문장 간의 논리적 관계를 긴밀하게 하는 결속구조 역시 문체 선택에 영향을 미칠 수 있다.

2.2.에서는 텍스트 장르를 매체별 텍스트 장르, 목적별 텍스트 장르, 정형적/비정형적 텍스트 장르로 분류하여 특히 매체의 전달 방식을 중요시한 유형 분류를 하였다.

3장 종결부 문체 유형에서는 국어 종결어미가 가지는 문체 특성에 따라 종결부에서 나타나는 문체 유형을 분류하였다. 문체 유형은 텍스트의 기본 문체로 쓰일 수 있느냐 여부에 따라 크게 보편적 문체 유형과 특수 문체 유형으로 나뉜다.

보편적 문체 유형이란 텍스트의 기본 문체로 쓰이는 종결부의 문체 유형으로, 1) '–다' 종결체, 2) '–ㅂ니다' 종결체가 있다. 이들은 텍스트의 근간을 이루며 무표적인 문체라는 특징이 있다. '–다' 종결체는 특히 단절성과 화자 지향성이 강한 텍스트에서 쓰이며 정형화된 텍스트와 비정형화된 텍스트 모두에 고루 사용된다. 대우법이나 양태가 잘 나타나지 않으므로 주장 전달·정보 전달·행위 지시·규범 전달 등의 텍스트에서 특히 기본 문체로 채택된다. 근대 문학에서는 기본 문체를 전통적인 '–라' 체 대신 근대적인 '–다' 체로 바꾸려는 움직임이 있었다. '–ㅂ니다' 종결체는 '–다' 종결체보다 청자 지향성이 상대적으로 강한 텍스트에서 쓰이며 역시 정형화된 텍스트와 비정형화된 텍스트 모두에 고루 사용된다. 특히 최근 인터넷이 생활의 큰 부분을 차지하게 되면서 인터넷의 기본 문체로 쓰인다.

특수 문체 유형은 기본 문체로 쓰이는 일이 많지 않고 텍스트 장르의 관습을 반영하거나 특수한 효과를 얻기 위한 일탈 문체로서 쓰이는 부류를 이른다. 여기에는 1) 반말 종결체, 2) '–오/요' 종결체, 3) '–네' 종결체, 4) 명사 및 명사형 종결체가 있다. 이들은 텍스트의 기본 문체 사이에서 유표적으로 사용된다. 반말 종결체는 '–어(요)', '–지(요)', '–군(요)', '–네(요)' 등 기존에 대우법 체계로 분류되다가 최근 독자적인 특성을 인정받아 '반말'로 따로 분류되는 어미들이 사용되는 것을 말한다. '–오/요' 종결체는 형태상으로는 반말체와 다름이 없으나 소설이나 희곡 텍스트 등에서 대화를 기술할 때 두 화자의 사회적 관계를 반영하기 위해 사용되는 것이다. '–네' 종결체는 시·노래 가사 등의 운문 텍스트에서 특징적으로 쓰이는 문체 유형으로, 조선 말기에 민요의 전통과 찬송가 번역 등의 관습이 남아 리듬이 중요한 요소가 되는 텍스트의 특성과 맞물려 이제는 텍스트 표지의 역할을 하게 된 것이라 할 수 있다. 명사 및 명사형 종결체는 전보문·신문 표제 등 정형성 텍스트에서 매체의 제약 때문에 굳어진 문체로, 문학 텍스트 등에서 그 일탈성을 활용하여 독특한 문체 효과를 낳는 일이 있다.

4장은 이때까지의 논의를 바탕으로 개별적인 종결부에서 나타나는 문체 특성과 현상을 분석하였다. 4.1.에서는 인터넷 블로그라는 특수한 매체 속에서 나타나는 반말체 어미 '-지(요)'/'-네(요)'/'-군(요)'/'-거든(요)'/'-ㄴ데(요)'/'-고(요)'/'-어(요)'들이 실제 텍스트에서 어떤 기능을 하는가를 제시했다. 인터넷은 새로운 매체이고 인터넷 텍스트는 매체의 제약을 많이 받을 수밖에 없다. 인터넷 텍스트에서의 문체는 이러한 매체 제약성과 함께 단절성/연계성, 화자 지향성/청자 지향성 등의 영향을 받아 형성된다. 외계어와 같이 자연 언어와 형태가 상당히 다른 것 외에도 자연 언어와 형태가 같지만 일반 문자 텍스트에서는 볼 수 없는 언어 현상이 나타나는데, 이것은 문체의 층위에서 살펴보아야 할 것이다. 그 중에서도 두드러지는 것은 '-다' 체와 '-ㅂ니다' 체가 기본 문체로 쓰이는 가운데 빈번하게 나타나는 반말 종결체이다. 반말체 어미는 고유한 양태의미를 나타내며, 선·후행 발화와의 일정한 관계를 표시하는 기능을 한다. 그 기능은 다음과 같다.

    1. -지(요) : 1) 선행 발화에 대한 부가 설명, 2) 선행 발화에 대한 동의,
                  3) 화자의 경험 제시, 4) 새로운 정보 제시, 5) 화자의 태도
                  표시
    2. -네(요) : 1) 선행 발화 논평, 2) 자신의 경험/행위 서술, 3) 자신의
                  주장이나 추측, 감정 표현, 4) 자신의 태도, 발화 상황 서술

  3. -군(요) : 1) 독백, 2) 상황 인식, 3) 논평, 4) 자신의 경험 제시, 5)
      자신의 태도 제시
  4. -거든(요) : 1) 선행 발화의 근거, 2) 후행 발화의 배경
  5. -ㄴ데(요) : 1) 연결어미적 용법, 2) 선행 발화에 대한 이견 제시, 3)
      자신의 생각 제시, 4) 자신의 경험 제시
  6. -고(요) : 선행 발화에 부가 정보를 추가하는 기능
  7. -어(요) : 일탈적인 문체 기능

  4.2.에서는 문체 기능을 갖는 어미 통합형으로 '-ㄴ 것이다' / '-고
말다' / '-게 되다' / '-아닐 수 없다'의 용법과 이들이 설화(narrative) 속
에서 어떤 문체적 특성을 가지는지를 살펴보았다. 어미 통합형은 구성 형
태소의 각각의 의미보다는 정형화된 형식 자체가 문장 층위가 아닌 담화
층위에서 기능하는 것이다.

  1. -ㄴ 것이다 : 1) 선행 행위 설명, 2) 선행 문장 부연 설명, 3) 상황
      해석, 4) 원칙 설명, 5) 담화 완결, 6) 요약·인용
  2. -고 말다 : 서사 텍스트에서 사건의 국면이 전환되는 지점을 표시하
      는 역할. 서사 텍스트에서 화자가 정서적인 고조를 강조
      하고 설화(narrative)의 과정을 청자에게 일깨워 주기 위
      한 문체 표지로 사용됨.
  3. -게 되다 : 사건의 결과와 함께 담화의 완결을 강조하는 기능
  4. 아닐 수 없다 : '-이다'가 나타나는 종결부에 쓰여 뚜렷한 의미 없
      이 강조하는 기능. 종결부의 길이를 맞추어 균형을
      유지하려는 의도

5.2. 해결해야 할 문제

이상과 같이 국어 문장 종결부의 문체 특성에 대해 논의를 시도해 보았다. 그러나 부족한 부분과 미처 다루지 못한 부분이 많이 있다.

우선, '문체'의 개념과 범위가 아직도 명확하지 않기 때문에 문체 특성을 논하는 과정에서 형태소의 의미와 문체 특성이 혼재되는 일이 많다. 이 때문에 개별 형식에 대해 깊이 들어가면 형태소의 의미 쪽에 논의의 비중이 쏠리는 현상이 발생한다. 특히 인터넷 블로그에 나타나는 반말 종결체 어미에 대한 논의는, 처음에 텍스트 내에서의 어미 분포 조사와 산문에서의 리듬 형성을 분석해 보고자 의도했었으나 실제 분석에서의 난항으로 연구에 제대로 반영되지 못했다는 아쉬움이 남는다.

본서에서 다루지 못한 종결부 문체는 많다. 종결에 사용되는 여러 형식이 종결부 문체로 분류할 만큼 체계화된 것인가를 판단하는 것이 고민스러운 문제였고 이 과정에서 처음에 생각했던 형식들이 많이 제외되었다. 특히 문체 기능을 가진 어미 통합형에 무엇이 포함될 수 있는가는 무척 어려운 문제였다. '문체'에 초점이 맞추어지지 않고 형태 의미에 초점이 맞추어지기 쉽기 때문이다. 형태소의 기본 의미와 문체 특성을 명확하게 구분하는 것도 쉬운 문제가 아니다. 그래서 연구 초기에 상정했던 형식들을 많이 포기해야 했다.

이외에도 음성 텍스트에서 나타나는 종결부를 문체의 관점에서 어떻게 볼 것인가, 문체 형성이 통시적으로 어떻게 진행되어 왔는가는 언젠가는 반드시 명확하게 해결해야 할 문제일 것이다.

앞으로의 연구는 개별 형식들을 집중적으로 분석하여 그 개별 형식들이 텍스트 내에서 다른 형식들과 유기적으로 어떤 관계망을 형성하고 그

결과 텍스트의 문체에 어떤 영향을 미치는가를 살펴볼 필요가 있다. 그리
고 장르 소설과 같은 정형성을 보이는 텍스트 장르에서 문장 종결부가
어떤 역할을 하며 장르 특성의 형성에 어떤 몫을 차지하는가를 다른 문
장들과의 관계, 텍스트와 텍스트와의 관계와 관련하여 깊이 분석해 내야
할 것이다.

참고문헌

강범모·허명회·김흥규(1998), 「통계적 방법에 의한 한국어 텍스트 유형 및 문체 분석」, 『언어학』 22, 한국언어학회.

강범모(1999), 『한국어의 텍스트 장르와 언어 특성』, 고려대학교출판부.

강이연(2001), 「현대 한국어와 현대 프랑스어의 자유화법에 대한 문체적 연구와 번역의 문제」, 『불어불문학연구』 48, 한국 불어불문학회.

고영근(1974), 「현대국어 종결어미에 대한 구조적 연구」, 『어학연구』 10-1, 서울대학교 어학연구소.

고영근(1976), 「현대 국어의 문체법에 대한 연구」, 『어학연구』 10-2, 서울대학교 어학연구소.

고영근(1986), 「서법과 양태의 상관 관계」, 『국어학 신연구』, 탑출판사.

고영근(1989), 『국어형태론연구』, 서울대학교 출판부.

고영근 외(2002), 『문법과 텍스트』, 서울대학교 출판부.

고영진(1997), 『한국어의 문법화 과정―풀이씨의 경우』, 국학자료원.

고성환(2003), 『국어 명령문에 대한 연구』, 역락.

고순희(1998ㄱ), 「민요 문체의 특징―어미부 형태를 중심으로」, 『한국민요학』 6, 한국민요학회.

고순희(1998ㄴ), 「민요 종결어 문체 '―네'와 개화기 시가」, 『한국시가연구』 4, 한국시가학회.

고순희(2001ㄱ), 「한시 번역문체 연구 (1)―한시 번역문체의 사적 검토」, 『한국한문학연구』 27, 한국한문학회.

고순희(2001ㄴ), 「한시 번역문체 연구 (2)―우리 한시 번역의 성격과 번역문체의 제문제」, 『고전문학연구』 20, 한국고전문학회.

고익환·박영철(1998), 「텍스트 유형―분류 기준에 대한 비판적 고찰」, 『독일어문학』 8집, 독일어문학회.

고창운(1995), 『서술씨끝의 문법과 의미』, 박이정.

권순희(2005), 『청자 지향적 관점의 표현 교육』, 역락.

권재일(1992), 『한국어 통사론』, 민음사.

권재일(2004), 『구어 한국어의 의향법 실현 방법』, 서울대학교 출판부.

김경주(2000), 「구어적 텍스트의 문체적 특성과 쓰기 교육적 의의」, 『국어교육학연구』 11, 국어교육학회.

김광해(1994), 「문체와 어휘」, 박갑수 편, 『국어문체론』, 대한교과서.

김미형(1995), 「신소설 문체의 언어학적 분석」, 『어문학연구』 3, 상명대학교 어문학연구소.

김미형(1996), 「고대 소설의 문체 분석」, 『어문학연구』 4, 상명대학교 어문학연구소.

김미형(1997), 「문체와 문체 요인 (1)-문장의 종결, 연결 방식」, 『한양어문』 15, 한국언어문화학회.

김미형(1998), 「한국어 문체의 현대화 과정 연구-신문 문장을 중심으로」, 『어문학연구』 7, 상명대학교 어문학연구소.

김미형(2002ㄱ), 「국어 텍스트의 장르별 초기 문체 특징과 비교-문장 종결 양상을 중심으로」, 『텍스트언어학』 13, 한국텍스트언어학회.

김미형(2002ㄴ), 「논설문 문체의 변천 연구」, 『한말연구』 11, 한말연구학회.

김미형(2003), 「번역의 틀로 형성되는 문체적 특징 연구」, 『한국언어문화』 24집, 한국언어문화학회.

김미형(2004), 「국어 현대화와 분석·실용 정신의 상관성 연구」, 『한국언어문화』 25집, 한국언어문화학회.

김병철(1961), 「Hemingway 의 문체-그 origins를 찾아서」, 『영어영문학』 10, 한국영어영문학회.

김봉순(1999), 「신문 기사에 반영된 필자의 주관성」, 『텍스트언어학』 7, 한국텍스트언어학회.

김상준(2003), 「남북한 방송 보도의 문체적 특성 연구」, 『사회언어학』 11권 1호, 한국사회언어학회.

김상욱(1995), 「신재효본 『토별가』의 문체 특성과 문학사적 관련 양상 : 문제 제기」, 『한국 국어교육연구회논문집』 56, 한국어 교육학회.

김상태(1973), 「이상(李箱)의 문체 연구(其一) ≪下≫-소설을 중심으로 한 통계적 방법의 시고(試考)」, 『국어국문학』 61, 국어국문학회.

김상태(1982), 문체의 이론과 해석, 새문사.

김영길·최병욱(1996), 「문맥 및 종결어미의 서법정보를 이용한 대화문의 화수력 분석」, 『전자공학회논문지-B』 제33권 10호, 대한전자공학회.

김영태(1992), 「종결 보조동사의 의미와 통사적 특성-군위 지역어를 중심으로」, 『대구어문논총』 10, 우리말글학회.

김정남(1993), 「현대 소설의 지문에 나타나는 시상의 양상과 기능」, 『텍스트언어학』

1, 텍스트연구회.

김정대(1983), 「'-요' 청자 존대법에 대하여」, 『가라문화』 2집.

김정대(2003), 「우리말 문장과 문장론 : '문장'에 대한 이해」, 『시학과 언어학』 6, 시학과 언어학회.

김정자(1999), 「잡지 기사의 구어성 분석-10대 후반에서 20대 초반의 독자를 대상으로 한 잡지를 중심으로」, 『텍스트언어학』 7, 한국텍스트언어학회.

김종기(2001), 「시 리듬의 문체론적 분석 시론-프랑스 구조문체론의 한국 현대시에의 적용」, 『한국 프랑스학 논집』 35, 한국 프랑스학회.

김종록(2001), 「종결어미와 통합된 접속어미의 사전적 처리」, 『문학과 언어』 23, 문학과 언어학회.

김종록(2002), 「종결어미 통합형 접속어미의 사전 표제어 분석」, 『어문학』 75, 한국어문학회.

김태엽(1992), 「종결어미의 화계와 부름말」, 『대구어문논총』 통권 10호, 우리말글학회.

김태엽(1997), 「국어 종결어미의 형태론적 유형」, 『어문학』 60, 한국어문학회.

김태엽(1998), 「국어 종결어미의 형태론적 해석」, 『현대문법연구』 13, 현대문법학회.

김태엽(1999), 「국어 통용종결어미에 대하여」, 『현대문법연구』 18, 현대문법학회.

김태엽(2000ㄱ), 「국어 종결어미화의 문법화 양상」, 『어문연구』 33, 어문연구학회.

김태엽(2000ㄴ), 「국어 해체의 '-네'와 하게체의 '-네'」, 『우리말글』 20, 우리말글학회.

김태엽(2001), 『국어 종결어미의 문법』, 국학자료원.

김흥수(1988), 「언어학적 문체론의 위상과 과제」, 『국어국문학』 100.

김흥수(1990), 「국어의 통사 현상과 문체」, 『강신항 교수 회갑기념 국어학 논문집』.

김흥수(1993), 「국어 문체의 통사적 양상에 대한 연구」, 『한국언어문학』 31.

김흥수(1995), 「명사화의 담화 기능과 문체 양상」, 『어문학논총』 14, 국민대학교 어문학연구소.

김흥수(1997), 「채만식 소설의 문체-「치숙(癡叔)」을 중심으로」, 『국어문학』 32, 국어문학회.

김흥수(2004), 「문학 텍스트와 문체론」, 『한국어학』 25, 한국어학회.

김희숙(1998), 「변항 '-요'의 사회언어학적 용법」, 『한국어 의미학』 3, 한국어 의미학회.

남경완(2001), 「6·15 남북 공동성명의 문체 분석」, 『한국어학』 14, 한국어학회.

남기심(1996), 『국어 문법의 탐구』 I·II·III, 태학사.

남기심·고영근(1985), 『표준 국어문법론』, 탑출판사.

남길임(2004), 『현대 국어 '이다' 구문 연구』, 한국문화사.

노대규(1996), 『한국어의 입말과 글말』, 국학자료원.

락경민(2002), 「체언표현법의 기본문체」, 『중국조선어문』 4, 길림성민족사무위원회.

리원길(2002), 『한국어 표현방식의 체계-국어문체론 연구』, 일월서각.

문병우(2002), 『한국어 화용표지 연구-'-요'를 중심으로』, 국학자료원.

문순덕(2005), 「제주방언 높임말 첨사의 담화 기능-'마씀, 양, 예'를 중심으로」, 『언어연구』 제20권 3호, 한국현대언어학회.

민경모(2000), 「국어 어말어미류의 텍스트 장르별 사용 양상에 대한 연구」, 연세대학교 석사학위 청구논문.

민현식(1994ㄱ), 「개화기 국어 문체 연구」, 『국어국문학』 111, 국어국문학회.

민현식(1994ㄴ), 「개화기 국어 문체에 대한 종합적 연구 (1)」, 『국어교육』 83, 한국어교육학회.

민현식(1994ㄷ), 「개화기 국어 문체에 대한 종합적 연구 (2)」, 『국어교육』 85, 한국어교육학회.

박갑수(1990), 「문체」, 『국어연구 어디까지 왔나』, 동아출판사.

박갑수(1994), 「국어 문체 연구사」, 『국어 문체론』, 대한교과서주식회사.

박갑수(1998), 『일반 국어의 문체와 표현』, 집문당.

박금자(1999), 「일간신문 제목에 나타나는 응집성, 패러디, 생략 현상」, 『텍스트언어학』 7, 한국텍스트언어학회.

박덕재(1998), 「텍스트 분석과 영한 번역상의 문체에 관한 연구」, 『Foreign Languages Education』 제5권 제1호, 한국 외국어교육학회.

박소영(2001), 「'-은 것이다' 구성의 텍스트 분석」, 『한국 텍스트과학의 제과제』, 역락.

박승윤(1984), 「문체론의 언어학적 고찰-Henry James와 조해일을 중심으로」, 『인문과학』 13, 성균관대학교 인문과학연구소.

박영순(1985), 『한국어 통사론』, 집문당.

박영순(1994), 「문체론의 본질」, 박갑수 편, 『국어 문체론』, 대한교과서.

박용한(1997), 「대우법 수행 중에 발생하는 규범 충돌에 관한 사회언어학적 연구-위관장교 집단과 상사 집단을 대상으로」, 연세대학교 국어국문학과 석사학위 청구논문.

박재연(1998), 「현대국어 반말체 종결어미 연구」, 『국어연구』 152, 서울대학교 국어국문학과.

박재연(1999), 「국어 양태 범주의 확립과 어미의 의미 기술」, 『국어학』 34, 국어학회.

박재연(2003), 「국어 양태의 화·청자 지향성과 주어 지향성」, 『국어학』 41, 국어학회.

박재연(2004), 「한국어 양태어미 연구」, 서울대학교 박사학위 청구논문.

배석범(1994), 「용비어천가의 문체에 대한 일고찰-종결법을 중심으로」, 『국어학』 24, 국어학회.

사에구사 도시카쓰(2000), 「한국 근대문학과 일본체험 9 ; 이중표기와 근대적 문체 형성－이인직 신문 연재 「혈의 누」의 경우」, 『현대문학의 연구』 15, 한국문학연구학회.

서태룡(1985), 「국어의 명령형 어미에 대하여」, 『국어학』 14, 국어학회.

서태룡(1987), 「국어 활용어미의 형태와 의미」, 서울대학교 박사학위 청구논문.

소두영(1973), 「현대문체론의 특성과 기능」, 『불어불문학연구』 8, 한국불어불문학회.

소수만(1987), 「Ernest Hemingway의 문체와 기법－주요 단편소설을 중심으로」, 『영어영문학』 33권 4호, 한국 영어영문학회.

손수자(1998), 「동화의 문체적 특성 연구」, 『어문학교육』 20, 한국 어문교육학회.

손현선(1996), 「이른바 반말 종결형태의 양태적 의미 연구－'－어, －지, －군, －네, －는가, －나'를 중심으로」, 연세대학교 국어국문학과 석사학위논문.

송영화・최성만(2002), 「<눈이 나리는 밤에>에 대한 문체론적고찰－언어학적분석을 중심으로」, 『중국조선어문』 2002년 5호, 길림성민족사무위원회.

신선경(1993), 「'것이다' 구문에 관하여」, 『국어학』 23, 국어학회.

심재기(1978), 「만해 한용운의 문체추이－중간문체의 설정과 그 구분과 관련하여」, 『관악어문연구』 3, 서울대학교 국어국문학과.

심재기(1992ㄱ), 「개화기의 교과서 문체에 대하여」, 『국어국문학』 107, 국어국문학회.

심재기(1992ㄴ), 「개화기 문체양상에 관한 연구」, 『한국문화』 13, 서울대학교 한국문화연구소.

심재기(1999), 『국어 문체 변천사』, 집문당.

안효경(2001), 『현대 국어의 의존명사 연구』, 역락.

양병현(1996), 「구조주의 모티브이론과 포스트구조주의의 문체론 연구 : 헤밍웨이의 단편소설 <Cat in the Rain>」, 『인문논총』 2집, 서울여자대학교 인문과학연구소.

왕문용(1994), 「문체와 동사」, 박갑수 편, 『국어문체론』, 대한교과서.

우형식(1987), 「명사화소 '－(으)ㅁ, －기'의 분포와 의미기능」, 『말』 12, 연세대 한국어학당.

원대성(1985), 「명사의 상적 특성에 대한 연구」, 서울대학교 국어국문학과 석사학위 청구논문.

유제호(1986), 「텍스트 문체론의 방향 모색」, 『인문논총』 16, 전북대학교 인문학연구소.

윤석민(1995), 「현대 국어 문장종결형 연구 (1)」, 『텍스트언어학』 3, 텍스트언어학회.

윤석민(2000), 현대국어의 문장종결법 연구, 집문당.

이경수(2004), 「백석 시에 쓰인 '－는 것이다'의 문체적 효과」, 『우리어문연구』 22, 우리어문학회.

이광숙(1993), 「문학 작품 분석에서 텍스트 언어학적 접근 가능성」, 『텍스트언어학』 1, 텍스트연구회.

이광정(1995), 「한문언해문장의 문체적 특성-사서언해 등의 서술어 및 활용어미의 분포적 특성 등을 중심으로」, 『한국어학』 2, 한국어학회.

이기동(1987), 「마침꼴의 의미 연구」, 『한글』 195, 한글학회.

이난희(1995), 「번역에 있어서 텍스트 유형 구분의 문제」, 『텍스트언어학』 3, 텍스트언어학회.

이동희(1961), 「한국현대소설의 특질연구-특히 문체론적인 분석시도」, 『어문학』 7, 한국어문학회.

이병규(2001), 「국어 술어명사문 연구」, 연세대학교 국어국문학과 박사학위논문.

이병원(1988), 「홍길동전(洪吉童傳)의 문체론적(文體論的) 연구(研究)」, 『국어국문학』 99, 국어국문학회.

이봉희(1980), 「문말표현의 <유형> 연구를 통한 문체론의 새로운 시도-鷗外・漱石의 일부 작품에 의해서」, 『일본학보』 8, 한국 일본학회.

이석규 외(2002), 우리말답게 번역하기, 역락.

이성만(1993), 「텍스트 구조의 이해」, 『텍스트 언어학』 1, 텍스트연구회.

이성만(1996), 「화용문체론적 텍스트분석」, 『독일문학』 59, 한국독어독문학회.

이용남(1996), 「황순원 소설의 문체론적 연구」, 『국어국문학』 116, 국어국문학회.

이유기(1994), 「후기중세국어 종결어미 '-다'와 '-라'의 관계」, 『동악어문논집』 29, 동악어문학회.

이유기(2000), 「현대국어의 문체법」, 『동악어문논집』 제36집, 동악어문학회.

이유기(2001), 「국어 의문종결형식의 구조」, 『동악어문논집』 제37집, 동악어문학회.

이윤구(1996), 「반말어미의 형태 분석 (1)-무주지역어를 중심으로」, 『대구어문논총』 14, 대구어문학회.

이윤구(1997), 「반말어미의 형태 분석 (2)-무주지역어를 중심으로」, 『대구어문논총』 15, 대구어문학회.

이은경(1999), 「구어체 텍스트에서의 한국어 연결 어미의 기능」, 『국어학』 34, 국어학회.

이인섭(1996), 「언어심리와 문체 (2)-장용학의 '요한시집'」, 『인문논총』 2, 서울여자대학교 인문과학연구소

이정복(2001), 「통신 언어 문장종결법의 특성」, 『우리말글』 22, 우리말글학회.

이정복(2002), 「통신언어 문장종결법의 사회언어학」, 『사회언어학』 10권 2호, 사회언어학회.

이정숙(1994), 「이문열의 문체」, 박갑수 편, 『국어문체론』, 대한교과서.

이주행(1994), 「남북한 전문 서적의 문체에 대한 비교 연구」, 『국어교육』 83, 한국어
　　교육학회.

이진희(2003), 「언어의 구어성과 문어성에 관한 연구」, 『독일문학』 85, 한국독어독문학회.

이창덕(1993), 「국어 발화의 담화상 기능과 간접 인용문」, 『텍스트언어학』 1, 텍스트
　　연구회.

이해영(1996), 「현대 한국어 활용어미의 의미와 부담줄이기의 상관성」, 이화여자대학
　　교 국어국문학과 박사학위 청구논문.

이해웅(2000), 「담화 구조면에서 본 청마 시의 문체 연구」, 『어문학교육』 22, 한국어
　　문교육학회.

이희자(1996), 「어미 및 어미 형태류의 하위 범주 문제」, 『국어학』 28, 국어학회.

임동훈(2005), 「'-이다' 구문의 제시문적 성격」, 『국어학』 45, 국어학회.

임지룡(1992), 『국어 의미론』, 탑출판사.

임홍빈(1984), 「문종결의 논리와 수행 억양」, 『말』 9, 연세대 한국어학당.

임홍빈(1993), 「다시 '-더'를 찾아서」, 『국어학』 23, 국어학회.

장경현(1995), 「국어의 명사 및 명사형 종결문에 대한 연구」, 『국어연구』 130, 서울대
　　학교 국어국문학과.

장경현(1997), 「현대 국어의 '-거라' 활용형의 위상과 의미」, 『국어학논집』 3, 태학사.

장경현(2003), 「문어/문어체·구어/구어체 재정립을 위한 시론」, 『한국어 의미학』
　　13, 한국어 의미학회.

장경현(2006), 「인터넷 블로그에 나타나는 종결어미 '-지(요)'의 용법과 의미」, 『한국
　　어 의미학』, 한국어 의미학회.

장경희(1985), 『현대국어의 양태범주 연구』, 탑출판사.

장경희(1986), 「언어의 형식이 지니는 개념적 의미와 정보」, 『언어』 11-2.

장경희(1994), 「문체와 의미」, 박갑수 편, 『국어문체론』, 대한교과서.

장경희(2004), 「문자 언어의 위상과 구조 및 기능」, 『한국언어문화』 25집, 한국언어문
　　화학회.

장소원(1986), 문법 기술에 있어서의 문어체 연구, 『국어연구』 72, 서울대학교 국어국문학과.

장소원(2005), 「현대국어와 역사성 : 현대국어와 역사성-문체」, 『국어학』 45, 국어학회.

장일구(2005), 「호남 방언과 서사 문체-사회언어학적 시론」, 『한국문학이론과 비평』
　　28집, 한국문학이론과 비평학회.

전병용(2002), 「통신 언어의 음운론적 특성에 대한 연구」, 『한국언어문화』 21, 한국언
　　어문화학회.

전영옥(1999), 「한국어 담화에 나타난 반복 표현의 기능」, 『한국어 의미학』 4, 한국어

의미학회.

전혜영(2004), 「한국어 공손 표현의 의미」, 『한국어 의미학』 15, 한국어 의미학회.

정유진(1998), 「보어 생략에서의 지식의 역할」, 『한국어 의미학』 2, 한국어 의미학회.

채영희(1998), 「담화에 쓰이는 '-거든'의 화용적 기능」, 『한국어 의미학』 3, 한국어 의미학회.

채완(1980), 「화제의 의미」, 『관악어문』 4, 서울대학교 국어국문학과.

채완(1986), 『국어 어순의 연구』, 탑출판사.

최명식(1985), 『조선말 입말체 문장 연구』, 한국문화사.

최병선(2004), 「분행의 음운적 특성을 중심으로 본 박목월 시의 문체」, 『한국언어문화』 25집, 한국언어문화학회.

최웅구(1986), 「현대문체론과 그 류파」, 『조선어문』 1986년 2호, 길림성민족사무위원회.

최웅구(1986), 「중국에서의 문체론연구(중국수사학의 변화와 발전)」, 『조선어문』 1986년 4호, 길림성민족사무위원회.

최인철·유훈근(2001), 「논설 담화 구조 및 문체에 따라 분류된 TWE 모델 작문의 구문 분석」, 『응용언어학』 17권 1호, 한국응용언어학회.

최현배(1971), 『우리말본』, 정음사.

한 길(1984), 「종결접미사 {-게}에 관하여」, 『국어국문학』 92, 국어국문학회.

한 길(1986), 「현대국어 반말에 관한 연구-반말 종결접미사를 중심으로」, 연세대학교 국어국문학과 박사학위논문.

한 길(1991), 『국어 종결어미 연구』, 강원대학교 출판부.

한동완(1988), 「청자 경어법의 형태 원리」, 『말』 13, 연세대학교 한국어학당.

허금회(1993), 「테마-레마 분절과 번역」, 『텍스트언어학』 1, 텍스트연구회.

허 웅(1995), 『20세기 우리말의 형태론』, 샘문화사.

홍종선(1986), 「국어 체언화 구문의 연구」, 고려대학교 국어국문학과 박사학위논문.

홍종선(1996), 「개화기 시대 문장의 문체 연구」, 『국어국문학』 117, 국어국문학회.

황인태(1992), 「언어학적 문체론과 그 분석의 실례」, 『언어연구』 8, 한국 현대언어학회.

Brinker, K.(1992), *Linguistische Textanalyse*. Eine Einführung in Grundbegriffe und Methoden.

Brown & Levinson(1978), Universals in language usage : Politeness phenomena In Goody, E.N.(ed.) *Questions and politeness*, Cambridge : Cambridge University Press.

Brown & Levinson(1987), *Politeness : Some universals in language usage*, Cambridge :

Cambridge University Press.

Bybee, J., R.Perkins & W.Pagliuca(1994), *The evolution of grammar : Tense, aspect and modality in the language of the world*, The University of Chicago Press.

Chafe, W. L.(1982), Intergration and involvement in speaking, writing, and oral literature *in Spoken and written language*, ed. by Tannen, D., Ablex publishing corporation.

Cruse, D. A.(1986), *Lexical Semantics*, Cambridge University Press.

Cruse, D. A.(1990), Language. Meaning and sense : Semantics, Collinge, N.E.(ed.), *An Encyclopedia of language*, London and New York : Routledge.

Danes, F.(1974), *Papers on funktional sentence perspektive*, Czechoslovak.

Ervine, J. T.(2001), 'style' as distinctiveness : the culture and ideology of linguistic differentiation, P.Eckert & J.R.Rickford(ed.), *Style and social linguistic variation*, Cambridge UP.

Fowler, Roger(1977), *Linguistics and the novel*, New Accents.(김정신 역(1985), <언어학과 소설>, 문학과 지성사)

Gulich, E. & Raible, W.(1977), *Linguistische Textmodelle*, München.

Hough, Graham(1969), *Style and Stylistics*, London : Routledge.

Hendricks, William O.(1976), *Grammars of style and styles of grammar*, North−Holland Publishing company;Amsterdam.

Hopper, Paul J.(1991), On some principles of grammaticalization, *Approaches to grammaticalization* 1 : ed. Traugott, Elizabeth & Heine, Bernd.

Hopper, Paul J. & Ttaugott, E.(1993), *Grammaticalization*, Cambridge Univ. press.

Jakobson, R.(1973), *Questions de Poétique*, Seuil.

Kim, Haeyeon(1992), *Clause combining in discourse and grammar : An Analysis of some Korean clausal connectives in discourse*, University of Hawaii.

Lambrecht, K.(1994), *Information structure and sentence form : Topic, focus, and the mental representation of the discourse referents*, Cambridge University Press.

Lee, Hyosang & Thompson, Sandra A.(1989), A discourse account of the Korean accusative marker, *Studies in Language* 13.1

Lukoff, F.(1986), The use of tenses in Korean written narrative, in Kim, Nam−Kil Ed. *Studies in Korean language and linguistics*, University of Southern California.

Simpson, Paul(1997), *Language through Literature*, London : Routledge.(성창섭 역

(2002), <영어 문체의 언어학적 분석>, 한국문화사)

Sowinski, Bernhard(1991), *Stilistik : Stiltheorien und Stilanalysen*, Stuttgart;J.B.Metzlersche Verlagsbuchhandlung.(이덕호 역(1999), <문체론>, 한신문화사)

Sperber, D. & Wilson, D.(1986), *Relevance : Communication and cognition*, Oxford. Basil Blackwell.(김태옥·이현호 공역(1993), 인지적 화용론, 한신문화사)

Stanzel, F. K.(1964), *Typische Formen des Romans*, Göttingen.

Ullmann, S.(1964), *Style in the French novel*, Oxford Basie Blackwell.

Underwood, H. G.(1915), 鮮英文法(An Introduction to spoken Korean Languages), 역 대한국문법대계 2권 3책.

자료 목록

‖ 시 · 노래 가사

고 은 역(1974), 당시선, 민음사

김광규 역(1975), 하이네, 바다의 망령, 민음사

김선희 역(1981), 아프리카 민요시집, 실천문학사

김수용 역(1989), 하이네, 신시집, 문학과 지성사

김영무 편저(2003), 유명 변사 해설 모음집, 창작마을

김현식(1992), 지상에서 부른 마지막 노래, 살림

김화영 역(1985), 자크 프레베르, 절망이 벤치 위에 앉아 있다, 열화당

박태순 역(1977), 랭스턴 휴즈, 아메리칸 니그로 斷章, 민음사

신경림(1979), 새재, 창작과 비평사

이병한 역(1975), 이백 시선, 민음사

이육사 · 윤동주(1980), 한국 현대시문학 대계 8, 지식산업사

정현종 역(1973), 로버트 프로스트, 불과 얼음, 민음사

최동호 편(1990), 80년대 젊은 시인들 — 이성복에서 기형도까지, 시민문학사

‖ 수필 · 에세이

강석우(1997), 먹는 장사로 성공하는 열두 가지 전략, 창해

강석진(1996), 축구공 위이 수학자, 석필

구회영(1991), 영화에 대하여 알고 싶은 두세 가지 것들, 한울

박인하(2003), 박인하의 아니메 미학 에세이, 바다출판사

유홍준(1993), 나의 문화유산 답사기, 창작과 비평사

최덕성(2000), 빛나는 논지 신나는 논문 쓰기, 본문과 현장 사이

신채호 · 한용운 외(1985), 한국대표수필선, 금자당

‖ 신문 기사

국민일보

동아일보

연합뉴스
조선일보

‖ 국내 소설

고정욱, 원균 그리고 원균
김남천, 공장 신문
김동인, 감자
김래성, 마인
김수용, 격암유록
김원우, 짐승의 시간
김원일, 노을
김탁환, 불멸
안정효, 하얀 전쟁
염상섭, 남자란 것 여자란 것
이태준, 사냥
이효석, 도시와 유령
채만식, 치숙
하일지, 경마장 가는 길
황인경, 소설 목민심서
현진건, 운수 좋은 날

‖ 번역 소설

아쿠다가와 류노스케, 라쇼몽
루쉰, 고향
기 드 모파상, 노끈
H. G. 웰스, 담장의 문
유도라 웰티, 신문지
레이먼드 챈들러, 안녕 내 사랑
레이먼드 챈들러, 기나긴 이별
레이먼드 챈들러, 하이 윈도
박영희 역, 「인조노동자」(카렐 차펙, <Rossom's Universal Robots>), 1925년 『개벽』 56

‖ 법조문

리모델링 관련 법조문
公共機關의個人情報保護에관한法律

‖ 기타 자료

김영무 편저(2003), 유명 변사 해설 모음집, 창작마을
국립국어원 편(1999), 표준국어대사전, 두산동아
연세대학교 언어정보개발연구원 편(1998), 연세한국어사전, 두산동아
국사편찬위원회 홈페이지, http://www.history.go.kr

찾아보기

저자 **장경현**

서울대학교 국어국문학과에 입학하여 「국어 종결부의 문체 특성 연구」로 박사학위를 받고 현재 서울대학교 기초교육원 강의교수로 재직하고 있음. 국립국어원에서 『표준국어대사전』 편찬과 개정 작업에 참여했으며 추리소설 평론가로서 활동 중임. 의미론과 문체론, 텍스트언어학을 활용하여 문화를 해석하는 작업을 시도하고 있음. 2009년 「국어 종결부의 문체 특성 연구」로 동숭학술논문상을 수상함. 논문으로는 「문어 / 문어체 · 구어 / 구어체 재정립을 위한 시론」(2003), 「속담 속 색채어의 의미 연구-[흑 / 백] 계열어를 중심으로」(2007), 「퍼즐 미스터리 소설의 텍스트 구조」(2009) 등이 있고, 추리소설 관련 작업으로는 레이먼드 챈들러 전집 해설, '장경현의 Magnum Opus Mystery' 시리즈 출간, 기타 칼럼 등이 있음.

국어 문장 종결부의 문체

초판 인쇄 2010년 12월 20일 | 초판 발행 2010년 12월 30일
지은이 장경현
펴낸이 이대현 | **편집** 추다영 권분옥
펴낸곳 도서출판 역락 | **등록** 제303-2002-000014호(등록일 1999년 4월 19일)
주소 서울시 서초구 반포 4동 577-25 문창빌딩 2층
전화 02-3409-2058(영업부), 2060(편집부) | **팩시밀리** 02-3409-2059
전자우편 youkrack@hanmail.net
ISBN 978-89-5556-875-2 93710

정가 19,000원